Fachrechnen für den modernen Fleischer

Rechnen für Auszubildende und Verkaufsauszubildende sowie zur Vorbereitung auf die Meisterprüfung im Fleischerhandwerk

von

Ernst Kaes

Josef Seul

winklers®

58081

Vorwort zur 19. Auflage

Diese völlig überarbeitete Auflage orientiert sich an dem neuen Rahmenlehrpaln für den Ausbildungsberuf Fleischer/Fleischerinnen vom 18. März 2005.

In diesem Lehrplan ist Fachrenen als eigenständiges Fach gestrichen. Es gilt nur noch als Unterrichtsprinzip, d. h. es ist nur noch als Ergänzung zur Fachkunde gedacht.

Deshalb wurden mehrere Kapitel, die nicht mehr unbedingt bearbeitet werden müssen und andere, die an Aktualität nicht mehr zwingend erforderlich sind, ersatzlos gestrichen.

Gleichzeitig wurden Preise, die sich seit der letzten Auflage geändert haben, auf den neuesten Stand gebracht.

Die Autoren sind auch weiterhin sehr daran interessiert, kritisch – konstruktive Anregungen und Verbesserungsvorschläge von den Kolleginnen und Kollegen zu erhalten, die mit diesem Buch arbeiten und es in der täglichen Schulpraxis einsetzen.

Herbst 2006

Die Autoren

19., überarbeitete Auflage, 2007

Westermann Schroedel Diesterweg
Schöningh Winklers GmbH
Postfach 11 15 52, 64230 Darmstadt
Telefon: 01805 996696 Fax: 06151 8768-61
www.winklers.de
Lektorat: Petra Griesenbeck
Druck: westermann druck GmbH, Braunschweig
ISBN-13: 978-3-8045-**5808**-3

Inhaltsverzeichnis

58084

Allgemeine Grundsätze fachlichen Rechnens

1. Oberstes Gebot beim fehlerfreien schriftlichen Rechnen: sauberes und genaues Untereinanderschreiben der Zahlen.

2. Beachten Sie Kommastellung und Vorzeichen.

3. Vergessen Sie die Benennungen hinter den Zahlen nicht (EUR, kg usw.).

4. Prüfen Sie jedes Ergebnis durch eine Überschlagsrechnung nach.

5. Unterstreichen Sie das Ergebnis doppelt.

6. Schließen Sie die rechnerische Ausführung einer Aufgabe mit einem Schlusssatz ab, der die in der Aufgabe gestellte Frage beantwortet.

7. Arbeiten Sie mit dem Lineal.

Maße und Gewichte

Maß- und Gewichtseinheiten

Abkürzungen für Gewichte:

Tonne	=	t
Dezitonne	=	dt
Kilogramm	=	kg
Gramm	=	g
Milligramm	=	mg

Die für unseren Beruf zulässige Gewichtseinheit ist das Kilogramm, ein Vielfaches (Tonne) oder Teile davon (Gramm, Milligramm).

Die alten Gewichtseinheiten, Zentner und Pfund, sind heute offiziell nicht mehr zugelassen; der Doppelzentner heißt jetzt Dezitonne (dt).

Verdeutlichen wir uns zunächst die Beziehungen der zulässigen Gewichtsgrößen:

1 Tonne (t) = 1 000 kg

1 kg = 1 000 g

1 g = 1 000 mg

=

10 dt = 20 Zentner = 10 Doppelzentner

1 000 kg = 2 000 Pfund

1 000 000 Gramm

1 000 000 000 Milligramm

Überblick über die gebräuchlichsten Teilmengen von kg in Gramm:

Teilmenge	bei kg in Gramm
1/1	1 000
1/2	500
1/4	250
1/5	200
1/8	125
1/10	100
3/4	750
3/8	375

Ausländische Maße und Gewichte

Beim Handel mit Import-Naturdärmen werden auch heute noch vielfach englische Längenmaße angegeben.

Mit englischen Gewichtseinheiten wird der Fleischer konfrontiert beim Einkauf von Importware aus den USA und den lateinamerikanischen Ländern, insbesondere beim Handel mit Gefrierleber, Gefriernieren und Rindfleischvierteln.

Es erscheint daher zweckmäßig, kurz die englischen Maßeinheiten den deutschen gegenüberzustellen.

Allgemein gebräuchliche englische Längeneinheiten sind:

1 yd (ausgeschrieben: yard) entspricht 91,44 cm,

1 ft (ausgeschrieben: foot oder feet) entspricht 30,48 cm,

1 inch (Mehrzahl: inches) entspricht 2,54 cm.

Für die Umrechnung gilt: 1 yd = 3 ft; 1 ft = 12 inches; 1 yd = 36 inches; einfache Umrechenformel zu deutschen Maßen: 12 yds = 11 m.

Beispiel: Schweinedärme 26/28, 100 yds = $8^1/_3 \cdot 11$ m = ca. 91,50 m.

Allgemein gebräuchliche englische Gewichtseinheiten sind:

1 ton	= 1 016,000 kg	1 qr (quarter) =	12,700 kg
1 cwt (hundredweight)	= 50,800 kg	1 lb (pound) =	453,6 g

Für die Umrechnung gilt: 1 ton = 20 cwts; 1 cwt = 4 qrs; 1 qr = 28 lbs;
1 ton = 80 qrs = 2 240 lbs.

Beispiel: 1 Karton Schweineleber, 18 lbs = 18 · 453,6 g = 8 164,8 g = 8,165 kg.

1 Fachbezogenes Grundrechnen

1.1 Addition (Das Zusammenzählen)

		Summand	13,563 kg
plus	(+)	Summand	14,486 kg
gleich	(=)	Summe	28,049 kg

Wir merken uns:
Die Addition ist die Zusammenfassung einzelner Summanden zu einer Summe.
Mit Summand bezeichnet man das einzelne Glied der Aufgabe.
Das Ergebnis heißt die Summe.

Grundregeln

a) Man kann nur Zahlen mit gleicher Benennung addieren.
Beispiel: EUR + EUR; kg + kg usw.

b) Zahlen verschiedener Benennung müssen gleichnamig gemacht werden.
Beispiel: 380 g + 1,456 kg

0,380 kg
+ 1,456 kg
= 1,836 kg

c) Bei Dezimalzahlen gehört Komma unter Komma.
Beispiel:

3,87 EUR
+ 174,02 EUR
= 177,89 EUR

d) Bei Zahlenkolonnen gilt folgende Regel: Erste Addition von unten nach oben; Kontrolladdition von oben nach unten.

Übungsaufgaben

1

a)	b)	c)
12 + 14 + 18 = x	31 + 34 + 37 = x	52 + 55 + 58 = x
13 + 17 + 19 = x	32 + 33 + 38 = x	52 + 57 + 60 = x
12 + 15 + 18 = x	32 + 34 + 36 = x	53 + 51 + 59 = x
14 + 17 + 19 = x	34 + 35 + 39 = x	55 + 58 + 52 = x
15 + 16 + 18 = x	41 + 43 + 45 = x	56 + 57 + 61 = x
17 + 11 + 19 = x	49 + 37 + 43 = x	63 + 66 + 69 = x
18 + 14 + 16 = x	44 + 46 + 32 = x	67 + 57 + 61 = x
21 + 17 + 25 = x	39 + 45 + 49 = x	55 + 62 + 67 = x
23 + 25 + 29 = x	45 + 35 + 25 = x	57 + 64 + 69 = x
27 + 17 + 24 = x	33 + 43 + 49 = x	41 + 52 + 63 = x
x x x x	x x x x	x x x x

2 Addieren Sie:

a) 8,450 kg, 13,125 kg, 0,625 kg, 4,095 kg, 2,5 kg, 600 kg, 13,225 kg.
b) 18 g, 3 099 g, 1 000 g, 1 375 g, 8 440 g, 912 g, 1 999 g, 1 377 g, 54 321 g.
c) 99,45 EUR, 1,80 EUR, 19,44 EUR, 3,44 EUR, 121,76 EUR, 0,16 EUR, 1 934,43 EUR.

3 Schreiben Sie richtig untereinander und addieren Sie.

2,17 + 0,7 + 44 + 312,625 + 42,1 + 56,006 + 8,370 + 8 798 + 0,17 =

4 Ergänzen Sie:

a)	b)	c)
von 24 auf 122	von 3,35 auf 6,40	von 22,85 auf 24,75
von 29 auf 278	von 0,29 auf 7,10	von 31,07 auf 33,56
von 81 auf 353	von 8,17 auf 9,86	von 20,93 auf 42,15
von 73 auf 611	von 3,44 auf 4,75	von 17,08 auf 24,31
von 59 auf 493	von 1,56 auf 6,25	von 34,43 auf 65,85

5 Wie viel erhält der Kunde zurück?

Einkaufsposten:	er zahlt mit:
a) 1,85 EUR + 0,82 EUR + 4,59 EUR + 3,81 EUR + 6,19 EUR + 0,91 EUR	20,00 EUR
b) 1,12 EUR + 1,65 EUR + 1,55 EUR + 2,15 EUR + 3,05 EUR + 0,65 EUR	15,00 EUR
c) 4,75 EUR + 3,25 EUR + 0,95 EUR + 2,75 EUR + 9,40 EUR + 0,75 EUR	50,00 EUR
d) 0,82 EUR + 0,56 EUR + 1,80 EUR + 0,94 EUR + 7,15 EUR + 2,66 EUR	20,00 EUR
e) 3,39 EUR + 4,19 EUR + 1,85 EUR + 5,72 EUR + 3,54 EUR + 9,44 EUR	50,00 EUR
f) 2,05 EUR + 1,37 EUR + 1,64 EUR + 1,81 EUR + 2,66 EUR + 8,78 EUR	20,00 EUR

6 Addieren Sie die Kassenstreifen.

a)	b)	c)	d)	e)
3,87 EUR	0,71 EUR	12,14 EUR	5,85 EUR	7,73 EUR
12,09 EUR	13,15 EUR	3,12 EUR	8,19 EUR	1,75 EUR
0,30 EUR	61,55 EUR	0,26 EUR	13,81 EUR	12,09 EUR
21,11 EUR	34,72 EUR	4,96 EUR	1,04 EUR	23,62 EUR
19,23 EUR	5,40 EUR	2,75 EUR	7,44 EUR	6,14 EUR
16,77 EUR	6,38 EUR	12,66 EUR	13,25 EUR	2,11 EUR
0,95 EUR	4,83 EUR	16,04 EUR	64,71 EUR	4,85 EUR
31,15 EUR	7,19 EUR	1,33 EUR	12,13 EUR	9,73 EUR
2,01 EUR	31,26 EUR	8,17 EUR	0,88 EUR	16,05 EUR
1,10 EUR	29,03 EUR	4,09 EUR	3,71 EUR	10,05 EUR
9,80 EUR	8,85 EUR	11,22 EUR	9,45 EUR	28,45 EUR
9,26 EUR	5,93 EUR	44,31 EUR	6,45 EUR	13,67 EUR
8,89 EUR	4,13 EUR	13,19 EUR	2,81 EUR	5,49 EUR
17,03 EUR	11,57 EUR	5,91 EUR	13,87 EUR	17,04 EUR
6,11 EUR	21,75 EUR	3,72 EUR	5,15 EUR	3,15 EUR
0,34 EUR	7,05 EUR	19,31 EUR	8,05 EUR	0,95 EUR
19,51 EUR	11,88 EUR	1,95 EUR	12,00 EUR	18,11 EUR
13,15 EUR	6,95 EUR	0,98 EUR	24,47 EUR	9,33 EUR
x	x	x	x	x

7 Ermitteln Sie die Liefermenge.

a) 128 g + 0,785 kg + 12,008 kg + 1 280 g + 10,090 kg + 7,625 kg =

b) 3,28 dt + 480 kg + 9,750 kg + 0,85 dt + 10 750 kg + 1,25 dt =

c) 8 g + 8 kg + 0,8 t + 5,500 kg + 5,875 kg + 1 500 g + 0,002 t =

8 Errechnen Sie den Umsatz des 1. Halbjahres.

Januar	86 433,00 EUR	April	98 706,71 EUR
Februar	88 041,50 EUR	Mai	100 819,05 EUR
März	90 006,80 EUR	Juni	96 088,85 EUR

9 Verwandeln Sie in kg und addieren Sie.

a) $\frac{3}{4}$ kg + $\frac{1}{4}$ kg + $6\frac{1}{10}$ kg + $2\frac{3}{5}$ kg + $1\frac{1}{4}$ kg =

b) $\frac{3}{8}$ kg + $\frac{1}{4}$ kg + $\frac{1}{2}$ kg + $\frac{3}{10}$ kg + 850 g + $5\frac{3}{4}$ kg + 20 g =

c) $\frac{2}{5}$ kg + $\frac{7}{5}$ kg + 450 g + 8,150 kg + $\frac{4}{10}$ kg + $\frac{1}{10}$ kg =

10 Verwandeln Sie in dz und addieren Sie.

a) 0,8 t + 3,4 dt + 18 kg + 120 kg + $\frac{1}{10}$ dt + 17 000 g + 0,2 t =
b) 92 kg + 1,4 t + 18 dt + 81 kg + 13,5 kg + 0,24 dt + 1 400 kg =
c) $\frac{1}{4}$ dt + $\frac{1}{6}$ dt + $\frac{3}{2}$ t + 0,5 t + $\frac{3}{4}$ dt + $\frac{1}{10}$ dt + 875 kg =

11 Verwandeln Sie in Gramm und addieren Sie.

a) 0,4 kg + 205 g + 3,12 kg + $\frac{1}{8}$ kg + 1 700 g + 1 $\frac{7}{8}$ kg + 0,05 kg =
b) 4 $\frac{3}{10}$ kg + 2 $\frac{1}{4}$ kg + 0,22 kg + 0,005 kg + 18 kg + 0,005 dt =
c) $\frac{1}{100}$ kg + 8,2 kg + 75 000 mg + 4 $\frac{1}{5}$ kg + 9,375 kg + $\frac{1}{8}$ kg =

12 Wie groß ist die Liefermenge in kg?

a) $\frac{13}{2}$ kg + 0,4 kg + 875 g + 3,5 kg + 1 050 g + $\frac{1}{5}$ kg + $\frac{4}{10}$ kg =
b) 800 g + $\frac{1}{8}$ kg + $\frac{2}{2}$ kg + 13,2 kg + 17,005 kg + 12 595 g =
c) $\frac{1}{8}$ kg + 0,05 kg + $\frac{1}{5}$ kg + $\frac{17}{4}$ kg + 7,2 kg + $\frac{1}{20}$ kg + 5 g =

13 Berechnen Sie die Jahresumsätze der Filialen.

Monat	Filiale I	Filiale II	Filiale III
Januar	31.347,00 EUR	14.212,00 EUR	12.970,00 EUR
Februar	29.465,05 EUR	14.081,50 EUR	13.115,50 EUR
März	30.002,50 EUR	14.844,00 EUR	12.975,10 EUR
April	31.814,00 EUR	15.172,35 EUR	13.017,10 EUR
Mai	30.198,70 EUR	15.044,00 EUR	12.977,50 EUR
Juni	31.874,85 EUR	15.312,60 EUR	13.989,00 EUR
Juli	29.271,40 EUR	13.843,40 EUR	11.970,00 EUR
August	28.891,00 EUR	13.954,10 EUR	12.070,50 EUR
September	30.145,60 EUR	15.085,00 EUR	13.172,00 EUR
Oktober	33.295,00 EUR	15.814,00 EUR	13.985,00 EUR
November	33.612,50 EUR	16.035,40 EUR	14.535,00 EUR
Dezember	35.015,00 EUR	16.385,40 EUR	14.961,90 EUR

Wie hoch war der Gesamtumsatz des Betriebes, wenn das Hauptgeschäft folgende Monatsumsätze erzielt hat?

34.659,00 EUR;	33.981,70 EUR;	33.645,00 EUR;	34.897,00 EUR;
34.981,50 EUR;	35.412,00 EUR;	35.651,50 EUR;	34.905,00 EUR;
34.788,50 EUR;	37.004,00 EUR;	37.456,00 EUR;	38.106,40 EUR.

1.2 Subtraktion (Das Abziehen)

	Minuend	85,986 kg
minus (–)	Subtrahend	32,635 kg
gleich (=)	Differenz	53,351 kg

Wir merken uns:

Die Subtraktion ist die Umkehrung der Addition.
Mit Minuend bezeichnet man die zu vermindernde Zahl.
Der Subtrahend ist die abzuziehende Zahl.
Das Ergebnis ist die Differenz.

580810

Grundregeln

a) Subtrahieren kann man nur Zahlen gleicher Benennung.
Beispiel: kg von kg; EUR von EUR.

b) Zahlen unterschiedlicher Größenbenennung müssen gleichnamig gemacht werden.
Beispiel: g in kg; Cent in EUR.

c) Bei Dezimalzahlen gehört Komma unter Komma.

Übungsaufgaben

14

a) 832,170 kg – 102,150 kg x	c) 167,125 kg – 82,020 kg x	e) 605,900 kg – 99,550 kg x	g) 23 kg – 14,375 kg x
b) 489,500 kg – 312,250 kg x	d) 32,880 kg – 7,975 kg x	f) 387,625 kg – 114,875 kg x	h) 279 kg – 0,625 kg x

15

a) 871,60 EUR – 350,50 EUR x	c) 17.436,10 EUR – 8.009,05 EUR x	e) 2.371,35 EUR – 1.899,85 EUR x	g) 37.373,70 EUR – 3.737,37 EUR x
b) 6.324,80 EUR – 1.211,10 EUR x	d) 13,77 EUR – 10,08 EUR x	f) 5.003,15 EUR – 4.800,40 EUR x	h) 169,33 EUR – 87,29 EUR x

Leichter lässt es sich subtrahieren – besonders bei mehreren Subtrahenden von einem Minuend – durch die Ergänzungsmethode.

Beispiel:

85,986 kg
– 32,635 kg
= 53,351 kg

Wir sprechen:

5 und	1	= 6
3 und	5	= 8
6 und	3	= 9
2 und	3	= 5
3 und	5	= 8

Prüfen Sie stets die Rechnung durch Gegenrechnung nach.

Die eingerahmten Zahlen stellen, nach rechts gekippt, das Ergebnis dar.

5	3	3	5	1	kg

Übungsaufgaben

16

a) 374,48 EUR – 121,16 EUR	c) 566,81 EUR – 55,70 EUR	e) 15,750 kg – 10,250 kg	g) 0,450 kg – 87 g
b) 459,27 EUR – 328,12 EUR	d) 662,18 EUR – 302,11 EUR	f) 8,875 kg – 1,050 kg	h) 155 g – 35,5 g

Auch das „Überspringen" der 10 stellt kein Hindernis dar.

Beispiel:

	Wir sprechen:
43,15 EUR	6 und [9] = **15**
– 28,36 EUR	**1** + 3 = 4 und [7] = **11**
= 14,79 EUR	**1** + 8 = 9 und [4] = **13**
	1 + 2 = 3 und [1] = 4

Übungsaufgaben

17

a)	581,71 EUR – 397,90 EUR x	c)	34.219,31 EUR – 16.738,77 EUR x	e)	108,625 kg – 73,875 kg x	g)	13,007 kg – 0,069 kg x
b)	1.403,06 EUR – 869,57 EUR x	d)	811,23 EUR – 89,67 EUR x	f)	334 075 g – 175 890 g x	h)	5 067 g – 0,875 kg x

18 Von zwei Schinken a) 3,870 kg und b) 4 055 g wurden folgende Teilmengen verkauft:

a) 370 g, 0,125 kg, 0,220 kg, 1 375 g, 450 g, 0,420 kg;
b) 0,125 kg, 1,050 kg, 65 g, 1,050 kg, 720 g, $\frac{3}{8}$ kg.

Wie viel Gramm wiegen die Reststücke?

19 Ein Roastbeef wiegt 5 410 g. Es wurden in 2 Tagen verkauft:
0,375 kg, 275 g, 625 g, 0,825 kg, 450 g, 1,050 kg; das Reststück wiegt 1 625 g.
Wie viel Gramm Schwund und Einwiegeverlust sind entstanden?

1.3 Multiplikation (Das Malnehmen)

7	·	8	=	56
Faktor	mal	Faktor	gleich	Produkt

Wir merken uns:
Die miteinander malzunehmenden Zahlen nennt man Faktoren.
Das Ergebnis der Multiplikation ist das Produkt.

Grundregeln

a) Multiplizieren Sie immer den kleineren Faktor mit dem größeren.

Beispiel: anstatt

```
12 · 37255
36
 84
  24
   60
    60
447060
```

weniger aufwendig:

```
37255 · 12
37255
 74510
447060
```


580812

b) Nutzen Sie dabei den Vorteil der Zahl 1 aus, wenn ein Faktor eine 1 als erste Ziffer zeigt.

Beispiel: 37 255 · 12

\+ 74 510

= 447 060

c) Bei der Multiplikation von Dezimalzahlen stehen beim Ergebnis so viele Stellen hinter dem Komma wie bei den beiden Faktoren zusammen.

Beispiel: 0,008 · 0,07 = 0,00056

3 Stellen + 2 Stellen = 5 Stellen

Übungsaufgaben

20

a)	b)	c)	d)
7 · 15	13 · 17	18 · 57	1377 · 12
6 · 23	16 · 14	16 · 71	218 · 27
9 · 37	17 · 19	17 · 63	91 · 91
8 · 19	13 · 14	14 · 88	824 · 53
4 · 48	18 · 19	18 · 37	1871 · 63
9 · 28	19 · 13	15 · 46	4711 · 605

Das Rechnen mit dem großen Einmaleins der Zahlen zwischen 10 und 19 lässt sich vereinfachen.

Beispiel:

normale Rechnung

17 · 17

10 · 17 = 170
7 · 10 = + 70
240
7 · 7 = + 49
289

vereinfachte Kopfrechnung

17 · 17

17 + 7 = 24
wir hängen eine Null an
240
7 · 7 = + 49
289

Übungsaufgaben

21

a)	b)	c)	d)
16 · 17	14 · 11	14 · 17	14 · 18
11 · 19	18 · 17	16 · 18	15 · 19
15 · 15	19 · 16	13 · 19	12 · 17
17 · 13	18 · 19	15 · 17	17 · 19

22 Stellen Sie die Rechnung zusammen.

Gewicht	Warenart	Preis je 100 g	Positionspreis
0,875 kg	Bierschinken	0,88 EUR	
0,650 kg	Leberwurst	0,76 EUR	
0,375 kg	Pastete	0,90 EUR	Ermitteln Sie den Positionspreis.
0,625 kg	Bierwurst	0,84 EUR	
1,820 kg	Roastbeef	1,41 EUR	
1,050 kg	Eisbein	0,33 EUR	
2,220 kg	Schmorbraten	0,79 EUR	

23 a)

168,8 · 0,72	
3,012 · 103,2	
195,1 · 95,564	
0,056 · 8,31	
229,6 · 14,384	

b)

4 288 · 0,05	
1 472 · 5,01	
201,9 · 7,058	
521 · 7,003	
461 · 0,741	

c)

43,61 · 4,17	
2,88 · 3,12	
1371,689 · 98,57	
16,782 · 50,07	
299,6 · 299,60	

24 Das Hotel „Zur Waldesruh" erhält Waren. Stellen Sie die Rechnung auf.

Gewicht	Warenart	Preis je 1 kg	Postenpreis
2,770 kg	Zervelatwurst I	8,90 EUR	Berechnen Sie die Postenpreise.
3,240 kg	Schnitzelfleisch	9,15 EUR	
1,630 kg	Schinkenwurst	8,59 EUR	
4,120 kg	Bratwurst, fein	7,06 EUR	
8,660 kg	Hähnchen, frisch	2,53 EUR	
4,350 kg	Rinderbraten	7,98 EUR	
0,480 kg	ff Leberwurst	7,64 EUR	

25 Fleischerei Müller erhält folgende Lieferung:
22,500 kg Fleischwurstgewürz „Spezial", je kg zu 11,22 EUR,
3 Eimer à 12,500 kg Pökelsalz, je kg zu 0,26 EUR,
4-mal 12 Päckchen Dauerwurst-Reifepräparat, je Päckchen 2,43 EUR.

Welchen Gesamtwert hat die Lieferung?

26 Berechnen Sie den Gestehungspreis für lebende Rinder.

Tier	Gewicht	Preis je 50 kg	Schlachtkosten
Bulle	417,000 kg	148,00 EUR	14,70 EUR
Bulle	589,500 kg	151,00 EUR	18,64 EUR
Kuh	443,500 kg	118,00 EUR	12,11 EUR
Jungrind	291,500 kg	142,00 EUR	10,43 EUR
Ochse	763,000 kg	137,00 EUR	17,26 EUR

27 Welchen Preis hat der Fleischermeister einschließlich Transport und Schlachtkosten zu zahlen?

Tiere	Gewicht	Preis je 50 kg	Transportkosten	Schlachtkosten
6 Schweine	537,500 kg	102,00 EUR	23,52 EUR	56,14 EUR
2 Kälber	254,400 kg	158,00 EUR	9,46 EUR	13,86 EUR
1 Schwein	139,700 kg	97,00 EUR	00,00 EUR	8,05 EUR
1 Sau	212,500 kg	83,00 EUR	6,26 EUR	9,66 EUR
2 Jungbullen	608,500 kg	146,00 EUR	11,92 EUR	25,51 EUR

28 Das Stadtkrankenhaus erhält folgende Lieferung:
18,000 kg Schnitzelfleisch, je kg 6,34 EUR,
21,250 kg Hackfleisch, je kg 5,09 EUR,
13,450 kg Bratwurst, je kg 6,88 EUR,
24,600 kg Gulasch, je kg 6,11 EUR,
16,750 kg Aufschnitt, je kg 9,15 EUR,
8,950 kg gek. Schinken, je kg 11,25 EUR.

Ermitteln Sie den Wert der Lieferung.

580814

1.4 Division (Das Teilen)

16	:	2	=	8
Dividend	durch	Divisor	gleich	Quotient

Wir merken uns:

Beim Dividieren stellen wir fest, wie oft eine Zahl in einer anderen Zahl enthalten ist.
Der Dividend ist die zu teilende Zahl.
Der Divisor ist die Zahl, durch die geteilt wird.
Der Quotient ist das Ergebnis der Division.

Grundregeln

a) Der Teiler muss immer eine ganze Zahl sein.

b) Ist der Divisor eine Dezimalzahl, müssen wir Divisor und Dividend gleichermaßen um 10, 100, 1 000 usw. erweitern, bis das Komma um so viele Stellen nach rechts gerückt ist, wie der Divisor Stellen hinter dem Komma hat.

Beispiel: 327,88 : 1,22 = 32 788 : 122 =
oder: 515,2 : 0,555 = 515 200 : 555 =

c) Hat der Dividend nicht genügend Stellen hinter dem Komma, so müssen entsprechend viele Nullen angesetzt werden.

Beispiel: 63,8 : 2,833 = 63 800 : 2 833 =

d) Wird eine Dezimalzahl durch eine ganze Zahl geteilt, so muss im Ergebnis das Komma gesetzt werden, sobald während des Rechenvorganges bei der zu teilenden Zahl das Komma erreicht ist.

Beispiel:

```
98,02 : 13 = 7,54
91
—
 7 0
 6 5
 —
   52
```

Die Teilbarkeit der Zahlen

Oft sieht man einer Zahl nicht an, dass sie durch eine kleinere teilbar ist. Das zu erkennen, gibt es bestimmte Regeln:

Divisor	Regel	Beispiel
: 2	alle geraden Zahlen	468 : 2 = 234
: 3	Quersumme ist durch 3 teilbar	513 : 3 = 171
: 4	zwei letzte Ziffern sind durch 4 teilbar	316 : 4 = 79
: 5	letzte Ziffer ist eine 5 oder eine 0	485 : 5 = 97
: 6	jede gerade Zahl, die zugleich auch durch 3 teilbar ist	840 : 6 = 140
: 8	drei letzte Ziffern sind durch 8 teilbar	3 240 : 8 = 405
: 9	Quersumme ist durch 9 teilbar	3 627 : 9 = 403

Wir teilen eine Zahl durch 10, indem wir das Komma um 1 Stelle nach links versetzen, durch 100, indem wir das Komma um 2 Stellen nach links versetzen.

Übungsaufgaben

29

a)
841 : 17
167 : 13
1 956 : 16
738 : 19
8 002 : 24

b)
1 029,54 : 122
612,80 : 33
6 435,21 : 21
5 316,7 : 41
7 339,6 : 74

c)
18,5 : 0,672
567,3 : 819,44
2,874 : 0,073
618,09 : 3,0702
2 789,8 : 14,250

30 Wie viel EUR kostete die einzelne Dose?

a)
277 Dosen kosten 233,69 EUR
36 Dosen kosten 50,99 EUR
187 Dosen kosten 117,60 EUR
191 Dosen kosten 394,53 EUR
44 Dosen kosten 94,94 EUR

b)
813 Dosen kosten 369,95 EUR
104 Dosen kosten 34,83 EUR
86 Dosen kosten 141,59 EUR
54 Dosen kosten 64,33 EUR
144 Dosen kosten 121,48 EUR

31 Welcher Kilopreis ist berechnet worden, wenn

a)
12,200 kg – 58,63 EUR kosten?
4,350 kg – 24,02 EUR kosten?
0,920 kg – 4,70 EUR kosten?
22,450 kg – 50,96 EUR kosten?
3,150 kg – 16,75 EUR kosten?

b)
39,500 kg – 85,63 EUR kosten?
0,860 kg – 7,04 EUR kosten?
0,610 kg – 6,24 EUR kosten?
1,375 kg – 8,02 EUR kosten?
5,050 kg – 24,27 EUR kosten?

32 Der Lehrling (Auszubildende) Christian K. soll die Rechnung der Darmgroßhandlung überprüfen, weil die Angabe der Einzelbundpreise fehlt.
Wie viel EUR kostete ein Bund? Prüfen Sie nach, ob richtig addiert wurde.

72 Bund Schweinedärme,	Kaliber 26/28	Preis:	734,40 EUR
35 Bund Natur-Kranzdärme,	Kaliber 43/46	Preis:	126,00 EUR
42 Bund Saitlinge,	Kaliber 22/24	Preis:	586,74 EUR
120 Bund Cellophandärme,	Kaliber 65/50	Preis:	579,60 EUR
175 Bund Naturin-Kranzdärme,	Kaliber 46 +	Preis:	820,75 EUR
			2.847,49 EUR

33 Welcher kg-Preis war vereinbart worden?

Fleisch-viertel	Gewicht	Viertelpreis	Schweine-hälfte	Gewicht	Hälftenpreis
1 B-HV	123,3 kg	501,60 EUR	fett	47,2 kg	93,63 EUR
1 K-VV	67,7 kg	212,88 EUR	m-fett	49,1 kg	106,69 EUR
1/1 KUH	291,3 kg	945,76 EUR	fett	63,8 kg	119,39 EUR
1 B-HV	86,4 kg	352,34 EUR	fleischig	43,7 kg	99,20 EUR
1 K-HV	70,7 kg	259,90 EUR	fleischig	45,4 kg	105,85 EUR
½ F	119,1 kg	412,25 EUR	fett	50,4 kg	103,54 EUR
1 B-VV	83,5 kg	273,66 EUR	vollfl.	41,1 kg	100,66 EUR
1 B–HV	98,3 kg	407,61 EUR	fett	49,0 kg	102,47 EUR
1 K-HV	54,9 kg	218,10 EUR	vollfl.	45,7 kg	101,17 EUR
1 O-HV	110,5 kg	451,41 EUR	fleischig	39,4 kg	90,85 EUR

34 Berechnen Sie den Preis für ein kg des schlachtwarmen Fleischs.

Tier	Lebendpreis	+ Schlachtkosten	Schlachtwarmgewicht
1 Schwein	205,39 EUR	12,02 EUR	96,200 kg
1 Kalb	416,57 EUR	11,12 EUR	94,250 kg
1 Bulle	1.841,71 EUR	20,32 EUR	492,400 kg
1 Färse	1.533,10 EUR	16,92 EUR	434,800 kg
6 Schweine	1.150,40 EUR	51,84 EUR	514,300 kg

35 Frau Müller bestellt per Telefon: einen kleinen Schinken, 1,150 kg schwer, je 100 g zu 1,20 EUR, ein Stück Dörrfleisch, 0,850 kg schwer, je kg zu 4,35 EUR und eine Dauerwurst, 1,275 kg schwer, je 100 g zu 0,89 EUR.

Stellen Sie die Rechnung auf.

1.5 Gemeine Brüche

$\frac{1}{4}$ Zähler / Nenner	Das Ganze besteht aus $\frac{4}{4} = 1$

Wir merken uns:

Die Bruchrechnung ist eine andere Schreibweise der Division:

$$1 : 4 = \frac{1}{4}$$

Der Zähler (= die Zahl über dem Bruchstrich) gibt die Anzahl der Teile an.

Der Nenner (= die Zahl unter dem Bruchstrich) gibt an, aus wie viel Teilen das Ganze besteht.

Der Bruchstrich bedeutet: „geteilt durch".

Wir sprechen von einem echten Bruch, wenn der Zähler kleiner ist als der Nenner.

Beispiel: $^3/_4$; $^1/_2$; $^5/_7$

Wir sprechen von einem unechten Bruch, wenn der Zähler größer ist als der Nenner.

Beispiel: $^5/_3$; $^8/_6$; $^7/_5$

Eine gemischte Zahl besteht aus einer ganzen Zahl und einem echten Bruch.

Beispiel: $3\,^1/_2$; $5\,^3/_4$

Wir bezeichnen zwei oder mehr Brüche als gleichnamig, wenn die Nenner aus gleichen Zahlen bestehen.

Beispiel: $^3/_8$; $^5/_8$; $^7/_8$

Bestehen die Nenner aus ungleichen Zahlen, sprechen wir von ungleichnamigen Brüchen.

Beispiel: $^3/_4$; $^4/_7$; $^{11}/_{13}$

Die Umwandlung einer gemischten Zahl in einen unechten Bruch nennen wir „Einrichten einer gemischten Zahl".

Beispiel: $5\,^3/_8 = {}^{43}/_8$; d. h.: $5 \cdot {}^8/_8 = {}^{40}/_8 + {}^3/_8 = {}^{43}/_8$

Grundregeln

a) Wir erweitern einen Bruch, indem wir Zähler und Nenner mit der gleichen Zahl multiplizieren. Der Wert des Bruches bleibt dabei unverändert.

Beispiel: $\frac{43}{8}$ **erweitert mit 5** $\frac{43 \cdot 5}{8 \cdot 5} = \frac{215}{40}$

b) Wir kürzen einen Bruch, indem wir Zähler und Nenner durch die gleiche Zahl dividieren. Auch dabei bleibt der Wert des Bruches unverändert.

Beispiel: $\frac{215}{40}$ kürzen durch 5 $\frac{215 : 5}{40 : 5} = \frac{43}{8}$

c) Brüche können nur dann addiert bzw. subtrahiert werden, wenn sie gleichnamig sind.

Ungleichnamige Brüche müssen zuvor gleichnamig gemacht werden, indem der kleinste gemeinsame Nenner gesucht wird.

Wir addieren bzw. subtrahieren gleichnamige Brüche, indem wir die Zähler addieren bzw. subtrahieren.

Der Nenner bleibt dabei unverändert.

Beispiel: ca) $\frac{3}{9} + \frac{2}{9} + \frac{7}{9} = \frac{12}{9} = 1\frac{3}{9} = 1\frac{1}{3}$ cb) $\frac{8}{9} - \frac{2}{9} - \frac{3}{9} = \frac{3}{9} = \frac{1}{3}$

d) Wir multiplizieren einen Bruch,

da) mit einer ganzen Zahl, indem wir die Zahl mit dem Zähler des Bruches multiplizieren.

Beispiel: $6 \cdot \frac{3}{4} = \frac{6 \cdot 3}{4} = \frac{18}{4} = 4\frac{2}{4} = 4\frac{1}{2}$

db) mit einem Bruch, indem wir Zähler mit Zähler und Nenner mit Nenner multiplizieren.

Beispiel: $\frac{1}{2} \cdot \frac{1}{2} = \frac{1}{4}$

e) Wir dividieren einen Bruch,

ea) durch eine ganze Zahl, indem wir den Nenner mit der ganzen Zahl multiplizieren.

Beispiel: $\frac{4}{5} : 6 = \frac{4}{5} \cdot 6 = \frac{4}{30} = \frac{2}{15}$

eb) durch einen Bruch, indem wir den ersten Bruch mit dem Kehrwert des zweiten Bruches multiplizieren.

Beispiel: $\frac{3}{4} : \frac{1}{5} = \frac{3}{4} \cdot \frac{5}{1} = \frac{15}{4}$

ec) Wir dividieren eine ganze Zahl durch einen Bruch, indem wir die ganze Zahl mit dem Kehrwert des Bruches multiplizieren.

Beispiel: $6 : \frac{3}{4} = \frac{6 \cdot 4}{3} = \frac{24}{3} = 8$

Übungsaufgaben

36

a) $5 \cdot \frac{3}{8}$, $7 \cdot \frac{5}{6}$, $9 \cdot \frac{3}{4}$

b) $8 \cdot \frac{1}{2}$, $3 \cdot \frac{5}{3}$, $4 \cdot \frac{7}{6}$

c) $\frac{3}{4} \cdot \frac{6}{8}$, $\frac{4}{5} \cdot \frac{2}{3}$, $\frac{32}{12} \cdot \frac{34}{6}$

d) $\frac{56}{63} \cdot \frac{7}{25}$, $112 \cdot 3\frac{3}{4}$, $6\frac{7}{8} \cdot 133$

37 Subtrahieren Sie.

a) $\frac{3}{4} - \frac{1}{8}$, $\frac{4}{5} - \frac{3}{11}$, $\frac{1}{3} - \frac{2}{10}$

b) $\frac{7}{9} - \frac{2}{5}$, $\frac{8}{9} - \frac{3}{10}$, $\frac{8}{21} - \frac{2}{7}$

c) $5\frac{6}{19} - \frac{18}{5}$, $8\frac{7}{33} - 4\frac{4}{11}$, $13\frac{4}{16} - 10\frac{1}{4}$

38 Addieren Sie.

a) $13\frac{1}{4} + 8\frac{7}{6} + 6\frac{1}{5} + \frac{9}{10} + 12\frac{9}{15} + \frac{13}{2} + 9\frac{2}{3} + 4 =$

b) $15\frac{1}{4} + 13\frac{2}{3} + 18\frac{2}{5} + 9\frac{5}{6} + 19\frac{7}{8} + 23 + \frac{27}{9} + \frac{1}{4} =$

c) $5\frac{1}{2}$ kg + $8\frac{1}{10}$ kg + $\frac{4}{5}$ kg + $\frac{13}{4}$ kg + $\frac{18}{20}$ kg + $7\frac{7}{8}$ kg =

39 Dividieren Sie.

a) $\frac{7}{8} : 5$, $\frac{13}{14} : 3$, $\frac{3}{9} : 11$, $\frac{14}{15} : 33$, $\frac{4}{5} : 14$, $\frac{3}{7} : 3 =$

b) $9 : \frac{3}{4}$, $13 : \frac{1}{3}$, $7 : \frac{3}{13}$, $18 : \frac{1}{7}$, $44 : \frac{1}{9}$, $99 : \frac{13}{17} =$

c) $\frac{4}{5} : \frac{3}{4}$, $\frac{7}{9} : \frac{2}{5}$, $\frac{19}{20} : \frac{2}{7}$, $\frac{14}{17} : \frac{3}{9}$, $\frac{7}{8} : \frac{2}{3} =$

d) $6\frac{4}{5} : 3\frac{2}{3}$, $5\frac{1}{9} : 17\frac{1}{2}$, $16\frac{3}{4} : 14\frac{4}{5}$, $101\frac{1}{2} : \frac{7}{9} =$

e) $6 : \frac{3}{7}$, $13\frac{2}{5} : 18$, $17\frac{3}{5} : 4\frac{8}{9}$, $\frac{7}{8} : \frac{6}{7}$, $15 : 33\frac{3}{4} =$

40 83,450 kg Schmierwurstbrät sollen in Därme gefüllt und auf $\frac{3}{20}$ kg portioniert werden. Wie viel Portionen erhalten wir?

41 1 kg Hausmacherwurst kostet $4\frac{2}{5}$ EUR. Ermitteln Sie den Preis für:
$\frac{7}{8}$ kg, $6\frac{3}{4}$ kg, $\frac{17}{4}$ kg, $2\frac{19}{20}$ kg, $\frac{13}{10}$ kg, $5\frac{3}{8}$ kg.

42 Wir bieten Dosen an, das Stück zu $1\frac{2}{5}$ EUR. Welchen Gesamtpreis haben:
48 Dosen, $2\frac{3}{4}$ Dtzd. Dosen, $5\frac{3}{6}$ Dtzd. Dosen, 12 Dtzd. Dosen?

43 Üben Sie die Grundregel (a). Erweitern Sie die folgenden Brüche mit den Faktoren: 4, 6, 7, 9, 12.

$\frac{1}{2}$, $\frac{2}{3}$, $\frac{3}{4}$, $\frac{3}{5}$, $\frac{5}{6}$, $\frac{2}{7}$, $\frac{3}{8}$, $\frac{7}{9}$, $\frac{9}{10}$, $\frac{5}{11}$, $\frac{11}{12}$.

44 Wenden Sie die Grundregel (b) an und kürzen Sie.

$\frac{4}{6}$, $\frac{6}{18}$, $\frac{3}{12}$, $\frac{3}{9}$, $\frac{6}{24}$, $\frac{27}{81}$, $\frac{26}{90}$, $\frac{51}{221}$, $\frac{1056}{7392}$.

45 Wenden Sie die Grundregel (c) an. Machen Sie die Brüche gleichnamig und addieren Sie.

a) $\frac{1}{4} + \frac{3}{8} + \frac{5}{6} + \frac{9}{3} + \frac{11}{12} + \frac{7}{8} + \frac{3}{4} + \frac{19}{24} + \frac{13}{20} + \frac{18}{10} = x$

b) $\frac{1}{3} + \frac{5}{9} + \frac{2}{5} + \frac{13}{6} + \frac{5}{12} + \frac{9}{15} + \frac{29}{30} + \frac{11}{18} + \frac{1}{5} + \frac{7}{9} = x$

46 Machen Sie gleichnamig und subtrahieren Sie.

a) $\frac{75}{84} - \frac{1}{6} - \frac{3}{7} - \frac{1}{42} = x$

b) $\frac{59}{60} - \frac{1}{2} - \frac{1}{4} - \frac{1}{5} = x$

c) $\frac{1801}{2112} - \frac{1}{8} - \frac{1}{12} - \frac{1}{16} - \frac{1}{24} - \frac{1}{32} - \frac{1}{48} - \frac{1}{64} = x$

1.6 Dezimalbrüche (Dezimalzahlen)

$\frac{7}{8} = 0{,}875$

Wir merken uns:

Einen Bruch, bei dem die Bruchteile (= Teile des Ganzen) in Kommastellen umgerechnet wurden, bezeichnen wir als Dezimalzahl.

Grundsätzlich lassen sich alle gemeinen Brüche in Dezimalzahlen darstellen.

Wir sprechen bei Dezimalzahlen von endlichen Dezimalzahlen, wenn die Umwandlung des gemeinen Bruches in einen Dezimalbruch ohne Rechenrest erfolgt.

Von einer unendlichen Dezimalzahl sprechen wir, wenn bei der Umwandlung eines gemeinen Bruches die Rechenoperation nicht „aufgeht".

Beispiel: $\frac{1}{3} = 1{,}0000 : 3 = 0{,}3333$ usw.

Grundregeln

a) Wir verwandeln einen gemeinen Bruch in eine Dezimalzahl, indem wir den Zähler durch den Nenner dividieren.

Beispiel: $\frac{3}{4} = 3 : 4 = 0{,}75$

b) Wir verwandeln einen Dezimalbruch in einen gemeinen Bruch, indem wir für jede Stelle hinter dem Komma eine 0 an eine 1 anhängen und diese Zahl als Nenner und die Zahlen hinter dem Komma als Zähler einsetzen.

Beispiel: $0{,}\underline{75} \longrightarrow = \frac{75}{\underline{100}} \longrightarrow =$ (gekürzt) $\frac{3}{4}$

2 Stellen — 2 Nullen

Übungsaufgaben

47 Multiplizieren Sie.

a)	0,42 · 0,75	1,15 · 0,072	881,92 · 3,8	7,065 · 3,045
b)	8,400 kg · 5,75 EUR	92,810 kg · 3,71 EUR	491,500 kg · 6,81 EUR	
c)	0,455 kg · 10,40 EUR	13,4 kg · 13,40 EUR	191,5 kg · 3,89 EUR	

48 Brühwurst wird hergestellt aus $12\,\frac{1}{4}$ kg Schweinefleisch, $14\,\frac{3}{8}$ kg Rindfleisch, $9\,\frac{6}{10}$ kg Speck, $3\,\frac{3}{4}$ kg Eisschnee und $1\,\frac{1}{8}$ kg Zutaten. Das Brät wird in Hüllen gefüllt, die $\frac{5}{8}$ kg fassen. Wie viele Hüllen können gefüllt werden?

49 Wie viel EUR kosten 375 g, wenn 1,000 kg
2,55 EUR, 3,19 EUR, 3,85 EUR, 7,05 EUR, 6,80 EUR, 5,45 EUR, 3,48 EUR, 8,80 EUR, 15,28 EUR, 9,70 EUR, 12,64 EUR, 6,56 EUR kostet?

50 Berechnen Sie den Einkaufspreis (ohne Umsatzsteuer).

Tier	Preis je kg Lebendgewicht	Lebendgewicht	
a) Bulle (A)	2,11 EUR	672,000 kg	Berechnen Sie die Preise für die einzelnen Tiere.
b) Kuh (B)	1,78 EUR	465,000 kg	
c) Ochse (A)	2,07 EUR	724,500 kg	
d) Kalb (A)	3,04 EUR	121,400 kg	
e) Schwein (D)	1,85 EUR	98,500 kg	
f) Bulle (B)	2,07 EUR	803,500 kg	
g) Kalb (B)	2,84 EUR	94,500 kg	

51 Viehhändler Valentin M. hat 6 Schweine, 1 Kalb und 1 Färse geliefert. Die Gesamtrechnung weist 1.560,00 EUR aus, wobei die Schweine, die 448,500 kg wiegen, mit 897,00 EUR berechnet sind. Das Kalb wiegt 61,000 kg und kostet 171,00 EUR.
Welcher Kilopreis war für die Schweine, das Kalb und die Färse vereinbart worden, wenn die Färse 243,000 kg gewogen hat?

52 Fleischer Neumann erhält Verpackungsmaterialien:
2 500 Tragetaschen, je Stück 3,9 Cents; 10 000 Bogen Folienpack, je 250 Blatt zu 1,56 EUR und 24,500 kg Pergamentersatz, je kg zu 3,64 EUR.

a) Errechnen Sie den Wert der Lieferung.

b) Welcher Betrag muss überwiesen werden, wenn Fleischer Neumann $\frac{1}{20}$ des Rechnungsbetrages als Mengenrabatt abziehen darf?

53 Ermitteln Sie den Endbestand.

Anfangsbestand	Abgänge	Zugänge
a) 35,570 kg	3,080 kg; 4,140 kg	12,500 kg; 0,5 kg
b) 3.017,07 EUR	0,88 EUR; 4.412,00 EUR	1,16 EUR; 1.988,67 EUR
c) 138,040 kg	50 g; 8,4 kg; $\frac{3}{4}$ kg	16,4 kg; 0,04 dt
d) 150 g	825,5 kg; 13 g; 0,5 kg	$\frac{9}{8}$ t; 300 g; 0,4 kg

54 Ein Sanatorium erhält folgende Warenlieferung:

2 450 g	Aufschnittwurst,	je 100 g	0,80 EUR
2 875 g	gekochten Schinken,	je 100 g	1,27 EUR
8,720 kg	Rinderschmorbraten,	je 100 g	0,76 EUR
7,125 kg	Schweinerücken, ohne Knochen,	je 100 g	0,73 EUR
4,340 kg	Leber in Scheiben,	je kg	4,32 EUR

Auf welche Summe lautet der Scheck, der zur Bezahlung übergeben wird?

55 Das Gasthaus „Zur Krone" erhält folgende Lieferung:
13,530 kg Kotelette zu 5,60 EUR/kg; 19,250 kg Sauerbraten zu 8,62 EUR/kg und 8,440 kg Rinderleber in Scheiben zu 4,37 EUR/kg.
Stellen Sie die Rechnung auf.

Gemischte Übungsaufgaben

56 Eine Verkäuferin verkauft von einem Schinken im Gewicht von $4\frac{1}{4}$ kg folgende Teilmengen:
$\frac{1}{8}$ kg, 100 g, 0,2 kg, $\frac{3}{8}$ kg, $\frac{3}{10}$ kg, 50 g, $\frac{1}{5}$ kg und $\frac{7}{10}$ kg.

Wie viel Gramm müssten noch übrig sein?

57 Schreiben Sie als Dezimalbrüche und addieren Sie.
$2\frac{1}{5}$, $121\frac{6}{8}$, $17\frac{3}{4}$, $5\frac{3}{8}$, $\frac{4}{5}$, $\frac{11}{20}$, $\frac{13}{50}$, $\frac{12}{8}$, $7\frac{7}{8}$

58 Ein Landwirt verkauft folgende Schlachttiere ab Hof:
eine Kuh, 544,5 kg schwer, je kg zu 1,52 EUR, ein Spanferkel für 36,80 EUR; drei Schweine: 117 kg, 102,5 kg und 115,75 kg schwer, je kg zu 1,75 EUR.
Mit welchem Gesamtbetrag kann der Landwirt rechnen, wenn der Viehhändler den Wert bar bezahlt, zuvor aber für die Kuh 2,55 EUR und für jedes Schwein jeweils 1,80 EUR als Versicherungsanteil abzieht?

59 Addieren Sie folgende Brüche:
$8\frac{4}{7} + 3\frac{5}{8} + \frac{13}{4} + 7\frac{3}{4} + 2\frac{27}{28} + \frac{15}{8} + \frac{9}{4} + \frac{21}{14} =$
$\frac{3}{4} + \frac{1}{5} + \frac{7}{6} + \frac{2}{3} + \frac{14}{15} + \frac{5}{6} + \frac{3}{8} + \frac{4}{5} + 6\frac{2}{3} + \frac{7}{8} =$

60 Ein Bullen-Hinterviertel im Gewicht von 96,500 kg kostet 356,23 EUR. Welchen Wert hat dann das zweite Vorderviertel, wenn hier ein Gewicht von 94,750 kg festgestellt wird?

61 Der Vertreter einer Gewürzfirma notiert bei Fleischer Bartmann folgenden Auftrag:
3 · 4,500 kg Fleischwurst-Gewürzmischung, je kg zu 11,15 EUR,
5,000 kg Pfeffer, weiß (Muntok), je kg zu 6,85 EUR,
2 Eimer Spezial-Pökelsalz, je 12,5 kg, Preis je kg 19,7 Cents
und 144 Beutel Kutterhilfsmittel, je Beutel 1,49 EUR.
Errechnen Sie den Auftragswert.

62 $14\frac{3}{4}$ kg kosten 40,71 EUR. Wie viel EUR kostet $\frac{1}{2}$ kg?

63 Schreiben Sie in Gramm.
8,004 kg, $4\frac{1}{4}$ kg, $\frac{5}{8}$ kg, 3,175 kg, $7\frac{1}{4}$ kg, 0,3 kg, 0,7 dt, $13\frac{1}{4}$ kg, 9,070 kg, 0,004 t, 12 00 mg, $8\frac{1}{8}$ kg, 3,752 dt.

64 1 kg kostet 1,80 EUR (2,75 EUR, 3,60 EUR, 5,20 EUR).
Wie viel EUR kosten 80 g, 220 g, 145 g, 460 g, $\frac{7}{8}$ kg, $\frac{3}{10}$ kg, 0,325 kg?

65 Schreiben Sie als Dezimalbruch und in kg.
105 kg, $6\frac{1}{2}$ kg, 435 g, $\frac{1}{8}$ kg, $\frac{3}{4}$ kg, 4 800 g, $\frac{1}{8}$ t, $3\frac{1}{2}$ dt.

66 Zwölf Schweinehälften wiegen ausgekühlt 534,000 kg.Fleischer Blaumann hat dafür folgende Auslagen: Einkaufspreis 1.355,00 EUR + Transportkosten 33,16 EUR + Schlachtkosten 98,37 EUR und Kühlraumkosten von 18,42 EUR.
Berechnen Sie den Gestehungspreis für 1 kg der Hälften.

67 Peter verdient 92,00 EUR in der Woche. Davon gibt er $\frac{1}{5}$ seinen Eltern als Beitrag zu den Haushaltskosten ab, $\frac{1}{6}$ benötigt er, um die Raten für sein Moped zu zahlen und $\frac{3}{10}$ spart er im Sparwerk des Fleischerverbandes.

a) Wie viel EUR entfallen auf die einzelnen Verpflichtungen?

b) Welcher Bruchteil des Verdienstes und wie viel EUR bleiben ihm noch zur freien Verfügung?

68 125 g kosten 0,45 EUR. Wie viel EUR kosten 100 g, 625 g, $\frac{3}{8}$ kg, 420 g, 540 g, $\frac{7}{20}$ kg, 390 g, 4,4 kg, 65 g, $\frac{6}{10}$ kg, 220 g, 0,365 kg, 0,045 kg?

69 Eine Tiefkühltruhe hat einen Stromanschlusswert von 160 Watt.

Wie hoch ist die Stromrechnung für den Monat Mai, wenn die Kühlmaschine im Schnitt 7,25 Stunden pro Tag läuft und die Kilowattstunde Strom vom E-Werk mit 12,4 Cents berechnet wird?

70 Fleischermeister P. kauft beim Bauern Landmann sieben Schweine mit folgenden Lebendgewichten: 107,5 kg, 98,0 kg, 92,0 kg, 119,5 kg, 103,0 kg, 121,5 kg und 92,5 kg. Je Schwein zieht der Fleischer dem Bauern 1,30 EUR Versicherungsanteil ab.

Auf welche Summe beläuft sich der Scheck, der Herrn Landmann übergeben wird, wenn der Kaufpreis für die 5 leichteren Schweine auf 1,99 EUR je kg, für die zwei schwersten dagegen auf 1,70 EUR je kg vereinbart wurde?

71 IMBISS-FRANZL bezieht von Meister Listig 2 150 Rostbratwürste zum Gesamtpreis von 900,00 EUR. Er verkauft 2 105 Stück zum Einzelpreis von 0,95 EUR; darin ist auch ein Brötchen enthalten, dass er zu 0,18 EUR bezieht. 45 Bratwürste verschenkt er oder isst sie selbst.

Wie viel EUR hat der Imbissmann mehr eingenommen, als er für die Wurst und die Brötchen hat bezahlen müssen?

72 Wie viel Gramm fehlen noch

von 365 g bis $\frac{8}{10}$ kg,
von 871 g bis 1,75 kg,
von 48 g bis $\frac{2}{20}$ kg,
von 375 g bis 0,015 dt,
von 197 g bis 6,050 kg,
von 763 g bis $\frac{7}{8}$ kg,
von 912 g bis 3,3 k,
von 115 g bis $\frac{3}{8}$ kg,
von $\frac{3}{4}$ kg bis 950 g,
von $\frac{1}{8}$ kg bis $\frac{3}{8}$ kg?

73 Wie viel EUR kostete 1 kg, wenn 31,575 kg und 57,235 kg zusammen 650,00 EUR zuzüglich 9,30 EUR Transportkosten kosteten?

74 100 g kosten 0,43 EUR.

Wie viel EUR kosten: $\frac{3}{5}$ kg, $\frac{3}{4}$ kg, $\frac{3}{10}$ kg, $\frac{7}{8}$ kg, 350 g, 745 g, 6,050 kg, 645 g, $\frac{14}{8}$ kg, 1 700 g, 605 g, 40 g, 12,050 kg, 0,45 dt, $\frac{3}{8}$ kg, 875 g, 68,2 kg, 34,550 kg?

75 Für wie viel EUR kaufte jeder Kunde im Durchschnitt ein, wenn in der

1. Woche 515 Kunden 2.189,17 EUR,
2. Woche 613 Kunden 2.565,25 EUR,
3. Woche 537 Kunden 2.654,14 EUR,
4. Woche die gleiche Kundenzahl der 2. Woche 9,50 EUR weniger als in der 2. Woche an Umsatz einbrachten?

76 Eine Fleischwarengroßhandlung bezieht vom Hersteller folgende Lieferung:

230 Dosen Jagdwurst, Bezugspreis je Dose 0,95 EUR; Transportkosten insgesamt 19,50 EUR;

160 Dosen Leberwurst, je Dose 0,66 EUR, und Transportkosten von insgesamt 11,60 EUR;

144 Dosen Rinderrouladen, je Dose 1,37 EUR, Transportkosten von insgesamt 10,11 EUR.

a) Wie viel EUR macht die gesamte Lieferung einschließlich der Transportkosten aus?
b) Wie teuer wird jeweils die einzelne Dose mit den Transportkosten?

77 Vier Vorderviertel wiegen unausgebeint 344,600 kg und kosteten 1.243,90 EUR. Beim Ausbeinen fallen an: 75,850 kg wertlose Knochen und 13,200 kg Fettabschnitte, die ebenfalls wertlos sind.

Berechnen Sie den Preis für 1 kg des mageren knochenfreien Fleisches.

78 Wie viele Würstchen können aus 81,664 kg Brät hergestellt werden, wenn der Füllautomat auf exakt 128 Gramm eingestellt wurde?

79 Eine Fleischerei besteht aus einem Hauptgeschäft und drei Filialen. Im Monat Oktober erzielte das Hauptgeschäft einen Umsatz von 45.134,70 EUR, die Filiale I 22.231,20 EUR, Filiale II 2.459,80 EUR und Filiale III 13.389,70 EUR.

Weiterhin sind folgende Zahlen bekannt:

	Kundenzahl im Oktober	Zahl der Verkaufskräfte
Hauptgeschäft	6 213	16
Filiale I	3 819	7
Filiale II	612	1,5
Filiale III	3 248	4

a) Wie hoch ist der Gesamtumsatz des Geschäftes?

b) Für wie viel EUR hat jeder Kunde beim Ladenbesuch eingekauft, wenn auf den Gesamtumsatz bezogen wird?

c) Wie viel EUR betrug der Einkauf je Kunde in den Einzelläden?

d) Wie viel EUR hat im Durchschnitt jede Verkaufskraft in ihrem Ladenlokal erreicht?

80 Hotelier Federbein kauft beim Fleischgroßhändler Müller ein:

16,500 kg Schnitzelfleisch, je kg 6,50 EUR;

8,750 kg Hackfleisch, je kg 5,00 EUR;

22,700 kg Koteletts, je kg zu 4,60 EUR und 80 Siedewürstchen,

11,400 kg, je kg zu 6,20 EUR.

Stellen Sie die Gesamtrechnung auf.

81 Schreiben Sie als Dezimalbruch und berechnen Sie die Gesamtmenge.

a) $\frac{9}{10}$ kg + $\frac{3}{4}$ kg + $\frac{4}{5}$ kg + $\frac{3}{10}$ kg + $\frac{3}{8}$ kg + 1 $\frac{3}{4}$ kg + $\frac{13}{4}$ kg + $\frac{1}{8}$ t =

b) $\frac{1}{4}$ dt + $\frac{1}{2}$ t + 3 $\frac{3}{8}$ kg + 14 $\frac{3}{4}$ kg + $\frac{2}{8}$ kg + $\frac{3}{5}$ kg + $\frac{6}{10}$ kg =

c) $\frac{3}{8}$ kg + $\frac{1}{4}$ kg + $\frac{1}{4}$ dt + $\frac{1}{4}$ t + 50 g + 1$\frac{7}{8}$ kg + $\frac{1}{25}$ dt + $\frac{1}{25}$ t =

82 Beim Einkauf direkt beim Bauern bietet ein Fleischermeister dem Bauern einen Kilo-Lebendpreis, der 4 Cents unter der Spitzennotierung des Schlachtviehmarktes der benachbarten Großstadt liegt. In der Vorwoche lautete diese Notierung auf 100,00 EUR für 50 kg. 4 Schweine wiegen 509,5 kg.

Welchen Betrag erhält der Bauer für diese Schweine?

83 Fleischer Schneider hat 172 Stück Dauerwurst gefüllt, die je Stück 1$\frac{3}{8}$ kg wiegen. Berechnen Sie die Materialien für die Wurstmasse, wenn diese zu $\frac{4}{10}$ aus Schweinefleisch, $\frac{1}{4}$ aus Rindfleisch und der Rest aus Speck besteht.

84 Eine Kuh wiegt lebend 583 kg und kostet je kg 2,00 EUR. Beim Schlachten stellt man fest, dass die Kuh tragend war. Der Fleischer ist berechtigt, die Tracht mit einem Gewicht von 16,8 kg vom Lebendgewicht abzuziehen.

a) Wie viel EUR hat die Kuh lebend gekostet?

b) Welchen Betrag darf der Meister für die Tracht abziehen?

85 Meister Peters rechnet je kg Fleisch 21 g Salz und 4,5 g Gewürzmischung.
Berechnen Sie die Salz- und Gewürzmenge für 45 kg, 75 kg, 0,375 dt.

---

86 Ein Kunde lässt sich eine Dauerwurst, einen Rollschinken und ein Stück Schinkenspeck abwiegen. Die Verkäuferin stellt folgende Gewichte fest:

Dauerwurst,	1 120 g,	100 g kosten 0,88 EUR
Rollschinken,	1,840 kg,	100 g kosten 1,22 EUR
Schinkenspeck,	1,045 kg,	100 g kosten 1,11 EUR

Nachdem die Verkäuferin den Gesamtbetrag ermittelt hat, legt der Kunde einen 50-EUR-Schein auf die Theke und möchte für die verbleibende Differenz noch einen Spießbraten erwerben, der je 1 000 g mit 5,50 EUR ausgezeichnet ist.

Wie viel Gramm erhält der Kunde von diesem Spießbraten für den verbleibenden Restbetrag?

---

87 Fleischergeselle Udo M. verdient im Monat brutto 1.455,12 EUR.

a) Welchen Stundenlohn hat er, wenn für den Monat im Durchschnitt 172 Stunden zugrunde gelegt werden?

b) Welchen Nettolohn erhält er monatlich, wenn $\frac{7}{20}$ des Bruttolohnes für Steuern und Sozialversicherungsbeiträge abgezogen werden?

---

88 Ein Fleischgroßhändler hat am Montagvormittag verkauft:

2 Kuh-VV, Gesamtgewicht 161,500 kg, je kg zu 3,46 EUR;

1 Bullen-HV, Gewicht 109,400 kg, je kg zu 3,91 EUR;

4 halbe Schweine, 191,200 kg, je kg zu 2,38 EUR;

1 Hammel zum Preis von 74,90 EUR, 2 Spanferkel zu je 43,50 EUR und 9 halbe Schweine, insgesamt 386,800 kg, je kg zu 2,22 EUR.

a) Berechnen Sie den Gesamtumsatz dieses Vormittags.

b) Mit wie viel EUR Rohgewinn kann der Händler rechnen, wenn er im Durchschnitt $\frac{1}{25}$ des Umsatzes ansetzt?

---

89 Fleischer Nimmsleicht bezieht einen Kanister flüssiges Kutterhilfsmittel im Gewicht von 12,800 kg. Je kg Brühwurstmaterial sind 7 Gramm zu verwenden. Wie viel „Kutterportionen" können mit dieser Menge hergestellt werden, wenn der Kutter jeweils mit 34,000 kg beschickt wird?

---

90 100 g Schweinebauch kosten 0,49 EUR.
Wie viel Gramm Schweinebauch erhält man für 43,61 EUR?

---

91 3 500 g Rinderfilet kosten 78,75 EUR.
Wie viel EUR kosten 100 g Filet?

1.7 Berechnung von Flächen- und Hohlmaßen

Im Fleischereibereich spielt die Berechnung von Flächen und Hohlkörpern nahezu keine Rolle. Dieses Kapitel wurde aber trotzdem aufgenommen, weil das Thema im Grundstufenplan angesprochen ist.

Die Berechnungsformeln wurden bewusst einfach dargestellt, weil die Schüler der Fleischerklassen vielfach aufwendige algebraische Formeln nicht kennen und mit ihrem Umgang nicht vertraut sind.

Flächenmaße — **Berechnungsformel**

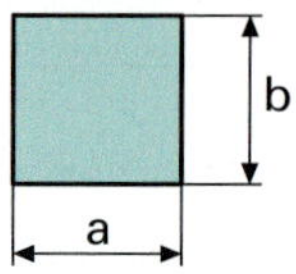

Quadrat: a · b

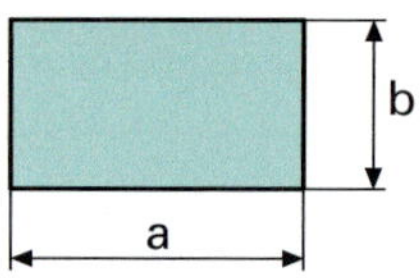

Rechteck: a · b

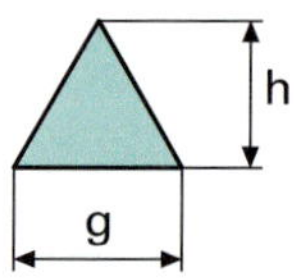

gleichseitiges Dreieck: $\frac{g \cdot h}{2}$

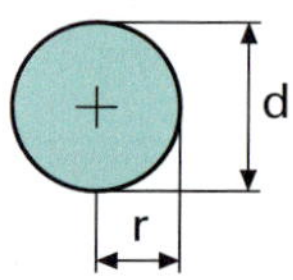

Kreis: r · r · 3,14159

Hohlmaße

runder Zylinder: Grundfläche · Höhe

Kantenzylinder: Grundfläche · Höhe

92 Die Wände des Arbeitsraumes sollen mit Fliesen belegt werden, wobei am oberen Rand ein Streifen von 0,80 m ungefliest bleiben soll. Der Arbeitsraum hat die Maße: Länge 8,44 m, Breite 6,42 m und Höhe 3,00 m.

a) Berechnen Sie die Fläche, die mit Fliesen belegt werden soll.
b) Wie teuer wird die Maßnahme, wenn der Unternehmer je m^2 mit 41,25 EUR – fix und fertig verlegt – angeboten hat?

---

93 Die Wurstküche ist 8,12 m lang und 5,85 m breit. Für das Streichen der Decke und eines 0,55 m breiten Streifens an den Wänden unmittelbar über dem Plattenbelag bis zur Decke hin verlangt der Anstreicher einen Gesamtpreis von 450,00 EUR.

Welchen Quadratmeterpreis hat er berechnet?

---

94 Beim Neubau des Schlachthauses hat Meister Müller folgende Richtlinie zu beachten: die Fensterfläche muss zur Bodenfläche im Verhältnis 2 : 15 stehen. Der Raum hat die Maße 7,20 m x 5,80 m.

a) Berechnen Sie die Mindestfensterfläche.
b) Wie breit muss das Fenster mindestens werden, wenn eine Höhe von 1,60 m eingehalten werden muss?

---

95 Der Kostenvoranschlag für den Neuanstrich der Wurstküchendecke lautet auf 497,50 EUR einschließlich der Umsatzsteuer.

Wie viel EUR kostet der Anstrich eines Quadratmeters, wenn die Wurstküche die Maße hat: Länge = 7,64 m; Breite = 5,89 m?

---

96 Ein Wiesenstück von 1½ ha wird als Baugelände erschlossen. Aus der Gesamtfläche sollen 15 gleich große Bauplätze entstehen, wobei zuvor aber ⅕ der Gesamtfläche für Wegebau und Spielplätze abgezogen werden muss.

a) Wie viel m^2 groß wird jeder der 15 Bauplätze werden?
b) Welchen Preis muss man für einen Bauplatz zahlen, wenn je m^2 32,05 EUR zuzüglich ⅕ Erschließungskosten verlangt werden?

---

97 Berechnen Sie die gesamte Oberfläche eines Würfels, wenn eine Seitenkante genau 111 cm lang ist.

---

98 Eine Weide soll eingezäunt werden. Wie viel laufende Meter Maschendraht sind erforderlich, wenn die Weide 83 ¼ m lang ist und die Breite genau ⅓ der Länge ausmacht?

---

99 Der Ladenraum einer Fleischerei soll an den Wänden einen neuen Plattenbelag erhalten. Der Meister gibt dem Auszubildenden den Auftrag, die voraussichtlichen Kosten zu errechnen. Die Plattenhöhe soll 2 ¾ m betragen, der Quadratmeter fertig verlegte Platten soll 44,50 EUR kosten. Die Wände sind verschieden lang: 4 ¼ m, 0,80 m, 8 ⅒ m, 3,19 m, 17/20 m und 3,25 m.

a) Wie viel m^2 Platten werden benötigt?
b) Wie viel EUR wird die gesamte Maßnahme kosten?

---

100 Die Fleischerei Ziegler hat einen PKW-Anhänger, der folgende Innenmaße hat: Breite 1,22 m; Länge 2,12 m; Höhe 0,58 m.

Berechnen Sie den Laderaum in Litern. Zu welchem Anteil an der Ladekapazität ist der Anhänger aber nur mit Wasser zu füllen, wenn er für eine Nutzlast von 0,9 t zugelassen ist?

---

101 Plastiktransportkästen haben die Maße 80 x 35 cm. Ihre Stapelhöhe beträgt 42 cm. Der LKW der Firma hat eine Ladefläche von 6,55 m x 4,00 m. Es kann etwa 1,70 m hoch geladen werden.

Wie viele Transportkästen sind auf der Ladefläche zu stapeln?

---

102 Die Decken der Arbeitsräume sollen mit isolierten Kunststoffplatten verkleidet werden. Die Räume haben folgende Maße: 6,15 m x 4,80 m; 8,05 m x 5,65 m; 7,35 m x 4,00 m.

Berechnen Sie die Kosten für diese Maßnahme, wenn je m^2 etwa 32,15 EUR veranschlagt werden müssen.

---

103 Meister F. hat Gelegenheit, ein an sein Haus angrenzendes Grundstück zu erwerben. Die Parzelle hat die Form eines gleichschenkligen Dreiecks, wobei die Straßenseite 13 m und die größte Grundstückstiefe 17,20 m betragen. Man einigt sich auf einen Kaufpreis von 3.500,00 EUR. Für Meister F. entstehen an Vermessungs- und Notarkosten weitere 466,71 EUR.

Wie viel EUR kostet ein Quadratmeter des Grundstückes?

---

104 Eine Aluminiumwanne hat die Maße 1,65 m x 0,85 m. Die Füllhöhe beträgt 24,5 cm. Berechnen Sie, wie viel Liter Wasser die Wanne fassen kann.

---

105 Eine Mengmulde hat die Form eines halben Rundzylinders mit flachen Köpfen. Die größte Tiefe der Wanne beträgt 55 cm. Die Mulde ist 1,25 m lang.

Berechnen Sie den Inhalt nach Litern.

---

106 Ein kreisrunder Kessel hat einen Durchmesser von 2,10 m und ist 89 cm tief.
Wie viel Liter fasst er, wenn er randvoll gefüllt ist?

---

107 Der Kühlraum der Fleischerei Peters hat die Maße 4,27 m x 5,68 m. Der Raum ist 2,40 m hoch.

a) Wie viel m^3 Luft müssen gekühlt werden, wenn der Raum leer ist?
b) Wie viel EUR Stromkosten entstehen in einem Jahr für die Kühlung dieses Raumes, wenn im Durchschnitt pro Tag 1,1 Cents je m^3 Raum aufzuwenden sind?

---

108 Ein Pökelbottich aus glasiertem Steingut hat folgende Innenmaße: Boden 85 cm x 45 cm, Höhe 62 cm.
Berechnen Sie den Literinhalt des Gefäßes.

---

109 Die Landesbauordnung für gewerbliche Räume schreibt für jede Arbeitskraft an festen Arbeitsplätzen einen durchschnittlichen Raumbedarf von 16,5 m^3 vor. Fleischer Müller will einen Zerlegeraum errichten, in dem ständig etwa 8 Personen tätig sein werden. Der Raum soll 3,20 m hoch werden. Die Raumbreite ist mit 5,70 m vorgegeben.

Wie lang muss der Raum mindestens werden, damit den Vorschriften entsprochen werden kann?

---

110 Ein Pökelgefäß aus Glaskeramik hat folgende Maße: Boden 60 cm Seitenlänge, das Gefäß ist 0,75 m hoch.

Berechnen Sie den Rauminhalt in Litern.

---

111 Ein Fleischermeister beabsichtigt ein Wohnhaus zu erstellen und überschlägt zu diesem Zweck die Kosten. Er weiß, dass sein Haus eine Wohnfläche von rd. 219 m^2 erhalten wird und dass er pro m^2 Wohnfläche mit ca. 5,2 m^3 umbautem Raum rechnen muss. Der m^3 umbauter Raum kostet aber zz. etwa 177,50 EUR. Auf die reinen Baukosten muss er dann noch etwa $\frac{1}{10}$ für die Baunebenkosten aufschlagen.

a) Wie viel EUR werden die reinen Baukosten betragen?
b) Wie viel EUR wird voraussichtlich das Haus mit Nebenkosten kosten?
c) Welchen Betrag wird er für die Finanzierung des Hauses und des Grundstückes bereitstellen müssen, wenn das Grundstück eine Größe von 812 m^2 hat und je m^2 ein Preis von 29,75 EUR gefordert wird?

---

112 Die neuen Arbeitsräume liegen in einem Baukörper, der 10,75 m lang und 8,50 m breit ist. Die Oberkante der Decke misst 3,85 m über einer Bodenplatte, die 35 cm dick ist. Das Dach hat die Form eines gleichseitigen Dreieckes, dessen Firsthöhe 1,85 m beträgt.

a) Berechnen Sie den umbauten Raum des Gebäudes in m^3.

b) Mit welchen Kosten muss Fleischer Müller rechnen, wenn je m^3 umbauter Raum mit etwa 142,50 EUR anzusetzen sind und die Baunebenkosten etwa $\frac{1}{10}$ der Baukosten betragen?

1.8 Berechnung der Brennwerte von Nährstoffen und Lebensmitteln

Zum Aufbau und zur Erhaltung braucht unser Körper eine ständige Energiezufuhr. Neben diesem mehr passiven Erhaltungsbedarf benötigt der Mensch Energie für die Aufrechthaltung, Bewegung und Leistungen aller Art. Diese Energie wird bezogen aus den Nährstoffen EIWEISS, KOHLENHYDRATE und FETTE. In einem komplizierten Abbauprozess im Körper, der so genannten Verbrennung, wird diese Energie freigesetzt.

Die internationale Einheit für diese Energie ist JOULE (J).

Definition: 1 JOULE (J) ist die Energiemenge, die benötigt wird, um einen Körper im Gewicht von 102 Gramm um 1 Meter zu heben.

Die Größe 1 000 Joule nennt man 1 Kilojoule (kJ).

Bis zum Ende des Jahres 1977 wurde die Nahrungsenergie meist in Kalorie/Kilokalorie (cal/kcal) gemessen. Auch heute finden sich noch Darstellungen mit dieser Wärmemengeneinheit. Gleichfalls wird auch im täglichen Gebrauch noch vielfach diese Einheit verwendet.

Der Umrechnungsschlüssel beträgt:

1 kcal = rd. 4,2 kJ
1 kJ = rd. 0,24 kcal

Die Nährstoffe haben unterschiedliche Brennwerte:

EIWEISS 1 g	FETTE 1 g	KOHLENHYDRATE 1 g
↓	↓	↓
17 kJ	39 kJ	17 kJ
↕ ≙	↕ ≙	↕ ≙
4,1 kcal	9,3 kcal	4,1 kcal

Zur Vermeidung von Übergewicht, das ein erhebliches Gesundheitsrisiko darstellt, ist es notwendig, die Energiezufuhr zu beobachten und auf den tatsächlichen Bedarf zu begrenzen.

Die Deutsche Gesellschaft für Ernährung (DGE) hat umfangreiche Empfehlungen über die Höhe der gesamten Energiezufuhr veröffentlicht.

Folgende Zahlen können als Richtwerte gelten (Tagesbedarf):

Alter in Jahren	männlich		weiblich	
	kJ	kcal	kJ	kcal
15 – 18	13 000	3 100	10 500	2 500
18 – 25	10 900	2 600	9 200	2 200
25 – 45	10 000	2 400	8 500	2 025
45 – 60	9 200	2 200	7 500	1 800

In der Altersgruppe 25 bis 60 Jahre nimmt der Energiebedarf stetig ab mit zunehmendem Alter.

Für die Erwachsenen (etwa ab 25 Jahren) gelten die oben stehenden Werte für Leichtarbeiter. Je nach höherer Leistung müssen zugerechnet werden:

Mittelschwerarbeiter	+ 2 500 kJ	(rd. 595 kcal)
Schwerarbeiter	+ 5 000 kJ	(rd. 1 190 kcal)
Schwerstarbeiter	+ 7 000 kJ	(rd. 1 650 kcal)

Weitere Einflussfaktoren, die auf den Gesamtenergiebedarf einwirken, sind Körpergröße, Außentemperatur, Kleidung und Körpermasse bzw. Körperaußenfläche, auch Stress und Niedergeschlagenheit.

Der Einfluss dieser Faktoren wird aber als untergeordnet im Verhältnis zu den anderen Einflussgrößen gesehen.

Übungsaufgaben zur Energieberechnung

113 Berechnen Sie den Joulegehalt, den ein Erwachsener zu sich nimmt, wenn er an einem Tag 59 g Eiweiß, 92 g Fett und 740 g Kohlenhydrate verzehrt.

114 Berechnen Sie den Kaloriengehalt von 1 000 g Milch, wenn darin 34 g Eiweiß, 31 g Fett und 49 g Kohlenhydrate enthalten sind, die organischen Nährstoffe je Gramm aber folgenden Kaloriengehalt aufweisen: Fett = 9,3, Eiweiß = 4,1 und Kohlenhydrate ebenfalls 4,1.

Wie viel Joule entsprechen den errechneten Kalorienwerten, wenn für 1 cal = 4,19 J angesetzt werden?

115 Einhundert Gramm Rinderschwanzrolle enthalten 19,2 g Eiweiß und 3,9 g Fett. Berechnen Sie den Joulegehalt/Kaloriengehalt einer dicken Scheibe dieses Fleischteilstückes im Gewicht von 0,325 kg.

116 Fritz M. verzehrt gedankenverloren 4 Bierknacker im Gesamtgewicht von 332 Gramm. In 100 g sind enthalten: 41 g Fett und 16 g Eiweiß.

Wie viel kJ hat Fritz ganz nebenbei verzehrt?

117 Peter lässt sich von einem Freund zu drei Schnäpsen „verführen". Jedes Glas enthält 25 ml. Der Alkoholgehalt des Getränkes liegt bei rd. 40 %.

Wie viel kJ hat Peter mit diesen drei „Schlückchen" zu sich genommen, wenn in einem Gramm Alkohol rd. 30 kJ enthalten und die übrigen Bestandteile des Getränkes ohne Brennwerte sind?

118 Wie viel J sind in 150 g Rindfleisch enthalten, wenn in 100 g Fleisch 19,5 g Eiweiß, 2 g Kohlenhydrate und 18 g Fett enthalten sind, je Gramm Fett 39 J und je Gramm Eiweiß und Kohlenhydrate aber 17 J zugrunde gelegt werden?

119 Ein Mann verzehrt 250 g Fleischwurst und dazu ein Brötchen (50 g). Wie viel Joule hat er zu sich genommen, wenn in 100 g Fleischwurst 19 g Fett und 16 g Eiweiß, in 100 g Brötchen aber 7,2 g Eiweiß, 0,9 g Fett und 51 g Kohlenhydrate enthalten sind?

120 Ein kleiner Ring Fleischwurst wiegt 540 Gramm. Je 100 g enthält diese Wurst 29 g Fett und 11,5 g Eiweiß.
Berechnen Sie den Joulegehalt/Kaloriengehalt.

121 Ein zwanzigjähriger Mann verzehrt am Vormittag eine kräftige Grillhaxe, Fleischgewicht 390 Gramm. Der Fettgehalt beträgt $\frac{1}{3}$, der Eiweißgehalt rd. $\frac{1}{10}$ des Gesamtgewichtes. Dazu werden ein Brötchen gegessen, das 567 kJ enthält, und zwei Glas Bier getrunken, je Glas 0,25 l. Je 0,1 l Bier enthalten 171 kJ.
a) Berechnen Sie die Gesamtenergiemenge in Joule.
b) Welchen Anteil seines gesamten Tagesenergiesatzes hat der Mann mit diesem „Frühstück" bereits zu sich genommen, wenn er als Schwerarbeiter einzustufen ist?

122 Fleischer Peters hat Katenrauchwurst hergestellt, die je kg folgende Nährstoffmengen enthält: 128 g Eiweiß, 382 g Fett und 39 g Mineralstoffe. Der Rest ist Wasser. Berechnen Sie den Kalorien- und Joulegehalt für 100 g der Wurst.

123 Am Stehimbiss einer Fleischerei verzehrt ein Kunde 270 g Fleischkäse und ein Brötchen zu 50 g. Der Fleischkäse enthält 34 % Fett und 11,5 % Eiweiß, das Brötchen besteht zu 85 % aus Kohlenhydraten und 3 % Fett.
Berechnen Sie den Gesamtjoulegehalt der Zwischenmahlzeit und den Prozentsatz vom Gesamtenergiebedarf, den dieses „Frühstück" ausmacht, wenn der Tagessatz rd. 12 500 Joule beträgt.

124 Ein Stück Lammfleisch von 300 g hat einen Brennwert von insgesamt 2 380 Joule. Das Stück enthält 54 g Eiweiß.
Wie viel Gramm Fett enthält das Stück Fleisch, wenn alle anderen Bestandteile ohne Brennwerte sind?

125 1 000 g Putenschnitzelfleisch enthalten: 215 g Eiweiß, 31 g Fett, 745 g Wasser und 9 g Mineralstoffe.
Berechnen Sie den Brennwertgehalt einer Portion mit einem Frischgewicht von 280 Gramm.

126 50 Gramm gekochter Schinken haben einen Brennwert von 130 Kalorien. Berechnen Sie:
a) den Joulegehalt von 50 g Schinken;
b) Joule- und Kaloriengehalt einer Portion von 220 g;
c) den Preis für diese Portion, wenn der ganze Schinken 6,450 kg wiegt und 79,98 EUR kostet.

127 Spargel und Schinken! 100 g Spargel enthalten 84 Joule, 50 g Schinken enthalten 140 Kalorien. Eine Frau verzehrt 280 g Spargel und 175 g gekochten Schinken. Berechnen Sie den Brennwert dieser Portion in Kalorien und Joule.

128 Majonäse Ia enthält in 10 g rd. 75 Kalorien. Salatmajonäse enthält je 50 g 275 Kalorien.
Wie viel Joule weniger enthalten 500 g Salatmajonäse gegenüber der fetteren Ia-Majonäse?

1.9 Dreisatzrechnen

1.9.1 Dreisatz mit geraden Verhältnissen

Beispiel: 5 kg Rindfleisch kosten 30,00 EUR.
Wie viel EUR kosten 7 kg Rindfleisch?

Bedingung: 5 kg kosten 30,00 EUR
Frage: 7 kg kosten ? EUR

Wir übertragen an den Bruchstrich:

5 kg kosten →
1 kg kostet den 5. Teil →
7 kg kosten das 7fache →

$$\frac{30{,}00 \cdot 7}{5} = 42{,}00 \text{ EUR}$$

Antwort: 7 kg Rindfleisch kosten 42,00 EUR.

Regel: Zuerst den Bedingungssatz hinschreiben, dann den Fragesatz.
Gleiche Bezeichnungen gehören untereinander.
Die gesuchte Größe steht immer am Schluss des Bruchstriches.
Der Antwortsatz schließt die Aufgabe ab.

Wir merken uns:
Größeres Gewicht – höherer Preis;
geringeres Gewicht – geringerer Preis.

Übungsaufgaben

129 Ein Ölvorrat von 12 000 l reicht aus für 55 Tage. Durch Anschaffung eines zusätzlichen Tanks von 9 000 l Inhalt kann die Lagerkapazität erweitert werden.
Wie viel Tage reicht nun der Vorrat, wenn beide Tanks gefüllt sind?

130 32,500 kg Fleisch für Cornedbeef verlieren beim Vorsieden im Kessel 2 600 g. Wie viel kg Kochverlust können bei einer Menge von 75 kg erwartet werden?

131 Bei einem bestimmten Kilopreis kosten 65 Bratwürste 27,95 EUR.
Wie viel EUR kosten dann bei gleicher Größe und gleichem Kilopreis 115 Bratwürste?

132 In einer Schlachtkolonne schlachten sieben Schlachtgesellen in $3\frac{1}{2}$ Stunden 96 Schweine.
Wie viel Arbeitskräfte müssen noch hinzugenommen werden, wenn in gleicher Zeit 144 Schweine geschlachtet werden sollen?

133 3,5 kg Hackfleisch werden mit 21,35 EUR in Rechnung gestellt.
Wie viel Gramm gleicher Ware erhält man für 30,00 EUR?

134 Das Hinterviertel einer Kuh mit dem Gewicht von 66,400 kg kostet 248,85 EUR.
Wie viel EUR wird das Vorderviertel im Gewicht von 52,600 kg ausmachen, wenn der gleiche Kilopreis angesetzt wird?

135 Ein Hotelbetrieb erhält zwei Schinken zum gleichen Kilopreis. Der eine Schinken kostet 57,14 EUR und wiegt 12,700 kg.

Wie viel EUR kostet der andere Schinken mit einem Gewicht von 14,050 kg?

136 Die Wasserverbrauchsrechnung lautete im I. Quartal des Jahres für 274 m^3 auf 184,95 EUR.

Wie viel m^3 Wasser sind im II. Quartal verbraucht worden, wenn die Rechnung dieses Mal um 27,70 EUR gestiegen ist?

137 Der Auszubildende Peter M. schickt seiner Großmutter ein Telegramm zum Geburtstag. Das Telegramm umfasst 23 Wörter und kostet 14,95 EUR.

Welchen Betrag hätte Peter M. sparen können, wenn er sich auf 17 Wörter beschränkt hätte?

138 ¾ kg einer Wurstsorte kosten 4,80 EUR.
Wie viel Gramm kosten bei gleichem Kilopreis 0,45 EUR (6,87 EUR; 4,62 EUR)?

139 Beim Auslösen einer halben Kuh im Gewicht von 142,500 kg entsteht ein Zerlegeverlust von 4 845 g.

Mit wie viel kg Verlust muss beim Zerlegen eines Bullen-Vorderviertels im Gewicht von 107,500 kg gerechnet werden?

140 Beim Herstellen von Fleischwurst hat der Meister für einen Posten von 65 kg Fleisch 1 625 g Salz und 351 g Fertiggewürz abgewogen. Er beauftragt den Auszubildenden, die gleichen Kilogramm-Salzmengen für 85 kg, 48 kg und 125 kg abzuwiegen.
Wie viel Gramm Salz muss der Auszubildende abwiegen?

141 Eine Verkäuferin hat beim Verkauf eines Kotelettstückes im Gewicht von 6,340 kg einen Einwiegeverlust von 349 g verursacht.

Mit wie viel Gramm Einwiegeverlust ist dann bei 3 weiteren Kotelettreihen zu rechnen, die 20,650 kg wiegen?

142 Für das Abendessen in einem Landschulheim sollen für 80 Kinder und 5 Lehrer insgesamt 13,600 kg Aufschnitt geliefert werden. Plötzlich reist eine Klasse mit 22 Kindern und 2 Lehrern wieder ab.

Wie viel kg Aufschnitt muss der Koch abbestellen?

143 Ein Verkäufer der Firma „Würzfix" erhielt im Monat Mai bei einem Auftragswert von 36. 200,00 EUR eine Erfolgsprämie von 923,10 EUR. Wie viel EUR Prämie kann er im Monat Juni erwarten, wenn er mit einer Auftragssumme von 44.750,00 EUR abschließt?

144 Eine ganze Kotelettreihe mit Kamm wiegt 8,200 kg und kostet insgesamt 45,10 EUR.
Welcher Wertanteil entfällt auf das Lendenstück, das genau 3,300 kg wiegt?

145 Bei einem Rechnungsbetrag von 321,00 EUR überweist der Meister nach Abzug des Skontos 313,94 EUR.

Wie viel EUR wird er bei gleichem Skontosatz von einem Rechnungsbetrag über 52,50 EUR abziehen?

146 Dreihundert Gramm gekochter Schinken wurden mit 4,20 EUR berechnet.
Wie viel Gramm Schinken erhält der Kunde dann für den Betrag von 49,70 EUR?

1.9.2 Dreisatz mit umgekehrten Verhältnissen

Beispiel: 3 Gesellen erledigen eine Arbeit in 8 Stunden.
Wie lange benötigen 2 Gesellen für die gleiche Arbeit?

Bedingung: 3 Gesellen benötigen 8 Stunden
Frage: 2 Gesellen benötigen ? Stunden

Wir übertragen wieder an den Bruchstrich:

3 Gesellen benötigen → $\frac{8 \cdot 3}{2}$ = 12 Stunden

1 Geselle braucht dreimal so lange

2 Gesellen benötigen die Hälfte der Zeit

Antwort: 2 Gesellen benötigen für diese Arbeit 12 Stunden.

Regel Zuerst den Bedingungssatz hinschreiben, dann den Fragesatz.
Am Bruchstrich erscheint der umgekehrte Bedingungssatz.
Der Antwortsatz schließt die Aufgabe ab.

Wir merken uns:

Mehr Gesellen – weniger Zeitaufwand;
weniger Gesellen – mehr Zeitaufwand.

Übungsaufgaben

147 Eine Kundin hat 4 ¾ kg Rollbraten, das kg zu 5,95 EUR, bestellt. Sie hat bei der Bestellung gleich bezahlt. Dann muss wegen eines Sterbefalles die Familienfeier abgesagt werden. Statt des bereits bezahlten Geldes möchte die Kundin einen Rollschinken haben, der je 100 g 1,35 EUR kostet.

Wie viel Gramm kann sie für den bereits bezahlten Betrag erwarten?

148 Fleischer Neubauer hatte im vergangenen Jahr dem Sportverein 7 500 Würstchen geliefert, das Stück zu 0,65 EUR.

In diesem Jahr bietet der Fleischer für den gleichen Betrag lediglich 7 350 Würstchen an.

Zu welchem Stückpreis hat er jetzt die Würstchen angeboten?

149 Ein Kühlwagen mit Schweinehälften wird erfahrungsgemäß von 5 Gesellen in 1 ¾ Stunden entladen.

Wie viel Arbeitskräfte sind zusätzlich erforderlich, wenn der LKW in 45 Minuten wieder fahrbereit sein soll?

150 Aus einer bestimmten Menge Brät erhalten wir beim Füllen 940 Stück Würstchen im Einzelgewicht von 95 g.

Wie viel Stück Würstchen erhielten wir aus der gleichen Menge Brät, wenn das Gewicht je 130 g betragen soll?

151 Die Berufsschulklasse der Fleischer hat für eine Ausflugsfahrt einen Bus bestellt. Die Fahrtkosten betragen bei 35 teilnehmenden Schülern je 6,90 EUR. Am Ausflugstag fehlen 3 Schüler wegen Krankheit.

Welchen Fahrpreis muss jetzt jeder Schüler zahlen?

---

152 Für den Anstrich der Produktionsräume werden bei einer Arbeitszeit von 8 Stunden täglich für 6 Arbeitskräfte 3 Arbeitstage veranschlagt.

Wie viel Stunden täglich müssen die übrigen Arbeitskräfte länger arbeiten, wenn 2 Mann durch einen Verkehrsunfall von Anfang an ausfallen, die Arbeit aber termingerecht fertig gestellt sein soll?

---

153 Aus einer bestimmten Brätmenge wurden genau 184 Fleischwurstringe zu je 625 g gefüllt. Am nächsten Tag sind nur Hüllen am Lager, die $\frac{7}{8}$ kg Brät fassen.

Wie viel Kranzhüllen dieser Größe soll der Azubi Werner jetzt wässern, damit die ganze Brätmasse exakt gefüllt wird?

---

154 Die vertraglich festgelegte Monatsarbeitszeit beträgt bei Fleischer Müller für seine sieben Gesellen jeweils 180 Stunden.

Wie viel Gesellen müsste Meister Müller zusätzlich einstellen, wenn die neue Tarifvereinbarung von 172 Stunden/Monat ausgeht?

---

155 Von einer Ladung Gefrierhähnchen, Stückgewicht = 1 050 g, das Kilogramm zu 1,56 EUR, werden 165 Stück an die Hähnchenschlachterei zurückgeschickt, weil die Ware nicht ordnungsgemäß eingefroren war. Bei der Schlachterei sind aber zz. nur Hähnchen der Gewichtsklasse 1 200 g am Lager.

Wie viel Stück dieser größeren Hähnchen sind als Ersatz für die zurückgegebenen Hähnchen bei gleichem Kilopreis zu erwarten?

---

156 Eine Schlachtkolonne von 12 Mann schlachtet 364 Schweine in der Zeit von 6:00 Uhr bis 15:30 Uhr. Wegen einer dringenden Montage, die am folgenden Tag erledigt werden muss, soll der Schlachtvorgang bis spätestens um 13:40 Uhr beendet sein. Die gleiche Anzahl von Schweinen wird angeliefert.

Wie viel Arbeitskräfte müssen zusätzlich eingesetzt werden, damit die Schlachtung pünktlich – wie vereinbart – beendet werden kann?

---

157 Eine Ausbeinkolonne von 7 Mann bearbeitet 500 Schweineschultern in 6 Stunden. Wegen eines Unfalles fällt ein Geselle aus.

Wie viel Minuten müssen die jetzt verbleibenden 6 Mann länger arbeiten, wenn die gleiche Zahl an Schultern bearbeitet werden soll?

1.9.3 Zusammengesetzter Dreisatz

Beispiel: 5 Gesellen schlachten 15 Schweine in drei Stunden.
Wie lange brauchen 9 Gesellen für 45 Schweine?

Bedingung: 5 Gesellen für 15 Schweine 3 Stunden

Frage: 9 Gesellen für 45 Schweine ? Stunden

Wir übertragen wieder an den Bruchstrich.

Die Aufgabe wird zunächst vereinfacht, indem wir die Anzahl der Schweine im Fragesatz unberücksichtigt lassen:

1. Schritt: 5 Gesellen für 15 Schweine → $\frac{3 \cdot 5}{9} =$

2. Schritt: 1 Geselle braucht 5-mal so lange

3. Schritt: 9 Gesellen brauchen den 9. Teil der Zeit

Das Ergebnis der obigen Aufgabe ist die Zeit, die von 9 Gesellen für das Schlachten von 15 Schweinen benötigt wird.
Nun vervollständigen wir die Aufgabe in 2 weiteren Schritten:

9 Gesellen benötigen für 15 Schweine

4. Schritt: 9 Gesellen benötigen für 1 Schwein den 15. Teil der Zeit

5. Schritt: 9 Gesellen benötigen für 45 Schweine das 45fache der Zeit

$$\frac{3 \cdot 5 \cdot 45}{9 \cdot 15} = 5 \text{ Std.}$$

Regel Zuerst Fragesatz vereinfachen durch Weglassen der Mittelgröße.
Dann Aufgabe vervollständigen in Schritt 4 und 5.
Die Mittelgrößen stehen am Schluss des Bruchstriches.

Übungsaufgaben

158 Eine Zeitungsanzeige, dreispaltig und 85 mm breit, kostet 127,50 EUR.
Wie teuer kommt eine Anzeige, die 125 mm breit und fünfspaltig ist?

159 Bei einer Wochenarbeitszeit von 42 Stunden beträgt die Lohnsumme für 17 Packerinnen in einer Wurstfabrik 3.705,66 EUR.

Welche Lohnsumme fällt an, wenn vor den Festtagen die Arbeitszeit um 5 Stunden ausgeweitet wird und zusätzlich 9 weitere Arbeitskräfte eingestellt werden?

160 Die Lohnsumme von fünf gleich hoch entlohnter Gesellen beträgt für den Zeitraum von 4 Wochen 4.550,00 EUR.

Wie viel EUR beträgt – bei gleicher Entlohnung – die Lohnsumme für 9 Gesellen in 5 Wochen?

161 Eine Wurstfabrik arbeitete bisher mit drei Füllmaschinen und verarbeitete bei einer täglichen Arbeitszeit von 8 Stunden 7,650 t Wurstgut. Die Arbeitszeit wird um 45 Minuten gekürzt, gleichzeitig aber eine weitere Füllmaschine gleicher Kapazität angeschafft.

Wie viel kg können jetzt täglich – trotz der geringeren Arbeitszeit – mehr abgefüllt werden als bisher?

162 Der Heizölvorrat von 12 000 l reicht bei insgesamt 172 m^2 beheizter Fläche rd. 82 Tage. Ein weiterer Raum von 18,5 m^2 Fläche kommt noch hinzu und gleichzeitig wird die Tankanlage um 3 000 l erweitert.

Wie viel Tage reicht nun der Gesamtvorrat?

163 In einem Zeltlager wird für die Verpflegung von 62 Jungen ein Geldbetrag von 1.310,00 EUR bereitgestellt. Wegen einiger Nachmeldungen wird der Gesamtbetrag um 211,00 EUR erhöht. Statt der nachgemeldeten Zahl treffen aber nur noch 4 Jungen im Zeltlager ein.

Wie lange können alle Jungen mit dem neuen Gesamtbetrag verpflegt werden, wenn ursprünglich das Verpflegungsgeld für 14 Tage bemessen war?

Gemischte Übungsaufgaben

164 Für 52 kg rauchfrische Dauerwurst hatte Meister P. einen Preis von 6,35 EUR je kg errechnet. Bei der Nachkalkulation nach einer Woche kommt er auf einen Preis von 7,05 EUR je kg.

Wie viel Gramm hatte die Ware durch Abhängen in der Woche verloren?

165 25 kg Eisbeine wiegen nach dem Pökeln 26,625 kg.

Wie viel Gramm beträgt die Gewichtszunahme eines Eisbeines mit einem Frischgewicht von 890 g?

166 Fleischermeister Müller verbrauchte bisher bei 30 Brennern und dreistündiger Betriebsdauer 24 m^3 Gas je Woche.

Mit welchem Gasverbrauch muss er rechnen, wenn er im Rauch noch zusätzlich 10 Brenner einbauen lässt und die Betriebsdauer auf 3 ¼ Stunden ansteigt?

167 Meister Wurzer kaufte beim Fleischgroßhändler ein Bullen-Hinterviertel ein. Es wog 88,500 kg und kostete 4,20 EUR je kg. Weil der Großhändler irrtümlich das Viertel, das bereits bezahlt war und zu Meister Wurzer hingebracht werden sollte, weiterverkauft, will er dem Meister ein anderes Viertel liefern, das wegen der geringeren Qualität aber nur 3,80 EUR je kg kosten soll.

Wie viel kg müsste das „Ersatzviertel" wiegen, um den Preis für das weiterverkaufte Viertel voll auszugleichen?

168 Auf einer Verkaufsfläche von 72 m^2 erzielte Meister Stier einen durchschnittlichen Monatsumsatz von 115.000,00 EUR. Beschäftigt waren im Mittel 6 Verkaufskräfte.

Auf welche Summe müsste der Umsatz steigen, wenn die Verkaufsfläche um 14 m^2 erweitert und eine weitere Verkaufskraft angestellt wird, die Umsatzleistung aber im gleichen Verhältnis steigen soll?

169 In einer Fleischwarenfabrik haben im vergangenen Jahr 9 Angestellte bei einer täglichen Arbeitszeit von 8 Stunden 3 Tage zur Auswertung der Inventurdaten benötigt. In diesem Jahr stehen zwei Arbeitskräfte mehr zur Verfügung. Die Arbeitszeit beträgt 7,5 Std./Tag.

Wie viel Stunden werden jetzt die Bürokräfte benötigen, bis das Inventurergebnis vorliegt?

---

170 Der Meister stellt beim Wiegen eines Hinterviertels von 102,4 kg Warmgewicht einen Auskühlverlust von 3,4 kg fest.

a) Wie viel kg hat dann das ganze Tier verloren, wenn es schlachtwarm 378,1 kg gewogen hat?

b) Welchen Wert hat der Auskühlverlust des ganzen Tieres, wenn 1 kg des schlachtwarmen Tieres 3,75 EUR gekostet hat?

---

171 Der Fleischtransporteur hat 2 Hinterviertel verwechselt. Er sollte bei Meister Hillen ein Viertel von 86,5 kg abladen, für das der Meister schon 360,50 EUR bezahlt hatte. Dagegen hat er ein Viertel erhalten, das 98,5 kg wiegt und zum gleichen Kilopreis wie das andere verkauft worden war. Als der Irrtum bemerkt wird, hat Meister Hillen bereits das Viertel zerlegt und zum Teil verkauft. Er erklärt sich aber bereit den Differenzbetrag an seinen Kollegen zu überweisen.

Wie viel EUR beträgt die Summe, die er überweisen muss?

---

172 Eine Filiale mit 133 m^2 Verkaufsfläche hatte im vergangenen Jahr einen Umsatz von 120.185,00 EUR. Nach einem Umbau stehen nun 172 m^2 zur Verfügung.

Auf welchen Jahresumsatz müsste der Verkauf gesteigert werden, wenn je m^2 die gleiche Umsatzleistung in EUR erzielt werden soll?

---

173 Die selbstständigen Fleischermeister eines Ortes betreiben eine Gemeinschaftswerbung. Die geplanten Aktionen sollen insgesamt 6.740,00 EUR kosten, wenn sich 28 Geschäfte beteiligen. Kurz vor Beginn der Werbung springen jedoch 4 Geschäfte ab.

a) Wie teuer kommt die Gesamtmaßnahme jetzt, wenn die Kosten im gleichen Verhältnis sinken?

b) Welche Mehrkosten entstehen für das einzelne Geschäft, wenn keine Senkung der ursprünglich angesetzten Kosten auch nach Weggang der vier Teilnehmer erreicht werden kann?

---

174 Mit ihrem ersparten Geld könnte Brigitte 12 Tage lang bei einem Tagessatz von 23,50 EUR in einem erstklassigen Hotel am Urlaubsort wohnen. Wenn sie in einer Privatpension wohnen und in der Gaststätte essen würde, glaubt sie mit 19,25 EUR täglicher Kosten auskommen zu können.

Um wie viel Tage könnte sie ihren Urlaub verlängern?

---

175 Ein Geselle verdient bei Meister Blum 11,65 EUR je Stunde. Die Wochenarbeitszeit beträgt 40 Stunden.

Auf welchen Betrag steigt der Stundenlohn, wenn bei gleichem Gesamteinkommen die Arbeitszeit um 90 Minuten in der Woche gesenkt wird?

---

176 Die Fleischer in Suhl und Umgebung planen eine großangelegte Werbeaktion. Die Kosten werden auf 2.800,00 EUR veranschlagt, wenn sich 16 Fleischer beteiligen.

Drei Fleischer sagen ab.

Berechnen Sie

a) die neue Gesamtsumme, wenn die Kosten im gleichen Verhältnis sinken;

b) den Anteil eines jeden Fleischers, wenn zu gleichen Teilen aufgeteilt werden soll.

---

177 Ein Schwein mit einem Lebendgewicht von 117,5 kg verliert beim Schlachten 25,850 kg.

Wie viel kg Verlust entsteht dann bei 8 Schweinen mit einem Lebendgewicht von 879 kg?

178 Wenn bei einer Rechnungssumme von 41,80 EUR der Skonto 1,00 EUR beträgt, wie viel EUR dürfen dann von einer Rechnungssumme von 169,40 EUR abgezogen werden?

179 Fünf Gesellen einer Zerlegekolonne zerlegen 165 Schweinehälften in 5 ¼ Stunden. Welche Zerlegeleistung ist dann in gleicher Zeit zu erwarten, wenn weitere 3 Gesellen dazu genommen werden?

180 Für 21,5 m^2 Schaufensterglas muss eine jährliche Versicherungsprämie zur Glasversicherung von 32,90 EUR bezahlt werden.

Auf wie viel EUR erhöht sich die Prämie, wenn ein weiteres Fenster in den Maßen 1,70 m x 2,10 m hinzukommt?

181 Der Meistergeselle bezieht bei 39 Stunden wöchentlicher Arbeitszeit einen Lohn von 1.998,50 EUR brutto im Monat.

a) Welchen Stundenlohn bekommt er?

b) Wie viel EUR beträgt der Stundenlohn, wenn die Arbeitszeit bei vollem Lohnausgleich um 2,5 Stunden wöchentlich herabgesetzt wird?

182 Eine Sendung Dauerwurst von insgesamt 38,750 kg verliert beim Abhängen 3 081 Gramm.

Wie viel Gramm verliert dann eine Dauerwurst von 2,640 kg und welches Gewicht hat sie noch nach dem Abhängen?

183 Ein Posten Dauerwurst mit einem Frischgewicht von 65 kg wiegt nach dem Räuchern noch 60,4 kg.

Wie viel Gramm Verlust werden dann auf eine einzelne Wurst mit einem Frischgewicht von 1 720 g entfallen?

184 Eine große Schüssel Teufelssalat ergibt 84 Schalen à 200 g Inhalt.

Wie viel Schalen à 225 g ergibt die gleiche Menge?

185 Im Kühlraum des Schlachthofes wurde versehentlich ein Hinterviertel von 88,6 kg mitgenommen, für das 172,14 EUR bezahlt worden waren. Hängengeblieben war ein Hinterviertel gleicher Klasse aber im Gewicht von 91,200 kg.

Als der Irrtum bemerkt wurde, war das Viertel bereits verkauft. Beide Fleischer einigten sich darauf, dass bei gleichem Kilopreis das Mehrgewicht vergütet werden soll. Welchen Betrag muss der Fleischer dem Kollegen bezahlen, weil er das Viertel versehentlich mitgenommen hat?

186 „Thüringer Rostbratwurst“ ist eine weltweit bekannte Spezialität. Mit einem Beutel von 315 g Spezialgewürzmischung kann man 45 kg dieser Delikatesse würzen.

Wie viel kg Wurstmasse kann bei gleicher Zugabe mit einem Eimer von 5,400 kg Gewürzmischung gewürzt werden?

187 Die Stromrechnung betrug für die Winterperiode 830,85 EUR bei einem Kilowattpreis von 5,8 Cents. Durch Sparmaßnahmen wird der Verbrauch im nächsten Winter auf 797,20 EUR eingeschränkt, obwohl der Strompreis um 0,3 Cents je Kilowattstunde gestiegen ist.

Wie viel Kilowattstunden konnten eingespart werden?

188 Die monatliche Miete für einen Verkaufsraum mit den Maßen 7,20 m Breite und 5,95 m Tiefe beträgt 308,00 EUR. Durch Hinzunahme eines weiteren Raumes von gleicher Tiefe aber 6,55 m Breite kann eine Konservenabteilung angegliedert werden.

a) Welche Mietsumme ist jetzt – bei gleichem m^2-Preis – im Monat zu erwarten?

b) Wie viel EUR beträgt der Mietzins je m^2?

c) Welcher Umsatz müsste erreicht werden, wenn die Miete $\frac{1}{40}$ des Monatsumsatzes nicht übersteigen soll?

---

189 Der Filialleiter Sepp Meier hat im letzten Jahr eine Umsatzprämie von 505,80 EUR bekommen.

Wie viel EUR Umsatzprämie erhält er in diesem Jahr, wenn der Umsatz um 10.725,00 EUR auf 52.500,00 EUR zurückgegangen ist?

---

190 Für einen Monatsbezug von Fleischwaren im Werte von 450,00 EUR gewährte der Meister dem Hotel „Zur Grasmücke" einen Rabatt von 11,25 EUR.

Für wie viel EUR hat das Hotel im folgenden Monat bezogen, wenn der Rabatt dieses Mal 14,25 EUR ausmachte?

---

191 Die Firma „Lecker-Feinkost" hat die Möglichkeit, ein angrenzendes Grundstück von 230 m^2 Größe zu erwerben, und zwar zum Preise von 9.780,00 EUR. Bei der amtlichen Vermessung ergibt sich, dass das Grundstück 6,5 m^2 größer ist. Da der m^2-Preis unverändert bleibt, muss die Firma noch einen Betrag zu dem ursprünglich vereinbarten hinzulegen.

Um wie viel EUR wird der Kaufpreis höher werden?

---

192 Durch unvorsichtiges Fahren gehen 712 Eier einer Sendung von insgesamt 2 500 Stück zu Bruch. Die ganze Sendung hatte einen Wert von 227,50 EUR zuzüglich Frachtkosten von 13,75 EUR.

Welchen Betrag wird der Meister von dem unvorsichtigen Gesellen als Ersatzleistung für die zerbrochenen Eier einfordern?

---

193 In einem Zerlegebetrieb zerlegen 7 Gesellen in $6\frac{1}{3}$ Stunden 280 Schweinehälften. In welcher Zeit zerlegen 11 Gesellen 485 Schweinehälften bei gleichem Arbeitstempo?

---

194 Ein Viertel von 68,400 kg verliert beim Abhängen und Zerlegen 3,250 kg.
Wie viel Gramm hat dann die ganze Kuh im Gewicht von 318,250 kg verloren?

2 Prozentrechnen

2.1 Grundbegriffe

Beispiel: Ein Fleischermeister schlachtet zwei Schweine von 110 kg und 130 kg Lebendgewicht.

Das erste Schwein verliert beim Schlachten 24,200 kg, das zweite Tier 26 kg. Bei welchem der beiden Tiere erzielt der Fleischer eine höhere Schlachtausbeute?

Die in der Aufgabe gestellte Frage lässt sich nicht auf den ersten Blick beantworten. Um zu einer Lösung zu kommen, ist es notwendig, beide Werte miteinander zu vergleichen. Dazu bietet sich die Zahl 100 an.

Wir lösen die Aufgabe zunächst mithilfe des Dreisatzes:

a) Bei 110,000 kg Lebendgewicht – 24,200 kg Verlust
Bei 100,000 kg Lebendgewicht – ? kg Verlust

Bei 110,000 kg – Verlust =
Bei 1,000 kg –
Bei 100,000 kg –

$$\frac{24{,}200 \cdot 100}{110{,}000} = \underline{\underline{22{,}000 \text{ kg}}}$$

Das erste Schwein verliert also 22kg von 100kg des Lebendgewichtes.

b) Bei 130,000 kg Lebendgewicht – 26,000 kg Verlust
Bei 100,000 kg Lebendgewicht – ? kg Verlust

Bei 130,000 kg – Verlust =
Bei 1,000 kg –
Bei 100,000 kg –

$$\frac{26{,}000 \cdot 100{,}000}{130{,}000} = \underline{\underline{20{,}000 \text{ kg}}}$$

Das zweite Schwein verliert also 20kg von 100kg des Lebendgewichtes.

Wenn wir beide Ergebnisse vergleichen, ergibt sich, dass das zweite Schwein den geringeren Schlachtverlust und damit die höhere Schlachtausbeute bringt.

Statt des aufwendigen „von 100 kg" lässt sich kürzer sagen:

„20 von Hundert" (lateinisch: pro centum); abgekürzt: v. H. oder %.

Wir merken uns:

Prozent (%) bedeutet immer: bezogen auf 100!

1 % einer Zahl ist stets ihr hundertster Teil!

Beziehen wir unsere Rechnung auf die Zahl 1 000, so sprechen wir von der PromilleRechnung (pro mille = vom Tausend; ‰).

Beim Prozentrechnen haben wir es mit drei verschiedenen Werten zu tun:

26,000 kg → Prozentwert
von 130,000 kg sind → Grundwert
20 % → Prozentsatz

Der Grundwert ist immer 100 %.

Soll einer der drei Werte berechnet werden, müssen die zwei anderen gegeben oder berechenbar sein.

So ergeben sich folgende Beziehungen:

Wir suchen:	Gegeben müssen sein:
Prozentwert	Grundwert und Prozentsatz
Prozentsatz	Grundwert und Prozentwert
Grundwert	Prozentsatz und Prozentwert

2.2 Berechnung des Prozentwertes

Beispiel: Eine Kuh mit einem Lebendgewicht von 450,000 kg verliert beim Schlachten 45 %.

Wie viel kg hat die Kuh verloren?

100 % (Grundwert) = 450,000 kg Lebendgewicht
45 % (Prozentsatz) = ? kg (Prozentwert)

Wir übertragen an den Bruchstrich:

100 % →
1 % →
45 % →

$$\frac{450{,}000 \cdot 45}{100} = \underline{\underline{202{,}500\ \text{kg}}}$$

Der Schlachtverlust beträgt also 202,500 kg.

Wir merken uns:
Prozentwert = Grundwert · Prozentsatz : 100

Übungsaufgaben

1 Wie lauten die Gewichtsanteile in kg für die einzelnen Nährstoffe, die in einem Stück Rindfleisch mit dem Gewicht von 19,875 kg enthalten sind, wenn der Fettanteil auf 3,5 %, der Eiweißanteil auf 21,5 %, der Kohlenhydratanteil auf 0,13 % und der Anteil der Mineralien insgesamt auf 0,95 % veranschlagt wird?

2 Wie viel kg beträgt das Schlachtgewicht?

	Lebendgewicht	Schlachtverlust
Schwein	113,000 kg	19,2 %
Bulle	696,000 kg	40,3 %
Ochse	573,000 kg	42,7 %
Kuh	391,500 kg	44,8 %
Kalb	104,500 kg	31,8 %

3 Ein schwer arbeitender Mann braucht täglich etwa 17 500 Joule, die er zu 12 % aus Fett, 19,5 % aus Eiweiß und den Rest aus Kohlenhydraten gewinnen sollte.

Wie viel Gramm Fett wird er mindestens pro Tag essen müssen, wenn ein Gramm Fett 39 Joule enthält?

4 Wie viel kg beträgt der Auskühlverlust?

	Warm-Schlachtgewicht	Auskühlverlust
Ochse	431,400 kg	1,9 %
Bulle	453,000 kg	1,75 %
Kuh	317,300 kg	2,1 %
Schwein	92,500 kg	1,8 %
Kalb	87,350 kg	2,15 %

5 Ein Schwein von 112,000 kg Lebendgewicht verliert beim Schlachten 18,5 % und hat einen Auskühlverlust von 1,8 %.

Wie viel kg müssen die beiden Schinken wiegen, wenn sie erfahrungsgemäß rd. 26,8 % des Kaltgewichtes ausmachen?

6 Fleischermeister Neumann hat 5 Schweine mit dem Gesamtgewicht von 486,000 kg zu einem Preis von 2,08 EUR je kg gekauft. Die Schweine verlieren beim Schlachten 18,9 % vom Lebendgewicht. Die Schlachtkosten werden durch den Erlös für die Innereien gedeckt.

a) Berechnen Sie das Schlachtgewicht der Schweine.

b) Wie viel EUR beträgt der Einkaufspreis?

c) Wie viel kg macht das Kaltgewicht aus, wenn mit einem Auskühlverlust von 1,8 % gerechnet wird?

d) Berechnen Sie den Preis für 1 kg der ausgekühlten Hälften.

e) Berechnen Sie den Speckanteil in kg bei allen 10 Hälften insgesamt, wenn mit einem durchschnittlichen Speckanteil von 36,4 % gerechnet wird.

7 Eine Fleischerei-Fachverkäuferin verdient brutto 1.092,00 EUR. Die Abzüge für Steuern und Sozialversicherungsbeiträge betragen 33,45 % vom Bruttolohn.

Berechnen Sie Abzüge und Nettoauszahlung in EUR.

8 Berechnen Sie das Verkaufsgewicht.

	Lebendgewicht	Schlachtverlust	Auskühlverlust	Zerlegeverlust
Kuh	457,500 kg	46,3 %	2,1 %	5,9 %
Bulle	619,000 kg	39,5 %	1,8 %	4,5 %
Ochse	581,500 kg	41,2 %	1,7 %	4,8 %
Bulle	483,000 kg	40,5 %	1,9 %	4,3 %
Kalb	139,700 kg	34,2 %	2,2 %	3,9 %

9 Ein Kalb wiegt 126,5 kg lebend und kostet je kg 3,14 EUR. Die Schlachtausbeute beträgt 64,4 %, der Auskühlverlust 2,2 %. Erfahrungsgemäß beträgt der Gewichtsanteil der beiden Keulen mit Knochen ungefähr 34,5 % des Kaltgewichtes des ganzen Kalbes.

Wie viel EUR kann beim Verkauf der beiden Keulen erlöst werden, wenn der Knochenanteil der Keulen auf 15,5 % geschätzt und das schiere Fleisch je kg mit 10,12 EUR berechnet wird?

10 Auf welche Summe wird der Wert eines Hauses festgesetzt, wenn bei 1,125 ‰ die Prämie für die Feuerversicherung auf 256,25 EUR lautet?

11 Der Knochenanteil eines Bullen-Hinterviertels im Gewicht von 95,000 kg wird auf 16,8 % geschätzt.

Berechnen Sie den Knochenanteil in kg und das Gewicht des schieren Fleisches.

12 Für den Vertreter einer Fleischwarenfabrik beträgt die Provision für einen Abschluss 51,09 EUR. Der Vertreter erhält von der Fleischwarenfabrik eine Provision von ¾ %.

Über welche Summe lautete der Auftrag?

13 Als das Hotel „Zum Roten Ochsen“ in Konkurs geht, erhält Fleischer Schwarz nur noch 29,5 % seiner Forderung von 5.322,00 EUR ausgezahlt.

Wie viel EUR beträgt der Auszahlungsbetrag und auf welche Summe lautet der Konkursverlust für Meister Schwarz?

---

14 Die Feuerversicherungsprämie betrug 216,20 EUR. Die Versicherung erhöht den Beitrag um 3,15 %.

Mit welchem Prämienbetrag muss nach der Erhöhung gerechnet werden?

---

15 Ein Kilogramm Salami kostete bisher 12,05 EUR. Jetzt soll der Preis um 4,4 % erhöht werden.

Berechnen Sie den neuen Preis für 100 g.

---

16 Drei kräftige Bauernschinken wiegen nach dem Räuchern 27,450 kg. In den nächsten vier Wochen muss mit einem weiteren Abhängeverlust von rd. 12 % gerechnet werden. Vom Verkaufsgewicht müssen weitere 8 % als Einwiege- und Schwundverlust gerechnet werden.

Berechnen Sie:

a) das Verkaufsgewicht nach dem Abhängen;

b) das tatsächlich über die Waage gehende Gewicht;

c) den zu erwartenden Einnahmebetrag aus dem Verkauf der Schinken, wenn 100 g zu 1,76 EUR an die Kunden abgegeben wurden.

---

17 Die Filialleiterin Monika M. erhält neben einem Fixum von 933,00 EUR eine Umsatzprovision von 23 ⅛ Promille. In den ersten drei Monaten an ihrer neuen Arbeitsstelle hat sie folgende Umsätze:

September	Oktober	November
18.159,00 EUR	19.241,00 EUR	19.494,00 EUR

Wie viel EUR hat Monika M. in jedem dieser drei Monate verdient?

2.3 Berechnung des Prozentsatzes

Beispiel: Ein Rind von 450,000 kg Lebendgewicht verliert beim Schlachten 180,000 kg.

Wie viel % beträgt der Schlachtverlust?

Bedingung: 450,000 kg Lebendgewicht – 100 %

Frage: 180,000 kg Schlachtverlust – ? %

Wir übertragen an den Bruchstrich:

450,000 kg → 100 · 180,000
1,000 kg → 450
180,000 kg ↑

$$\frac{100 \cdot 180{,}000}{450} = 40\ \%$$

Antwort: Der Schlachtverlust beträgt 40 %

Wir merken uns:

Prozentsatz = Prozentwert · 100 : Grundwert

Übungsaufgaben

18 Berechnen Sie den Schlachtverlust in Prozent.

	Ochse	Bulle	Kuh	Schwein	Kalb
Lebendgewicht	463,0 kg	574,0 kg	391,0 kg	99,5 kg	126,0 kg
Schlachtgewicht	274,9 kg	348,5 kg	212,5 kg	81,9 kg	83,0 kg

19 Beim Zerlegen von 6 Schweineschinken erhalten wir:

14,640 kg Speck, 2,310 kg Schwarten, 4,530 kg Knochen und 27,050 kg magere Fleischstücke.

Errechnen Sie die Prozentanteile der Einzelpositionen vom Gesamtgewicht der Schinken.

20 Nach einer Woche im Kühlhaus wog ein Bullen-Vorderviertel statt 118,500 kg noch 115,650 kg. Das tatsächliche Gewicht des sehnen-, knochen- und fettfreien Fleisches macht 90,500 kg aus.

a) Berechnen Sie den Abhängeverlust in Prozent.

b) Wie viel Prozent beträgt der Zerlegeverlust, wenn ein Knochenanteil von 18 % angenommen wird?

21 Nach Abzug des Barzahlungsskontos sind statt 112,00 EUR nur noch 108,60 EUR zu zahlen.

Wie viel Prozent beträgt der Skonto?

22 Berechnen Sie die Rabattsätze folgender Rechnungssummen in Prozent:

Rechnungssumme	zu zahlender Betrag	Rechnungssumme	Nachlass
81,40 EUR	79,36 EUR	32,70 EUR	0,96 EUR
19,44 EUR	19,01 EUR	131,60 EUR	6,54 EUR
394,10 EUR	381,09 EUR	457,15 EUR	10,29 EUR
117,50 EUR	114,68 EUR	228,32 EUR	6,19 EUR
3 471,66 EUR	3 367,51 EUR	471,33 EUR	11,00 EUR

23 Die bisherige Miete für einen Filialraum betrug 288,05 EUR. Sie wurde jetzt auf 299,00 EUR erhöht.

Wie viel Prozent macht die Erhöhung aus?

24 Prüfen Sie nach, ob richtig gerechnet wurde.

Lebendgewicht	Schlachtgewicht	errechnete Verlustprozente
281,500 kg	229,100 kg	18,5 %
89,000 kg	53,350 kg	39,0 %
649,000 kg	399,100 kg	39,6 %
417,500 kg	229,350 kg	44,9 %
120,500 kg	99,050 kg	22,3 %

25 Bei einem Jahresumsatz von 243.691,00 EUR erreichte der Umsatz an Tiefkühlkost 2.680,60 EUR.

Wie viel Prozent des Gesamtumsatzes sind das?

26 Errechnen Sie das prozentuale Wachstum eines Filialumsatzes, wenn der Umsatz von 7.996,00 EUR auf 8.541,00 EUR im folgenden Monat gestiegen war.

27 Der Ladenverkaufspreis für 100 g Schinken wurde von 1,51 EUR auf 1,63 EUR angehoben.

Wie viel Prozent beträgt die Steigerung?

28 Ein Sparguthaben stieg durch Zinsbuchung für das abgelaufene Jahr von 183,75 EUR auf 195,51 EUR.

Mit welchem Prozentsatz hat die Bank Zinsen berechnet?

29 Eine Aufschnittmaschine mit einem Neuwert von 7.092,80 EUR wird in gleich bleibenden Jahressätzen abgeschrieben. Nach 7 Jahren steht sie noch mit 4.137,50 EUR zu Buch.

Wie viel Prozent vom Neuanschaffungspreis werden jährlich abgeschrieben?

30 Ein Karton Putenschenkel, frische Ware, wurde zu 3,05 EUR/kg, ohne Umsatzsteuer, eingekauft und wog 18,450 kg. Der Verkaufspreis, einschließlich der Umsatzsteuer, beträgt 5,05 EUR/kg. Verkauft wurden 17,800 kg.

Berechnen Sie:

a) den Rohaufschlag in EUR und Prozent gemessen am Brutto-Einkaufspreis je kg;

b) den Einwiegeverlust in Gramm.

2.4 Berechnung des Grundwertes

Beispiel: Meister F. gewährt einem Kunden 2 % Skonto, d. s. 1,85 EUR.

Wie viel EUR beträgt die Rechnungssumme?

Bedingung: 2 % – 1,85 EUR

Frage: 100 % – ? EUR

Wir übertragen an den Bruchstrich:

2% → 1,85 · 100
1% → 2
100% → (Zähler)

$$\frac{1{,}85 \cdot 100}{2} = 92{,}50 \text{ EUR}$$

Antwort: Die Rechnungssumme beträgt 92,50 EUR.

Wir merken uns:
Grundwert = Prozentwert · 100 : Prozentsatz

Übungsaufgaben

31 Für einen Satz Leberwurst wurden Därme im Gewicht von 630 g verwendet, das waren genau $\frac{3}{4}$ % des Gewichtes der gefüllten Würste.

Wie viel kg wogen die fertigen Würste?

32 Auf wie viel EUR lautete die Rechnung, wenn als Skonto

18,30 EUR = 3,0 %	9,81 EUR = 3,0 %	0,9 % = 37,65 EUR
51,30 EUR = 3,0 %	0,49 EUR = 2,0 %	8,5 % = 0,79 EUR
1,10 EUR = 2,5 %	3,09 EUR = 3,7 %	13,4 % = 66,94 EUR

abgezogen wurden?

33 Eine Kuh verlor beim Schlachten 173,840 kg oder 45,5 %.

Wie viel kg Lebendgewicht sind auf dem Schlussschein eingedruckt?

34 Der versteuerbare Reingewinn eines Geschäftes betrug 6,91 % oder 31.095,00 EUR. Auf welche Summe lautete der Jahresumsatz?

35 Die Preise für Wurstkonserven wurden um 4,5 % erhöht. Die Erhöhung betrug im Einzelnen:

bei der 200-g-Dose Jagdwurst	=	5,5 ct
bei der 400-g-Dose Blutwurst	=	4,48 ct
bei der 400-g-Dose Gulasch	=	0,08 EUR
bei der 1 000-g-Dose Rouladen	=	0,18 EUR
bei der 4,5-kg-Dose Würstchen	=	0,64 EUR

Mit welchen Einzelpreisen waren die Dosen jeweils vor der Erhöhung ausgezeichnet?

36 Beim Ausbeinen eines halben Bullen fallen 34,216 kg Knochen an, das sind exakt 18,2 % des Hälftengewichtes.

Berechnen Sie das Hälftengewicht.

37 Die Lohnerhöhung von 6,2 % macht für die Verkäuferin 41,05 EUR aus.

Wie viel EUR hat sie monatlich vor der Erhöhung verdient?

38 Die Salzzugabe beträgt 11,5 g je ½ kg Fleisch.

Für welches Fleischgewicht ist eine Salzmenge von 1,229 kg bestimmt?

39 Weil Fleischermeister Jupp Schulze erst das Jahresergebnis seines Geschäftes abwarten wollte, ehe er den neuen Kutter bestellte, muss er nun 6,4 % Preiserhöhung hinnehmen, die für ihn 2.111,00 EUR ausmacht.

Welchen Preis zahlt er jetzt für den Kutter?

40 Nach Abschluss des Konkurses erhalten die folgenden Gläubiger bei einer Auszahlungsrate von 28,5 % folgende Beträge ausgezahlt:

Fleischer B. 104,60 EUR; Bäcker M. 23,91 EUR; Kaufmann Z. 223,05 EUR; Brauerei „Zur Sonne" 735,70 EUR und der Spirituosenhändler A. 290,70 EUR.

a) Wie viel EUR haben die einzelnen Gläubiger verloren?

b) Welche Gesamtsumme haben die oben Angeführten verloren?

41 Für ein Anschaffungsdarlehen zahlte Meister F. im abgelaufenen Jahr seiner Bank 735,00 EUR Zinsen. Die Bank legte der Berechnung einen Zinssatz von 9,8 % zugrunde.

Wie hoch ist das Darlehen, das die Bank gewährte?

2.5 Vom verminderten Grundwert ausgehende Berechnungen

Beispiel: Ein Schweinebraten verliert beim Braten 15 % seines Gewichtes und wiegt gebraten noch 1 870 g.

Welches Frischgewicht hatte das Bratenstück?

Frischgewicht	= 100 %	
– Bratverlust	= 15 %	
Gebratenes Stück	= 85 %	= 1 870 g
	100 %	= ? g

Wir übertragen wieder an den Bruchstrich:

$$\begin{aligned} 85\,\% &= \longrightarrow \\ 1\,\% &= \longrightarrow \\ 100\,\% &= \longrightarrow \end{aligned} \quad \frac{1870 \cdot 100}{85} = 2\,200 \text{ g}$$

Das Frischgewicht des Stückes hatte ein Gewicht von 2 200 g.

Wir merken uns:
Gesuchter Grundwert (vom verminderten Grundwert ausgehend) =
verminderter Grundwert · 100 : Prozentsatz des verminderten Grundwerts

Übungsaufgaben

42 Zweiundzwanzig Prozent hatte der Spießbraten vom Frischgewicht während des Garens verloren. Dann betrug das Gewicht 3,470 kg.

Berechnen Sie das Frischgewicht des Spießbratens, den Bratverlust in Gramm und den Einkaufspreis für den Braten, wenn je kg frisch mit 6,60 EUR berechnet worden waren.

43 Ein Schwein wiegt geschlachtet 101,680 kg und hatte beim Schlachten 18 % seines Lebendgewichtes verloren.

Wie viel kg betrug das Lebendgewicht?

44 Nach Gewährung eines Wiederverkäuferrabattes von 8 ½ % kosteten 55 Bratwürste noch 24,44 EUR.

Welcher Preis war ursprünglich für eine Bratwurst vereinbart worden?

45 Der Kassenbestand des Fleischer-Gesellenvereins hat sich im laufenden Jahr um 4,1 % auf 307,84 EUR verringert.

Wie viel EUR enthielt die Kasse am Beginn des vergangenen Jahres?

46 Fleischermeister D. begleicht eine Rechnung für die neu angeschaffte Tiefkühltruhe. Die Zahlungssumme lautet nach Abzug von 2 % Skonto und eines zuvor abgezogenen Rabatts von 15 % auf 323,69 EUR.

Zu welchem Bruttopreis war die Truhe angeboten worden?

47 Die Kesselanlage steht nach fünfjährigem Gebrauch noch mit 12.180,00 EUR zu Buche. Der Abschreibungssatz gestattet eine völlige Abschreibung der Anlage in 12 Jahren.

a) Wie viel Prozent vom Neuwert sind jährlich abzuschreiben?
b) Welchen Neupreis hatte die Anlage?
c) Wie viel EUR sind auf die Anlage bereits abgeschrieben?

48 Der Beitrag für die gesetzliche Unfallversicherung wurde von der Jahreslohnsumme über einen Satz von 0,9 % berechnet und betrug 562,50 EUR. In diesem Jahr verringert sich der Beitrag, bei gleichem Prozentsatz, um 13,50 EUR.

Wie hoch war die Lohnsumme des vorletzten und des letzten Jahres?

49 Beim Braten verliert ein Stück Rinderlende 21 % seines Gewichtes und wiegt noch 4 880 g. Frisches, knochenloses Roastbeef kostet im Ladenverkauf je kg 18,80 EUR.

Wie viel EUR müssen für 100 g gebratenes Roastbeef verlangt werden, wenn die Bearbeitungskosten unberücksichtigt bleiben und nur die Gewichtsverluste ausgeglichen werden sollen?

50 Zum Preis von 2.549,75 EUR kauft ein Fleischermeister einen einachsigen Viehanhänger. Da der Hänger ein Vorführmodell ist, war ein Sonderrabatt von 8,5 % gewährt worden.

Auf welcher Summe steht der Listenpreis für einen neuwertigen Hänger gleicher Art?

51 Auf dem Hof der Bauern Landmann kauft Meister K. 3 Schweine. Da er keine Viehwaage zur Verfügung hat, um das Lebendgewicht zu ermitteln, vereinbaren beide das Lebendgewicht aus dem Schlachtgewicht und dem angenommenen Schlachtverlust von 21 % zu errechnen.

a) Welche Lebendgewichte hatten die drei Schweine, wenn folgende Schlachtgewichte ermittelt wurden: 126,5 kg; 112,5 kg; 97,0 kg?

b) Auf welchen Betrag lautet der Scheck, den der Bauer zur Bezahlung bekommt, wenn ein Kilo-Lebendpreis von 1,73 EUR vereinbart worden war?

52 Acht Schweinehälften haben beim Auskühlen in 24 Stunden genau 10,500 kg ihres Warmgewichtes verloren. Das waren exakt 3 %.

Berechnen Sie das Schlachtwarmgewicht.

53 Der Ladenpreis für Schweinekotelett lag bei 6,40 EUR/kg, als mehrere Kotelettreihen zu Kasseler Aufschnitt hergerichtet wurden. Dabei entstehen Verluste: 18 % Knochenanteil, 9 % Räucherverlust, 18 % Bratverlust. Beim Spritzpökeln wird eine Gewichtszunahme von 5 % erzielt.

a) Auf wie viel EUR ist der Preis für 100 g des fertigen Bratens anzusetzen, wenn zusätzlich mit 4 % Einwiege- und Aufschneideverlust gerechnet werden muss?

b) Auf wie viel EUR müsste der Preis für 100 g des fertigen Bratens gesetzt werden, wenn als Ausgleich für die zusätzlich anfallenden Bearbeitungskosten weitere 10 % aufgeschlagen werden müssen?

54 Für fertig gekuttertes Fleischwurstbrät hat Meister B. einen Preis von 3,30 EUR je kg ermittelt. Die Kosten für das Darmmaterial beziffert er auf 11 Cents je kg Brät. Die fertigen Würste wiegen in ausgekühltem Zustand 48,060 kg gegenüber 54,000 kg Füllgewicht des Brätes.

a) Wie viel EUR beträgt der Kilo-Selbstkostenpreis für fertige Ware ohne die Umsatzsteuer?

b) Wie viel Prozent vom Selbstkostenpreis beträgt der Gewinnaufschlag, wenn der Netto-Ladenpreis für ein kg auf 4,65 EUR lautet?

2.6 Vom vermehrten Grundwert ausgehende Berechnungen

Beispiel: Der Lohn des Gesellen Werner B. wurde um 9 % angehoben. Die Brutto-Wochenlohnsumme macht jetzt 214,73 EUR aus.

Wie viel EUR verdiente Werner B. vor der Erhöhung?

Lohn vor der Erhöhung	=	100 %	
+ Erhöhung	=	9 %	
Lohn nach der Erhöhung	=	109 %	= 214,73 EUR
Lohn vor der Erhöhung	=	100 %	= ? EUR

Wir übertragen wieder an den Bruchstrich:

109 % = → 214,73 EUR · 100
1 % = → 109
100 % = ↑

$$\frac{214{,}73\ \text{EUR} \cdot 100}{109} = 197{,}00\ \text{EUR}$$

Der Wochenlohn betrug also vor der Erhöhung 197,00 EUR.

Wir merken uns:
Durch Benennung der Zahlen am Bruchstrich erhalten wir die Formel:
Grundwert = erhöhter Grundwert · 100 : Prozentsatz des erhöhten Grundwertes

Übungsaufgaben

55 Beim Spritzpökeln wurden 8 % des Fleischgewichtes an Lake eingespritzt.

Nach dem Spritzpökeln wiegen 10 Reihen Koteletts 82,620 kg.

Berechnen Sie das Gewicht der Fleischstücke vor dem Pökeln und das Gewicht der eingespritzten Pökelmenge.

56 In der Fleischerei Xaver V. wurden die Preise für verschiedene Wurstkonserven um 12 % angehoben und betragen jetzt:

für die 200-g-Dose Leberwurst	=	1,08 EUR
für die 200-g-Dose Schwartenmagen	=	1,06 EUR
für die 400-g-Dose Jagdwurst	=	2,06 EUR
für die 1 000-g-Dose Gulasch	=	3,98 EUR
für die 2,5-kg-Dose Würstchen im Saitling	=	14,03 EUR

Auf welche Beträge lauteten die alten Preise?

57 Die Ausgaben für den privaten Verbrauch sind in der Bundesrepublik Deutschland vom Jahre 1985 bis zum Jahre 1990 um 13,5 % auf 5.466,60 EUR je Bundesbürger gestiegen.

Wie viel EUR hat jeder Bundesbürger im Jahre 1985 für den Privatverbrauch ausgegeben?

58 In den 20 Jahren von 1985 bis zum Jahre 2005 steigerte sich der Fleischverbrauch allgemein um 14,4 % auf etwa 74,8 kg pro Einwohner der Bundesrepublik Deutschland. Schweinefleisch allein erfuhr eine Steigerung um 25,2 % auf 42,1 kg. Der Rindfleischverbrauch sank dagegen um 16,4 % auf 26,1 kg im Jahre 2005 an.

a) Wie viel kg Fleisch wurden im Jahre 1985 je Einwohner im Durchschnitt verzehrt?

b) Welche Anteilsmengen in kg entfielen für das Jahr 1985 auf Schweine- bzw. Rindfleisch?

59 Fleischermeister Peter M. erhält nun nach einer Gehaltserhöhung von 8,45 % einen Bruttolohn von 1.852,01 EUR.

Wie viel EUR hat Peter M. vor der Erhöhung verdient?

60 Zehn Reihen Kotelett werden im Spritzpökelverfahren behandelt und dabei wird ihr Gewicht um 6,1 % auf 55,860 kg gesteigert.

Welches Frischgewicht hatten die Fleischstücke?

61 In einem Rechnungsbetrag über 231,00 EUR ist die gesetzliche Umsatzsteuer enthalten. Die Rechnung gilt für eine Dauerwurstsendung im Gewicht von 27,5 kg.

Welchen Netto-Ladenpreis hat die Dauerwurst je kg, wenn vor der Berechnung der Umsatzsteuer ein Sonderrabatt von 8 % vom Netto-Kilopreis abgezogen worden war?

62 Fräulein Elfie M. konnte den Umsatz der Filiale, die sie leitet, im November um 6,3 % und im Dezember noch einmal um 4,5 % gegenüber dem jeweiligen Vormonat steigern. Der Dezember-Umsatz wurde auf die Summe von 10.359,56 EUR gesteigert.

a) Wie viel EUR betrug der Umsatz für die Monate November und Oktober?
b) Wie viel EUR macht der an das Finanzamt abzuführende Umsatzsteueranteil am Umsatz der drei Monate aus, wenn der Steuersatz 7 % beträgt und die angegebenen Zahlen Bruttoumsatzzahlen sind?

63 Ein Schinken wird ausgelöst und zu Kochschinken zurechtgeschnitten. Dabei fallen 25,5 % Knochen, Schwarten und Fettabschnitte an. Beim anschließenden Spritzpökeln tritt eine Gewichtszunahme um 4,8 % ein. Nach dem Räuchern und Kochen hat der Schinken weitere 6 % verloren und wiegt jetzt noch 6,355 kg.

a) Welches Frischgewicht hatte der Schinken vor der Verarbeitung?
b) Wie viel kg Schwarten, Knochen und Fettabschnitte fielen an?
c) Wie viel Gramm Lake wurden eingespritzt?
d) Wie viel Gramm vom Spritzpökelgewicht betrug der Räucher- und Kochverlust?

64 Während der Sommersaison stieg die Einfuhr an Schlachtrindern um 20,85 % gegenüber der Vorwoche an. 838 Tiere wurden mehr eingeführt.

Berechnen Sie die Stückzahl der eingeführten Rinder in der Vorwoche und der laufenden Woche.

65 Die amtliche Notierung für Bullen lag bei einem Durchschnittspreis von 228,00 EUR für jeweils 100 kg Lebendgewicht um 28,32 % (!) höher als in der Vergleichswoche des Vorjahres.

Welche amtliche Durchschnittsnotierung galt für die Vergleichswoche des Vorjahres?

66 Um konkurrenzfähig zu bleiben, muss ein Fleischermeister für zugekaufte Fleisch- und Wurstwaren folgende Verkaufspreise ansetzen:

Zervelatwurst	100 g = 1,01 EUR	Bierschinken	100 g = 0,95 EUR
Pasteten	100 g = 1,15 EUR	gek. Schinken	100 g = 1,27 EUR
gek. Zunge	100 g = 1,51 EUR	Schwarzw. Schinken	100 g = 1,30 EUR

Welche Höchsteinkaufspreise in kg darf er jeweils nicht überschreiten, wenn er zu den obigen Bruttopreisen verkaufen will, aber in diesen Preisen 7 % Umsatzsteuer und zuvor 30 % Aufschlag für Gemeinkosten und kalkulatorischen Gewinn stecken?

67 Die „Gewürz-Handel, KG" hat ihre Preise um durchschnittlich 8,5 % erhöht. Sie bietet jetzt an:

Muskat, gemahlen	je kg = 14,65 EUR
Pfeffer, weiß, Muntok, gemahlen	je kg = 13,19 EUR
Paprika, rot, süß	je kg = 7,06 EUR

Zu welchen Kilopreisen wurden die Gewürze vor der Erhöhung angeboten?

68 Der Umsatz einer Fleischerei hat sich im letzten Quartal gegenüber dem vorhergehenden Quartal um 6,5 % auf die Summe von 142.944,30 EUR erhöht.

Berechnen Sie:

a) den Umsatz des vorhergehenden Quartals;
b) den Umsatzsteueranteil in EUR, wie er sich aus dem Umsatz der beiden Quartale ergibt, wenn der Steuersatz für Lebensmittel zugrunde gelegt wird.

69 Die Wasserverbrauchsrechnung der Fleischerei Schneider hat sich im vergangenen Jahr um 7,035 % auf 1.033,05 EUR erhöht.

Wie viel Kubikmeter Wasser wurden verbraucht, wenn eine Einheit mit 0,97 EUR berechnet wurde?

2.7 Gemischte Übungsaufgaben

70 Nach Abzug eines Personalrabattes von 12 % kostete ein Spießbraten für die Verkäuferin noch 10,96 EUR.

Wie viel EUR betrug der reguläre Ladenpreis?

71 Beim Kauf einer neuen wird die alte Waage in Zahlung genommen. Anrechnungspreis ist der Buchwert der Maschine, der bei 73 % Abschreibung noch 1.206,90 EUR beträgt. Diese Anzahlung macht wiederum genau 12 % des Neuanschaffungspreises aus.

a) Wie viel EUR hatte die alte Waage ursprünglich gekostet?

b) Welchen Preis zahlt der Meister für die neue Waage?

c) Wie viel EUR beträgt die jährliche Abschreibungsrate für die neue Waage, wenn diese in 12 Jahren abgeschrieben sein soll?

72 Wie viel EUR sind zu überweisen, wenn eine Rechnung von 341,09 EUR unter Abzug von 2,5 % Skonto beglichen werden soll?

73 Bei einer Warensendung beträgt das Gewicht der Tara 4,5 kg und macht damit 8 % des Bruttogewichtes aus.

Über welchen Betrag lautet die Rechnung der gesamten Lieferung, wenn 100 g Nettogewicht mit 0,38 EUR und die Tara insgesamt mit 2,25 EUR berechnet werden?

74 Ein Hotelier fordert 10 % Rabatt auf alle Fleisch- und Wurstwaren, die er während eines Monats bezieht. Meister F. will dagegen für Fleischlieferungen 5,5 % Rabatt und für Wurstlieferungen 13 % gewähren. Die Fleischrechnung belief sich auf 706,00 EUR, Wurstwaren wurden für 578,50 EUR bezogen.

Welcher Rabattsatz ist für den Hotelier günstiger?

75 Ein Geselle hat durch grobe Fahrlässigkeit an einem Kutter einen Schaden angerichtet, der die Hälfte des noch vorhandenen Buchwertes ausmacht. Aus diesem Grunde behält der Meister zur Wiedergutmachung des Schadens 30 Wochen lang 20 % des Wochenlohnes von 329,00 EUR ein. Der Kutter war zum Zeitpunkt der Beschädigung bereits zu 70 % abgeschrieben.

Welchen Neuwert hatte die Maschine?

76 Für fertig gekutterte Fleischwurst hat der Meister einen Mischungspreis von 3,63 EUR je kg errechnet. Für Därme schlägt er 0,09 EUR je kg auf. Nach dem Füllen, Räuchern und Abbrühen ergibt sich ein Gewichtsverlust von 8,75 %.

Wie viel EUR kosten jetzt 100 g dieser Fleischwurst?

77 Bei einem versteuerbaren Gewinn von 44.220,00 EUR hat Meister Meyer insgesamt 13.044,90 EUR an Einkommensteuer zu zahlen.

Berechnen Sie den Einkommensteuersatz, der zugrunde gelegt wurde.

78 Ein Geselle erhält nach Abzug von 33,00 EUR für die Beköstigung einen ausgezahlten Nettolohn von 272,00 EUR in der Woche. Vom Bruttolohn wurden für Steuern und Sozialversicherung 34,75 % abgezogen.

Berechnen Sie:

a) den Wochenbruttolohn des Gesellen;

b) den Jahresbruttolohn;

c) die Summe der Lohnnebenkosten, wenn diese mit 65 % des Jahresbruttolohnes angesetzt werden müssen;

d) den tatsächlichen Stundenlohn des Gesellen für abgeleistete Arbeitsstunden, wenn er exakt 1 975 Stunden im abgelaufenen Jahr gearbeitet hat.

79 Fleischerei Beinhauer hatte im abgelaufenen Jahr einen Bruttoumsatz von 735.325,00 EUR, die Lohnsumme betrug 60.728,00 EUR. Der Umsatz an Tiefkühlkost betrug 16.178,00 EUR, der an Waren des Randsortimentes 24.366,00 EUR. Der Umsatz im Bereich „Partyservice" konnte auf den Wert von 27.825,00 EUR gesteigert werden.

Das Wareneingangsbuch schließt mit der Summe von 451.883,00 EUR ab. Berechnen Sie die Prozentanteile am Bruttoumsatz für die Bereiche

a) Lohn;
b) Tiefkühlkost;
c) Randsortiment;
d) Partyservice und
e) den Wareneinsatz.

Berechnen Sie den Umsatzsteueranteil im Bruttoumsatz, wenn vom Steuersatz für Lebensmittel auszugehen ist.

Berechnen Sie den Rohgewinn vor Steuer, wenn dieser auf 5,45 % des Bruttoumsatzes veranschlagt wird.

---

80 Bei einem Umsatz von 588.000,00 EUR erzielte die Fleischerei Stotz einen Gewinn vor Steuer von 6,75 %. Durch Ausweitung des Umsatzes wird die Anstellung eines weiteren Gesellen notwendig, dessen Bruttowochenlohn mit 294,00 EUR vereinbart wurde.

Berechnen Sie

a) die Gewinnsumme der Fleischerei;
b) den Jahresbruttolohn des neu eingestellten Gesellen;
c) den zusätzlichen Umsatz in EUR, um den das Geschäft gesteigert werden müsste, wenn die Lohnsumme höchstens 5,57 % des Umsatzzuwachses ausmachen soll.

---

81 Aus einem Bruttojahresumsatz von 353.100,00 EUR ist der Umsatzsteueranteil zu ermitteln, wie er für Lebensmittel gilt.

---

82 Eine Tiefkühltruhe kostet 482,00 EUR. Wenn sie in Raten bezahlt wird, fallen nach einer Anzahlung von 10 % weitere 12 Raten je 41,17 EUR an.

Wie viel Prozent beträgt der Aufpreis bei Ratenzahlung?

---

83 Ein Satz Plockwurst von 67,8 kg Füllgewicht verliert im Rauch 4,3 % seines Gewichtes und beim anschließenden Abhängen nochmals 5,4 % des Rauchfrischgewichtes.

Auf wie viel EUR sind die Einnahmen aus dieser Wurst zu veranschlagen, wenn je kg mit 9,66 EUR berechnet werden, aber mit weiteren 3 % Einwiege- und Trockenverlust gerechnet werden muss?

---

84 Beim Kuttern hat der Meister dem Fleisch 19 % Fremdwasser zugesetzt. Nach dem Kuttern ergibt sich für das Brät ein Gewicht von 45,360 kg.

Wie viel kg betrug das Gewicht des Fleisches vor dem Kuttern, wenn damit gerechnet werden muss, dass ½ % des Brätes in den Maschinen hängen geblieben ist und je kg Material 2,8 % Salz und Gewürze zugegeben wurden?

---

85 Der Hauseigentümer hat die Miete für die Filialräume von monatlich 184,00 EUR auf 211,46 EUR erhöht.

a) Wie viel Prozent beträgt die Erhöhung?
b) Welcher Umsatz muss in der Filiale erzielt werden, wenn die Miete nicht mehr als 1,6 % des Umsatzes ausmachen darf?

---

86 Der PKW des Meisters hat neu 19.800,00 EUR gekostet. Er verliert je 1 500 gefahrene Kilometer 1 % seines Anschaffungswertes.

Welchen Wert hat der Wagen noch, wenn der Kilometerzähler 43 515 km anzeigt?

87 Von 1990 bis 2005 sind die Lebensmittelpreise in der Bundesrepublik Deutschland um durchschnittlich 16,85% gestiegen.

Welchen Preis musste man im Jahre 1990 für folgende Waren zahlen, wenn sie 2005 kosten:

Schweinefleisch je kg 7,85 EUR; Schinkenwurst je 100 g 1,15 EUR?

---

88 Eine Verkäuferin konnte ihren Umsatz gegenüber dem Vormonat um 3,3 % auf 12.941,00 EUR steigern.

Wie viel EUR hat sie im Vormonat umgesetzt?

---

89 Fleischermeister Schulze hat eine Fleischwurst mit 9 % kalkulatorischem Gewinn kalkuliert und kommt bei einem bestimmten Gewicht auf einen Preis von 331,00 EUR. Dem Wiederverkäufer werden 5 % Rabatt und 1,5 % Skonto bei Barzahlung gewährt.

Wie viel EUR verbleiben dem Meister bei dieser Sendung als Reingewinn?

---

90 Eine Firma beschäftigt 54 Arbeiter. Das sind 85 % weniger, als vor 10 Jahren beschäftigt wurden. Damals war die Wachstumsperiode der Firma zu Ende gegangen, in welcher die Belegschaft in den letzten 5 Jahren um 20 % gewachsen war.

Wie viel Leute wurden in dieser Firma noch vor 15 Jahren beschäftigt?

---

91 Eine Filialleiterin bekommt ein Fixum von 1.050,00 EUR im Monat und eine Umsatzprovision von 33 ‰.

Welchen Umsatz muss die Filialleiterin erreichen, wenn sie ein Jahreseinkommen von 23.000,00 EUR erzielen will?

---

92 Der Umsatz der Fleischerei Berger stieg im dritten Quartal des Jahres wieder um 5,4 % auf 100.725,00 EUR, nachdem im zweiten Quartal ein Umsatzrückgang von 3,4 % und im ersten Quartal ein Minus von 1,9 % gegenüber dem Vorquartal zu verzeichnen war.

Berechnen Sie:

a) die Umsätze im ersten und zweiten Quartal;

b) den Umsatz im vierten Quartal des Vorjahres;

c) die echte Plus- oder Minusveränderung im Vergleich der Umsätze des vierten Quartals des Vorjahres mit dem dritten des laufenden Jahres.

---

93 Drei kräftige Reihen Kotelettes wiegen 33,500 kg und wurden zu 3,55 EUR/kg (netto) eingekauft. Sie werden zu Kasseler bearbeitet, wobei folgende Gewichtsveränderungen entstehen:

11,5 % Gewichtszunahme beim Spritzpökeln;
4,0 % Gewichtsverlust beim Abtropfen und Abtrocknen;
9,0 % Verlust beim Räuchern und bis zum Verkauf, gerechnet vom Abtropfgewicht.

Kalkulieren Sie mit 35 % Gemeinkosten, 15 % kalk. Gewinn und die gesetzliche Umsatzsteuer.

Zu welchem Preis je 100 g kann dieses fertige Kasseler angeboten werden?

Wie viel Prozent Bruttoaufschlag verbleiben dem Fleischer vom Materialpreis, wenn er die Ware je kg zu 6,11 EUR anbietet?

---

94 Meister Ludwig hat beim Großhändler 54,5 kg Pfeffersalami zum Kilopreis von 6,57 EUR (netto) eingekauft.

Bei der Berechnung des Ladenpreises für 100 g der Ware sollen folgende Daten berücksichtigt werden: Abhänge- und Aufschneideverlust 12 %, Gemeinkosten 35 %, kalkul. Gewinn 15 % und die gesetzliche Umsatzsteuer.

Wie viel EUR je 100 g beträgt der Verkaufspreis?

---

3 Zinsrechnen

3.1 Grundbegriffe

Das Zinsrechnen ist eine Anwendung des Prozentrechnens, wobei zusätzlich der Faktor Zeit mit in die Berechnung einbezogen wird. Diese Rechenart ist ein unentbehrlicher Bestandteil des kaufmännischen Rechnens und daher auch für den Fleischer wichtig und notwendig.

Ehe wir uns mit den eigentlichen Rechenarten befassen, müssen noch einige Begriffe und Beziehungen geklärt werden. Dazu eine Beispielaufgabe.

Beispiel: Geselle Manfred M. hat am 31. Dezember 500,00 EUR auf sein Sparkonto eingezahlt. Am Ende des Jahres schreibt ihm die Bank, bei einem Zinssatz von 6 %, Zinsen in Höhe von 30,00 EUR gut.

Es ergibt sich folgender Sachverhalt:

500,00 EUR bringen zu 6 % in einem Jahr 30,00 EUR.

↑ Kapital ↑ Zinssatz ↑ Zeit ↑ Zinsen

Wir unterscheiden bei der Zinsrechnung also vier Größen:

1. **Kapital** = Summe des zur Verfügung gestellten Geldes
   Abk.: K (In der Prozentrechnung Grundwert genannt.)

2. **Zinssatz** = gibt den Preis für die Nutzung eines Kapitals von 100,00 EUR für die Dauer eines Jahres an
   Abk.: P (Entspricht in der Prozentrechnung dem Prozentsatz, allerdings dort ohne Berücksichtigung des Faktors Zeit.)

3. **Zinsen** = die in Geldwert ausgedrückte Vergütung für die Überlassung des Kapitals
   Abk.: Z (Entspricht in der Prozentrechnung dem Prozentwert.)

4. **Zeit** = gibt an, für welche Zeit das Kapital überlassen wurde. In Deutschland werden für die Berechnung pro Jahr 360 Tage und für jeden Monat 30 Tage zugrunde gelegt.
   Abk.: t

Wir merken uns:

Von den oben genannten 4 Größen müssen immer 3 vorhanden oder berechenbar sein, um die fehlende Größe zu berechnen.

3.2 Berechnung der Zinsen

Beim Zinsrechnen bezieht sich der Faktor Zeit (t) immer auf ein Jahr. Ist t für weniger als 1 Jahr zu errechnen, so wird die Zeit als Jahresbruch (in Monaten, Wochen oder Tagen) angegeben.

Wir können daher schreiben: → $\frac{1}{2}$ Jahr

oder → 6 Monate → $\frac{6}{12} = \frac{1}{2}$ Jahr

oder → 26 Wochen → $\frac{26}{52} = \frac{1}{2}$ Jahr

oder → 180 Tage → $\frac{180}{360} = \frac{1}{2}$ Jahr

Grundsätzlich ist jede Schreibweise richtig.

Wenden wir diese Erkenntnis in einem Beispiel an:

Beispiel: Wie viel Zinsen bringen 800,00 EUR zu 6 % in ½ Jahr?

Bedingung: 100,00 EUR bringen in 1 Jahr 6,00 EUR Zinsen

Frage: 800,00 EUR bringen in ½ Jahr ? EUR Zinsen

Wir übertragen an den Bruchstrich:

100,00 EUR bringen → 6,00 · 800 · 1 ← in 1 Jahr

1,00 EUR bringt → 100 · 2 ← in ½ Jahr

800,00 EUR bringen → 800

$$\frac{6{,}00 \cdot 800 \cdot 1}{100 \cdot 2} = 24{,}00 \text{ EUR Zinsen}$$

Für den Zeitansatz könnten wir aber auch schreiben:

$$Z = \frac{6{,}00 \cdot 800 \cdot \boxed{6}}{100 \cdot \boxed{12}} \quad \text{Monate} = \underline{\underline{24{,}00 \text{ EUR Zinsen}}}$$

$$\text{oder: } Z = \frac{6{,}00 \cdot 800 \cdot \boxed{26}}{100 \cdot \boxed{52}} \quad \text{Wochen} = \underline{\underline{24{,}00 \text{ EUR Zinsen}}}$$

$$\text{oder: } Z = \frac{6{,}00 \cdot 800 \cdot \boxed{180}}{100 \cdot \boxed{360}} \quad \text{Tage} = \underline{\underline{24{,}00 \text{ EUR Zinsen}}}$$

Da in der Praxis selten die Zinsen für volle Jahre oder Monate zu berücksichtigen sind, gehen wir grundsätzlich von der Berechnung in Tageszinsen aus.

Dabei müssen die Tage einzeln ermittelt werden.

Beispiel: Wie viel Tage umfasst der Zeitraum vom 3. Januar bis zum 25. August des gleichen Jahres?

3. Jan. bis 3. Aug.	= 7 · 30 Tage	= 210 Tage
3. Aug. bis 25. Aug.		= 22 Tage
		232 Tage

Wir üben: Berechnen Sie die Anzahl der Tage:

vom 23. Jan. bis 17. Dez. vom 24. Mai bis 11. Nov. vom 7. Febr. bis 5. Sept.	vom 8. Mai bis 6. Nov. vom 16. Sept. bis 25. Aug. vom 19. Mai bis 12. Dez.

Zur Ermittlung der Zinsformel sehen wir uns noch einmal den letzten Bruchstrich an. Wenn wir die dort stehenden Zahlen „benennen", erhalten wir folgende **Formel:**

$$Z = \frac{\text{Kapital} \cdot P \cdot t}{100 \cdot 360} \text{ [EUR]}$$

Mit dieser Formel können wir nun die Zinsen berechnen.

Übungsaufgaben

(In allen folgenden Aufgaben im Rahmen der Zinsrechnung sind die Zinseszinsen **nicht** berücksichtigt.)

1 Berechnen Sie die Zinsen.

Kapital	960,00 EUR	4.620,00 EUR	1.742,00 EUR	3.365,00 EUR	1.062,50 EUR
Zeit (Jahre)	$3\frac{1}{2}$	$\frac{1}{20}$	6,5	$6\frac{1}{5}$	$12\frac{1}{2}$
Zinssatz (%)	5,5	$9\frac{1}{2}$	8,15	$4\frac{4}{5}$	$7\frac{5}{6}$

2 Alfred W. hatte zu Beginn des Jahres ein Sparguthaben bei der Bank von 4.371,24 EUR. Am 20. Mai hebt er das Geld ab, weil er sich zur Heirat die Wohnung einrichten will. Die Bank gibt ihm $5\frac{1}{4}$ % Zinsen.

Welcher Gesamtbetrag wird ihm ausgezahlt?

3 Eine Kundin schuldet dem Fleischermeister P. seit 7 Monaten den Betrag von 134,75 EUR. Der Fleischer hatte dafür Fleisch zu einer Familienfeier geliefert. Nach Drohung, den Erlass eines gerichtlichen Mahnbescheides zu erwirken, bezahlt die Kundin. Meister P. fordert für den Verzugszeitraum $5\frac{1}{2}$ % Zinsen.

Wie viel EUR hat die Kundin insgesamt zu zahlen?

4 Die Fachverkäuferin Carmen Schneider hat am 15. Mai auf ein Sparkonto 1.375,00 EUR eingezahlt. Der Zinssatz beträgt zurzeit 6,75 %.

Welche Zinssumme kann Carmen am Ende des Jahres erwarten?

5 Auf welche Summe erhöht sich das Kapital?

Kapital	622,00 EUR	1.471,00 EUR	1.844,00 EUR	6.320,40 EUR
Zeit	8. Jan. – 13. April	20. März – 31. Dez.	31 Wochen	1. März – 19. Okt.
Zinssatz	$6\frac{2}{3}$ %	$5\frac{3}{4}$ %	5,85 %	$6\frac{1}{5}$ %

6 Zur Überbrückung eines finanziellen Engpasses gewährt die Bank einer Fleischwarenfabrik einen Kassenkredit über 6.230,00 EUR. Der Kredit wurde am 9. Dez. aufgenommen und am 13. Febr. des darauffolgenden Jahres zurückgezahlt. Die Bank rechnet 8,75 % Zinsen und $\frac{9}{10}$ % Bearbeitungsgebühr.

Welcher Betrag muss insgesamt zurückgezahlt werden?

7 Welche Summe wird insgesamt zurückgezahlt?

Aufgenommenes Darlehen	Aufnahme-datum	Rückzahlungs-datum	Zinssatz
1.875,00 EUR	1. März	23. November	$6\frac{2}{3}$ %
4.635,00 EUR	23. Mai	31. Dezember	$7\frac{1}{2}$ %
11.200,00 EUR	14. Januar	30. Mai n. J.	$7\frac{3}{4}$ %
371,50 EUR	11. August	19. November	9,25 %

8 Fleischer Neumann hat zum Bau einer Schlachthalle ein Darlehen von 110.000,00 EUR zu einem Zinssatz von $6\frac{1}{4}$ % aufgenommen. Das Darlehen wird am 14. Juli ausgezahlt. Wie viel EUR Zinsen sind am Jahresende fällig?

9 Fleischgroßhändler X. hat den Termin zur Zahlung der Gewerbesteuer vergessen. Der Betrag über 1.856,00 EUR war am 1. Aug. fällig, wird von ihm aber erst am 6. Sept. beglichen. $6\frac{1}{2}$ % Verzugszinsen sind zu zahlen.

Welche Summe muss überwiesen werden?

10 Wie viel Zinsen bringt das Kapital?

Kapital	544,30 EUR	11.319,00 EUR	768,32 EUR	6.979,62 EUR
Zeit	47 Tage	412 Tage	71 Tage	199 Tage
Zinssatz	5,9 %	$6\frac{1}{4}$ %	$4\frac{1}{2}$ %	$6\frac{2}{3}$ %

11 Meister B. kauft eine Gefriertruhe zum Preis von 736,20 EUR. Er bekommt einen Rabatt von 8,5 % auf den Listenpreis, zahlt 250,00 EUR an und vereinbart, den Rest nach drei Monaten zu zahlen. Als Zinsen werden 9 % p. a. für die Dauer von 3 Monaten von der Restsumme vereinbart.

a) Welche Zinskosten hat Meister B. zu zahlen?

b) Welchen tatsächlichen Preis, einschließl. der Zinsen, hat die Tiefkühltruhe?

12 Fleischergeselle Peter M. hat ein Sparkonto, auf dem 935,00 EUR zum Jahresbeginn eingezahlt sind. Weitere Einzahlungen erfolgen am 8. Februar, am 14. April, am 23. Mai jeweils 150,00 EUR; dann am 7. Juli 100,00 EUR und am 22. Oktober 210,00 EUR. Die Bank rechnet 4 % Zinsen vom Einzahlungstag an.

Welches Guthaben weist das Sparkonto am 1. Jan. aus, einschließlich der angefallenen Zinsen?

13 Fleischer Waldemar Rauscher hat sein Konto für 9 Tage um 1.350,00 EUR überzogen. Die Kontokorrentzinsen stehen auf 12,25 %.

Berechnen Sie die anfallende Zinssumme.

14 Wenn 1.000,00 EUR für 1 000 Tage mit einem Zinssatz von $7\frac{7}{8}$% verzinst werden, mit welchem Betrag kann man dann nach Ablauf der Zeit insgesamt rechnen?

15 Eine Kundin hat für eine Familienfeier am 30. April Waren im Wert von 241,00 EUR bekommen. Sie bezahlt diese Rechnung erst am 20. Oktober. Auf welche Zinssumme verzichtet der Fleischer, wenn er keine Zinsen nimmt, banküblich aber zur gleichen Zeit für Kontokorrentzinsen 12,5 % verlangt werden?

16 Fleischer Neumann schuldet einem Fleischgroßhändler seit 15. Mai 3.435,00 EUR. In Absprache mit dem Händler wird der Betrag am Jahresende – zuzüglich 9,5 % Verzugszinsen – beglichen.

Welcher Gesamtbetrag wird dann zur Zahlung fällig?

3.3 Berechnung des Kapitals

Beispiel: Die Handelsbank gewährt Fleischermeister O. ein Darlehen für die Zeit von 240 Tagen zu 6 %. Für diese Zeit muss Herr O. 100,00 EUR Zinsen zahlen.

Wie viel EUR beträgt das Darlehen?

Bedingung: 6,00 EUR Zinsen in 360 Tagen für 100,00 EUR Kapital

Frage: 100,00 EUR Zinsen in 240 Tagen für ? EUR Kapital

Wir übertragen wieder an den Bruchstrich:

$$\boxed{K} = \frac{100{,}00 \cdot 100{,}00 \cdot 360}{6{,}00 \cdot 240} = \underline{\underline{2.500{,}00 \text{ EUR Kapital}}}$$

Die Darlehenssumme beträgt also 2.500,00 EUR.

Durch Benennung der Zahlungen am Bruchstrich erhalten wir folgende **Formel:**

$$K = \frac{Z \cdot 100 \cdot 360}{P \cdot t} = [\text{EUR}]$$

Übungsaufgaben

17 Auf welche Summe lautet das Kapital, wenn für 83 Tage, bei einem Zinssatz von 5½ %, Zinsen in Höhe von 59,85 EUR bezahlt werden müssen?

18 Auf welche Summe lautet das Kapital?

Zinssatz (%)	4,75 %	6,15 %	9,1 %	8,75 %	4,5 %
Zinsen (Z)	35,40 EUR	121,77 EUR	6,74 EUR	369,61 EUR	24,75 EUR
Zeit (t)	185 Tage	2 ¼ Mon.	7 Wochen	6 ⅙ Jahre	132 Tage

19 Der Geselle Werner B. erhält für das abgelaufene Jahr eine Zinsgutschrift von 61,58 EUR. Die Bank gewährt 4 ⅚ % Zinsen.

a) Wie hoch war das Sparguthaben zu Beginn des Jahres?

b) Wie viel EUR weist das Sparbuch am Ende des Jahres mit Zinsen aus?

20 Wie viel EUR beträgt ein Kapital, das in 37 Wochen bei einem Zinssatz von 5,9 % Zinsen in Höhe von 25,19 EUR bringt?

21 Für einen Kredit wurden vom 18. März bis zum 4. September bei einem Zinssatz von 9,5 % insgesamt Zinsen in Höhe von 326,35 EUR bezahlt.

Welche Kreditsumme war bereitgestellt worden?

22 Mit der Vollendung des 65. Lebensjahres scheidet der Altgeselle Valentin K. aus dem Betrieb und dem Arbeitsleben aus. Er erhält eine monatliche Rente von 1.020,00 EUR.

Welche Kapitalsumme müsste K. festverzinslich zu 6 % p. a. angelegt haben, um aus den Zinsen den gleichen Betrag als Lebensunterhalt zu beziehen?

23 Welches Kapital bringt vom 9. Mai bis zum 30. November bei einem Zinssatz von 7 ½ % Zinsen von 187,34 EUR?

24 Zwei Fleischer unterhalten sich: Meister M. behauptet für sein Sparguthaben vom 15. Juni bis 31. Dezember 95,20 EUR an Zinsen bekommen zu haben. Fleischer B. sagt: „Bei dem gleichen Zinssatz von 6,25 % habe ich aber 0,42 EUR mehr bekommen, obwohl mein Geld erst am 15. September verzinst wurde."

a) Welches Guthaben hatte M. am 15. Juni?

b) Welche Summe hat B. am 15. Sept. eingezahlt?

25 Fleischer Elmar F. erhält einen Kredit zur Anschaffung einer Maschine am 6. Sept. 2006. Der Zinssatz beträgt 7,5 % zu diesem Zeitpunkt. Am 21. Dez. erhöht die Bank den Zinssatz auf 8 %. Nach diesem neuen Satz hat Herr F. bis zur Rückzahlung am 15. März 2007 Zinsen über 70,62 EUR zu zahlen.

a) Welche Kreditsumme wurde Herrn F. zur Verfügung gestellt?

b) Wie viel Zinsen hat er für den Zeitraum zu zahlen, in dem der Zinssatz von 7,5 % galt?

c) Welche Summe muss er am Rückzahlungstag insgesamt zurückzahlen?

26 Gastwirt und Fleischermeister C. besitzt ein Gästehaus im Wald mit herrlichem Blick über den Rhein. Auf die Frage, ob sich so ein Haus auch lohne, antwortet er dem Frager: „Im vergangenen Jahr habe ich, nach Abzug der laufenden Kosten, eine Rendite von 5,25 % auf die Bau- und Einrichtungskosten erzielt und das waren immerhin 3.543,75 EUR.

Wie viel EUR betrugen die Bau- und Einrichtungskosten?

27 Welches Kapital bringt vom 13. Sept. 1999 bis zum 30. Juni 2002 eine Zinssumme von 805,00 EUR, wenn der Zinssatz unverändert in der ganzen Zeit 5,75 % beträgt?

28 Wenn ein Kapital bei einem Zinssatz von 7,25 % vom 17. April bis 27. Sept. des gleichen Jahres Zinsen in Höhe von 101,50 EUR bringt, wie viel EUR Zinsen bringt dann das gleiche Kapital vom 27. Sept. bis zum 31. Dez. des folgenden Jahres, wenn für diesen Zeitraum der Zinssatz um 0,25 % erhöht wird?

29 Fleischer Beckmann aus Weimar kauft einen Füllautomaten für den Betrag von 17.100,00 EUR.

Da er bar bezahlt, kann er 3 % Skonto einbehalten.

Um bar zahlen zu können, hat Meister Beckmann bei der Bank einen Kredit über 7.100,00 EUR für 5 Monate aufgenommen. Der Zinssatz beträgt 10,5 %.

Berechnen Sie bitte, ob Meister Beckmann trotz der Kreditkosten noch ein „Geschäft" gemacht hat, weil er bar zahlte.

30 Auf welche Summe lautet ein Kapital, wenn nach 55 Wochen bei einem Zinssatz von 8,4 % die Zinssumme von 377,30 EUR anfällt?

31 Fleischer Müller möchte den Zerlegeraum erweitern. Neben der notwendigen Tilgung gedenkt er, nicht mehr als 225,00 EUR an Zinsen im Monat zu zahlen.

Welche Kreditsumme kann er einplanen, wenn die Bank bereit ist, ihm einen Kredit zum Zinssatz von 8,75 % zu gewähren?

32 Ein Haus wirft in den ersten drei Monaten des Jahres einen Renditebetrag von 3 .801,875 EUR ab. Dies entspricht einer realen Verzinsung von 3,95 % p. a.

Welchen Kapitalwert hat das Haus?

33 Die Verkäuferin Monika P. hat für 110 Tage einen Kredit zum Zinssatz von 8 % in Anspruch genommen und zahlt dafür 78,25 EUR Zinsen.

Welcher Betrag ist ihr kreditiert worden?

3.4 Berechnung der Zeit

Beispiel: Zur Anschaffung eines PKWs nimmt der Fleischergeselle Manfred M. ein mittelfristiges Darlehen von 1.300,00 EUR zu einem Zinssatz von 6 % auf. Nach Rückzahlung des Geldes erhält er eine Rechnung über 32,50 EUR für entstandene Zinsen.

Für wie viel Tage war das Darlehen in Anspruch genommen worden?

Bedingung: 100,00 EUR bringen 6,00 EUR Zinsen in 360 Tagen
Frage: 1.300,00 EUR bringen 32,50 EUR Zinsen in ? Tagen

Wir übertragen wieder an den Bruchstrich:

$$\boxed{t} = \frac{360 \cdot 100 \cdot 32{,}50}{1.300{,}00 \cdot 6} = \underline{\underline{150 \text{ Tage}}}$$

Durch Benennung und Umstellung der Zahlen am Bruchstrich ergibt sich folgende **Zeitformel:**

$$t = \frac{Z \cdot 100 \cdot 360}{K \cdot P} = \underline{\underline{[\text{Tage}]}}$$

Übungsaufgaben

34 Wegen der Anschaffung einer Maschine hebt Erich A. das gesamte Sparguthaben über 3.600,00 EUR ab. Dabei werden ihm 76,00 EUR an Zinsen für das laufende Jahr gutgeschrieben. Der Zinssatz beträgt 4 ¾ %.

Wann wurde das Geld abgehoben?

35 Berechne die Zeit.

Kapital	4.210,00 EUR	3.105,00 EUR	815,50 EUR	625,00 EUR	125,00 EUR
Zinsen	44,73 EUR	1.238,12 EUR	15,90 EUR	53,82 EUR	100,00 EUR
Zinssatz	4 ¼ %	5,5 %	5,2 %	7 ¾ %	7,2 %

36 Fleischer C. hat sein Konto um 1.820,00 EUR überzogen. Die Bank berechnet ihm bei einem Zinssatz von 9,5 % Zinsen in Höhe von 4,35 EUR.

Wie viel Tage war das Konto überzogen?

37 Das Hotel „Zum Löwen" hatte seit längerer Zeit eine Rechnung über 367,85 EUR offen stehen. Jetzt wird sie beglichen. Die Gesamtsumme, einschließlich der Verzugszinsen von 7 %, beträgt 376,79 EUR.

Wann war die Rechnung fällig?

38 Berechne den Verzinsungszeitraum.

Kapital	2.120,00 EUR	81,40 EUR	199,00 EUR	1.365,00 EUR	5.150,00 EUR
Zinsen	39,16 EUR	1,48 EUR	4,98 EUR	21,75 EUR	3,01 EUR
Zinssatz	4 ¾ %	8 %	9 %	6 ¾ %	7 %

39 Ein Guthaben von 4.450,00 EUR erreicht bei einem Zinssatz von 4,5 % die glatte Summe von 5.000,00 EUR.

Für welchen Zeitraum wurden Zinsen gutgeschrieben?

40 Fleischergeselle Ludwig W. zahlt auf einen Sparbrief 2.000,00 EUR ein. Der Zinssatz beträgt 8,25 % p. a.

Nach wie viel Tagen kann Ludwig W. mit den ersten 250,00 EUR Zinsen rechnen?

41 Wieviel Tage muss ein Kapital von 1.250,00 EUR ausgeliehen werden, um auf das Doppelte anzuwachsen, wenn ein Zinssatz von 4,5 % berechnet wird?

42 Die Rechnung lautete über 421,35 EUR. Sie war am 20. April fällig, wurde aber vergessen. Nach Berechnung von 9 % Verzugszinsen wuchs der Betrag auf 431,88 EUR an.

An welchem Kalendertag wurde die Rechnung überwiesen?

3.5 Berechnung des Zinssatzes

Beispiel: Die Verkäuferin Erika S. nimmt für 300 Tage ein Anschaffungsdarlehen von 960,00 EUR in Anspruch und zahlt dafür 64,00 EUR an Zinsen. Welcher Zinssatz war vereinbart worden?

Bedingung: 960,00 EUR bringen in 300 Tagen 64,00 EUR Zinsen

Frage: 100,00 EUR bringen in 360 Tagen ? EUR Zinsen

Wir übertragen wieder an den Bruchstrich:

$$\boxed{P} = \frac{64{,}00 \cdot 100 \cdot 360}{960{,}00 \cdot 300} = 8{,}00 \text{ EUR Zinsen für } 100{,}00 \text{ EUR} = 8\,\% \text{ Zinsen}$$

Benennen wir die Zahlen am Bruchstrich, so erhalten wir folgende **Formel:**

$$P = \frac{Z \cdot 100 \cdot 360}{K \cdot t} = [\%]$$

Übungsaufgaben

43 Welcher Zinssatz wurde zugrunde gelegt?

Kapital	Zinsen	Zeitraum
445,00 EUR	5,56 EUR	75 Tage
1.812,50 EUR	37,38 EUR	18. April. – 3. Sept.
191,22 EUR	8,50 EUR	33 Wochen
635,10 EUR	11,90 EUR	1. Juli. – 23. Nov.
4.815,40 EUR	579,35 EUR	27 ½ Monate
2.610,05 EUR	91,06 EUR	7. Aug. – 14. Jan. n. J.

44 Welcher Zinssatz wurde vereinbart, wenn ein Kapital von 4.450,00 EUR in 100 Tagen genau 99,00 EUR an Zinsen bringt?

45 Der Fleischgroßhändler Müller verlangt für einen Rechnungsbetrag von 1.440,00 EUR, der 135 Tage in Zahlungsverzug stand, 59,40 EUR an Zinsen.
Welchen Zinssatz hat Händler Müller zugrunde gelegt?

46 Fleischermeister O. überweist am 15. März fällige Steuern in Höhe von 2.200,00 EUR erst am 30. April. Der Überweisungsbetrag, einschließlich der Verzugszinsen, beträgt 2.216,50 EUR.
Welchen Zinssatz legte das Finanzamt zur Berechnung der Verzugszinsen zugrunde?

47 Für einen Kredit von 1.635,00 EUR zahlt Udo F. für $5\frac{1}{2}$ Monate einen Zinsbetrag von 59,95 EUR.
Welcher Zinssatz war vereinbart worden?

48 Die Summe von 2.000,00 EUR erhöht sich vom 1. Jan. bis 15. April um 43,75 EUR auf 2.043,75 EUR.
Welcher Zinssatz wurde berechnet?

49 Bei welchem Zinssatz wird ein Kapital von 3.500,00 EUR in 8 Jahren um die Hälfte gesteigert?

50 Die Raiffeisenbank zahlt einem Kunden am 16. Juli einen Kredit über 3.685,00 EUR aus. Am 30. April des folgenden Jahres zahlt der Kunde die Gesamtsumme von 3.891,40 EUR zurück.
Welcher Zinssatz war berechnet worden?

51 Elfriede M. hatte zu Beginn des Jahres 640,50 EUR auf ihrem Sparkonto als Guthaben stehen. Als sie am 10. April das Sparkonto auf ein anderes Konto überträgt, lautet die zu übertragende Gesamtsumme 649,84 EUR.
Mit welchem Zinssatz hat die Bank die Spareinlagen belohnt?

52 Ein Kapital von 11.450,00 EUR bringt in 6 Monaten 569,64 EUR Zinsen. Ein anderes Kapital gleicher Höhe bringt genau 99,00 EUR mehr an Zinsen in der gleichen Zeit.
Berechnen Sie den jeweiligen Zinssatz.

53 Fleischer Werner S. nimmt am 15. Aug. einen Kredit über 7.750,00 EUR auf und zahlt bei der Rückzahlung des Kredites am 30. Dez. genau 319,69 EUR an Zinsen.
Mit welchem Zinssatz war der Kredit verzinst worden?

54 Wenn ein Kapital von 22.500,00 EUR in 1 000 Tagen Zinsen von 5.781,25 EUR bringt, wieviel Zinsen bringt dann das gleiche Kapital in 300 Tagen, wenn der Zinssatz um 0,75 % gesenkt wird?

55 Das Hotel „Waldesruh" hat seit 1. April eine Rechnung über 1.877,00 EUR offen. Am 20. Oktober verlangt der Fleischer 2.000,00 EUR einschließlich der Zinsen.
Welcher Zinssatz ist zugrunde gelegt worden?

56 Fleischer Hummel hat sein Geschäftskonto mit 1.824,00 EUR für 15 Tage überzogen. Die Bank stellt ihm Zinsen in Höhe von 9,50 EUR in Rechnung.
Mit welchem Zinssatz hat die Bank gerechnet?

57 Zur Anschaffung einer Füllmaschine nimmt Meister Walter bei der Bank einen Kredit über 8.400,00 EUR auf. Die Laufzeit beträgt 20 Monate. Die dann fällige Rückzahlsumme, einschließlich der Zinsen, beträgt 9.625,00 EUR.
Berechnen Sie: a) die Zinssumme in EUR;
b) den Zinssatz, den die Bank bei der Zinsberechnung zugrunde gelegt hat.

3.6 Gemischte Übungsaufgaben

58 Eine Gewürzrechnung über 66,50 EUR wird erst 5 Wochen nach Ablauf der gesetzten Zahlungsfrist bezahlt. Die Gewürzfirma fordert 8,5 % Verzugszinsen für den Überschreitungszeitraum nach.

Wie viel EUR hat der Fleischer nachzuzahlen?

59 Einer Sendung von 24,000 kg Rohwurst liegt folgende Rechnung bei:

„Zahlungssumme = 215,00 EUR;
bei Barzahlung innerhalb von 14 Tagen 2 % Skonto;
bei Zahlung innerhalb von 4 Wochen rein netto ohne Abzug;
bei späterer Zahlung 0,9 % Zinsen je angefangener Monat vom Rechnungsdatum an."

a) Wie viel EUR kostet 1 kg Dauerwurst bei sofortiger Zahlung?

b) Um wie viel EUR wird 1 kg teurer, wenn die Rechnung erst am 65. Tag nach Rechnungsdatum bezahlt wird?

60 Der Geselle Thomas A. kauft sich nach einem Unfall, bei dem sein Wagen Totalschaden erlitt, einen gebrauchten PKW. $\frac{2}{5}$ des Kaufpreises will A. sofort bar zahlen, die restliche Summe soll von einer Bank so lange kreditiert werden, bis der Schaden durch die Versicherung reguliert ist. Nach 39 Wochen ist es soweit.

A. erhält eine Rechnung über 218,40 EUR Zinsen, bei dem vereinbarten Zinssatz von 8 %. Zu welchem Preis wurde der Wagen gekauft?

61 Ein Lieferant hat folgende Zahlungsbedingungen:

„Zahlung innerhalb einer Woche bei 5 % Nachlass; innerhalb von 2 Wochen 2 % Skonto; innerhalb von 30 Tagen rein netto. Für spätere Zahlungen werden 9 % Jahreszinsen vom Rechnungsdatum an erhoben."

Berechnen Sie die Zahlungssummen folgender Positionen:

	Rechnungsdatum	Rechnungssumme	gezahlt am:
a)	18. Januar	96,25 EUR	30. Januar
b)	14. Dezember	185,55 EUR	30. Januar
c)	19. Oktober	2.441,65 EUR	21. Oktober
d)	7. Juli	619,35 EUR	22. Juli
e)	18. August	31,35 EUR	20. September
f)	2. Mai	345,75 EUR	30. Dezember
g)	19. März	89,05 EUR	21. März
h)	14. Januar	111,00 EUR	24. Januar
i)	30. September	117,81 EUR	2. Januar
j)	23. Dezember	252,33 EUR	27. Dezember

62 Der Neubau einer Filiale ist mit zwei Hypotheken belastet. Die I. Hypothek von 9.000,00 EUR muss mit $6\frac{3}{4}$ %, die II. Hypothek über 8.250,00 EUR mit $5\frac{2}{3}$ % verzinst werden.

Welche Zinssumme fällt im ersten Jahr an?

63 Welches Kapital bringt in drei Monaten bei einer Verzinsung von 4,8 % eine Zinssumme von 45,00 EUR?

64 Bei welchem Zinssatz bringt ein Kapital von 4.250,00 EUR in 250 Tagen die Zinssumme von 247,40 EUR?

65 999,00 EUR bringen in 99 Tagen 9,99 EUR Zinsen.

Berechnen Sie den Zinssatz.

66 Ein Sparguthaben von 1.975,00 EUR wird mit 6 ¼% verzinst.
Wie groß ist das Gesamtguthaben nach dem ersten Jahr?

67 Fleischer K. hat sein Konto vor dem Weihnachtsfest wegen starker Wareneinkäufe mit 3.163,50 EUR überzogen. Markttag war der 18. Dezember. Am 27. des Monats wird das Konto durch Einnahmen vor dem Fest wieder ausgeglichen. Die Kontokorrentzinsen betragen vom 3. Tag der Überziehung an 11 % p. a.

Welche Zinssumme ergibt die Berechnung?

68 Geselle Werner E. hat einem Freund am 1. März den Betrag von 775,00 EUR „geliehen". Der Freund zahlt ihm am 18. März einschließlich der Zinsen einen Betrag von 778,10 EUR zurück.

Welchen Zinssatz hatten beide vereinbart?

69 Bei welchem Zinssatz bringen 2.750,00 EUR in einer Zeit von 120 Tagen 82,50 EUR Zinsen?

70 Berechnen Sie den fehlenden Wert.

K	819,00 EUR	?	12,80 EUR	422,00 EUR	99,00 EUR	?
t	3 ½ Mon.	6 ½ Jahre	?	100 Tage	40 Tage	1 Tag
P	7,5 %	3 %	7 %	?	6,25 %	8 %
Z	?	78,00 EUR	1,34 EUR	10,55 EUR	?	22,22 EUR

71 Wenn ein Kapital von 560,00 EUR in 4½ Jahren den Betrag von 113,40 EUR an Zinsen bringt, welcher Zinssatz wurde dann vereinbart?

72 Werner S. wird vom Finanzgericht in Altstadt verurteilt seine Steuerschuld von 855,00 EUR sofort zu bezahlen und vom Fälligkeitstag an zu verzinsen. Das Finanzamt hatte den Bescheid am 12. April zugestellt. Die Schuld wird am 30. Nov. beglichen. Das Gericht hatte einen Zinssatz für die Verzugszinsen von 6 ⅔ % festgesetzt und außerdem Herrn S. die Gerichtskosten von 73,15 EUR auferlegt.

Welchen Gesamtbetrag hat Herr S. zu zahlen?

73 Fleischer Schneider hat seit 3 Monaten eine Fleischlieferung im Wert von 2.910,00 EUR noch nicht bezahlt. Der Großhändler fordert, einschließlich der Zinsen für 3 Monate und Posteinzugsgebühren von 2,70 EUR, genau 3.000,00 EUR.

Welchen Prozentsatz hat der Großhändler bei der Zinsberechnung zugrunde gelegt?

74 Geselle Peters hat vor 19 Monaten ein Grundstück zum Preis von 21.000,00 EUR erworben und verkauft es jetzt für 22.837,75 EUR.

Mit welchem Zinssatz hat sich die Geldanlage verzinst?

75 Fleischerlehrling Peter Braun „pumpt" sich abends in der Diskothek von seinem Freund 20,00 EUR. Weil der Freund zögert, bietet ihm Peter an, nach einer Woche (7 Tage) 25,00 EUR zurück zu zahlen. Nach kurzer Überlegung willigt der Freund ein.

Berechnen Sie den Zinssatz, mit dem sich die 20,00 EUR verzinsen.

76 Fleischermeister B. verpachtet seinen Betrieb. Während der Pächter die mobile Einrichtung käuflich erwerben muss, werden Gebäude- und Geschäftswert auf 252.000,00 EUR geschätzt. Die Pachtsumme soll einer jährlichen Verzinsung von 5 ¾ % entsprechen.

a) Wie hoch ist die monatliche Pachtsumme?

b) Welchen Jahresumsatz muss der Pächter erreichen, wenn die Pachtsumme höchstens 2,5 % des Gesamtjahresumsatzes ausmachen darf?

77 Ein Betrieb erhält eine Rechnung über 3.978,00 EUR. Bei sofortiger Zahlung dürfen $2\frac{1}{2}$ % Skonto abgezogen werden. Um diesen Vorteil ausnutzen zu können, nimmt der Betriebsinhaber einen Kredit für 8 Wochen in Höhe von 2.600,00 EUR auf und zahlt dafür 12 % Jahreszinsen.

Was ist vorteilhafter: Abzug des Skontos und Kreditaufnahme oder Zahlung nach 8 Wochen ohne jeden Abzug?

78 Bei welchem Zinssatz erreicht eine Zinssumme die Höhe des Kapitals von 6.000,00 EUR in 10 Jahren?

79 Ein Schuldner zahlt für die Zeit vom 25. Juli bis 31. Dez. bei einem Zinssatz von 6 % eine Zinssumme von 23,25 EUR.

Wie viel EUR beträgt der geschuldete Betrag?

80 Das Hotel „Zum Roten Ochsen" hat bei Meister Werner seit 13. März eine Rechnung über 1.755,80 EUR offen stehen. Der Meister rechnet von diesem Tage an Verzugszinsen in Höhe von 12,5 %, zuzüglich Gebühren über 13,10 EUR.

Welche Summe ist am 15. Dezember zur Zahlung fällig?

81 Frau Müller ist Stammkundin. Für eine Familienfeier am 20. Sept. bestellt sie Waren im Werte von 127,85 EUR, die sie aber, mit Zustimmung des Meisters, erst am letzten Tag des Jahres bezahlt.

Welche Zinseinbuße erleidet das Geschäft, wenn zur gleichen Zeit die Bank für kurzfristige Kredite 11 % Zinsen verlangt, Frau Müller aber nur den Rechnungsbetrag zu zahlen braucht?

82 Für welche Zeit muss ein Kapital ausgeliehen werden, wenn es sich in seiner Höhe von 800,00 EUR durch Jahreszinsen von 7,5 % verdoppeln soll?

83 Welches Kapital muss Meister Peters ansammeln, wenn er monatlich 125,00 EUR an Zinsen zu verleben haben will, das Kapital aber zu 5,5 % angelegt ist?

84 Alfred K., ein junger Fleischer, pachtet eine Fleischerei, deren Gesamtwert auf 136.800,00 EUR veranschlagt wird.

a) Mit welchem Prozentsatz möchte der Besitzer das Kapital, das dieses Geschäft darstellt, verzinst wissen, wenn er monatlich einen Pachtzins von 615,60 EUR verlangt?

b) Auf welchen Jahresumsatz muss Alfred K. das Geschäft steigern, wenn die Jahrespachtsumme 3 % des Gesamtumsatzes nicht übersteigen soll?

85 Wenn 6.750,00 EUR zu 8,15 % auf 5 Jahre festgelegt werden, wie lange müsste dann ein doppelt so hohes Kapital zu 6,8 % festgelegt werden, damit exakt die gleiche Zinssumme erreicht wird?

86 Der Zinssatz für Kontokorrentzinsen beträgt zz. 11,75 %. Die Bank stellt uns für eine Überziehung von 32 Tagen eine Zinssumme von 18,80 EUR in Rechnung.

Mit welchem Betrag war das Konto überzogen worden?

87 Eine Aufschnittmaschine kostet 7.380,00 EUR. Bei Barzahlung einigt man sich auf einen Preis von 6.789,60 EUR.

Welcher Rabattsatz wurde gewährt?

88 Der Bauer Landmann verkauft einen Teil seines Landbesitzes an eine Fleischwarenfabrik, die auf diesem Gelände ein Zweigwerk errichten will. Landmann hat sich ausgerechnet, dass er bei einer Verzinsung des fest angelegten Geldes von $6\frac{3}{4}$ % monatliche Einnahmen aus den Zinsen von 483,75 EUR zu erwarten hat.

Zu welchem Preis hat der Grundbesitz den Eigentümer gewechselt?

89 Fleischermeister F. zahlt am 31. Dez. einen Kredit in Höhe von 1.500,00 EUR mit Zinsen in der Gesamtsumme von 1.589,25 EUR zurück. Bei der Kreditaufnahme wurden 8,5 % Zinssatz vereinbart.

Wann wurde der Kredit aufgenommen?

---

90 Ein Stück Bauerwartungsland wird nach 2¼ Jahren zum Preis von 8.500,00 EUR wieder veräußert. Das Grundstück hatte 7.200,00 EUR gekostet.

Mit welchem Prozentsatz hat sich das Grundstück verzinst?

---

91 Für verspätete Zahlung berechnet Meister Peters 11 % Zinsen, das sind genau 27,50 EUR, für die Zeit vom 1. Oktober bis zum 31. Dezember.

Welche Rechnungssumme wurde verspätet bezahlt?

---

92 Die Kantine der Brückenbaustelle hatte bisher stets prompt die Lieferungen bezahlt. Doch eines Tages schließt der Wirt und ein Betrag über 640,00 EUR für Lieferungen an Fleisch und Wurstwaren steht noch offen. Erst nach einigen Mahnungen gehen schließlich 677,50 EUR ein. Die Verzugszinsen waren vom letzten Liefertermin an mit 9 % p. a. berechnet worden.

Wie viel Tage musste der Fleischer auf sein Geld warten?

---

93 In welchem Zeitraum verdoppelt sich ein Kapital von 5.250,00 EUR bei einem Zinssatz von 8 %?

---

94 Die Bank macht folgendes Angebot: 6.000,00 EUR zu 6 % Zinssatz; Bearbeitungsgebühr 2 % der Kreditsumme.

Der Kredit wird 170 Tage in Anspruch genommen.

Mit welchem tatsächlichen (= effektiven) Zinssatz muss in diesem Falle gerechnet werden?

---

95 Für 112 Tage wurde ein Kredit zu 9% p. a. beansprucht.

Die Zinssumme beträgt 133,00 EUR.

Wie viel EUR betrug die Kreditsumme?

---

96 Fleischer Mormann legt sein Geld in einem Mietshaus an, das er für 220.000,00 EUR aus Eigenkapitalmitteln erwirbt.

Die Mieteinnahmen betragen 1.175,00 EUR im Monat. Für Werteverlust und notwendige Reparaturen muss er jährlich rd. 1.500,00 EUR ansetzen. Hätte der Fleischer nicht besser sein Geld mit einem Zinssatz von 5,75 % der Bank zur Verfügung gestellt?

---

97 Fleischer Müller zahlt für einen Überbrückungskredit 12,2 % Zinsen p. a. Die Bank stellt ihm für 140 Tage Zinsen in Höhe von 1.352,20 EUR in Rechnung.

Wie viel EUR betrug die Kreditsumme?

---

98 Für eine Familienfeier hatte Frau Schulze ein kaltes Büffet im Gesamtwert von 422,00 EUR am 15. Mai bezogen. Die Zahlung der Rechnung wurde „vergessen".

Nach mehreren Mahnungen zahlt Frau Schulze den Betrag am 30. Sept. des gleichen Jahres.

Welchen Zinsbetrag „verschenkt" der Fleischer, wenn er von Frau Schulze keine Zinsen verlangt, er selber aber bei der Bank für kurzfristige Kredite 9,5 % p. a. zahlen müsste?

---

4 Durchschnitts- und Mischungsrechnen

4.1 Einfacher Durchschnitt

Beispiel: In einer Filiale werden in der ersten Maiwoche folgende Einnahmen erzielt: Montag 300,00 EUR, Dienstag 390,00 EUR, Mittwoch 385,00 EUR, Donnerstag 340,00 EUR, Freitag 1.213,00 EUR und Samstag 990,00 EUR.

Wie viel EUR wurden im Durchschnitt täglich eingenommen ?

Wir ordnen zuerst:

Es wurden eingenommen:

am Montag	300,00 EUR	
am Dienstag	390,00 EUR	
am Mittwoch	385,00 EUR	
am Donnerstag	340,00 EUR	
am Freitag	1.213,00 EUR	
am Samstag	990,00 EUR	
an 6 Tagen wurden	3.618,00 EUR	eingenommen
an 1 Tag	3.618,00 : 6	= 603,00 EUR

Durchschnittlich wurden also jeden Tag 603,00 EUR eingenommen.

Wir merken uns:

$$\text{Einfacher Durchschnitt} = \frac{\text{Gesamtsumme}}{\text{Anzahl der Posten}}$$

Übungsaufgaben

1 Fleischer Müller hat neben dem Hauptgeschäft noch eine Filiale. Hier erzielt er folgende Umsätze:

Januar: 4.781,00 EUR, Februar: 5.608,00 EUR, März: 5.944,00 EUR,
April: 5.383,00 EUR, Mai 6.003,00 EUR und Juni: 5.671,00 EUR.

a) Wie hoch war der Halbjahresumsatz?

b) Wie hoch war der Umsatz je Monat im Durchschnitt und welche Monate lagen unter dem Durchschnitt?

c) Wie hoch war der durchschnittliche Tagesumsatz bei 141 Arbeitstagen?

d) Wie hoch war der Umsatz je m^2 und Tag im Durchschnitt, wenn Laden und Nebenräume eine Gesamtgröße von 65,00 m^2 haben?

2 Aus Norddeutschland bringt ein LKW lebende Schweine. Geladen sind 48 Tiere auf dem Maschinenwagen und 61 auf dem Hänger.

Die Frachtkosten betragen 536,55 EUR. Dazu kommen noch die Lohnkosten für das Entladen und Versorgen der Schweine im Stall in Höhe von 13,90 EUR.

Berechnen Sie den Kostenanteil, der im Durchschnitt auf jedes Schwein entfällt.

3 Der Auszubildende Hans G. möchte im Fach „Verkaufskunde" die Jahresnote „2" erreichen. Er hat in Klassenarbeiten erreicht: 2,0; 3,5; 3,75; 1,25. Wird Hans sein Ziel erreichen, wenn er mündlich mit der Note 1,5 „belohnt" wird und diese Note gleich schwer wiegt wie die Klassenarbeitsnoten?

4 Eine Fleischerei bezieht vom Feinkostgroßhändler folgende Waren:

3 Pakete à 24 Tuben Majonäse	Gesamtwert: 47,52 EUR
2 Kartons Senfgläser, je 28 Stück	Gesamtwert: 28,56 EUR
1 Karton gefrorene Spinatplatten, 48 Päckchen	Gesamtwert: 37,92 EUR
8 Kartons Gewürzgurken, je 12 Gläser	Gesamtwert: 81,60 EUR
5 Kartons Grillsoßen, je Karton 16 Flaschen	Gesamtwert: 88,80 EUR

Berechnen Sie:

a) den Stückpreis der einzelnen Waren;

b) den Bruttobetrag der Rechnung, wenn die angegebenen Preise netto, ohne Umsatzsteuer, angegeben sind.

---

5 Die Fleischerei Schulze liegt an einer kleinen Sackgasse, die ausgebaut wurde. Die Bau- und Entwässerungskosten betragen insgesamt 51.615,60 EUR. Auf die Anlieger sind 85 % der Kosten zu verteilen nach folgendem Schlüssel: ⅓ der Kosten werden auf die Flächen aller Anlieger verteilt, ⅓ der Kosten nach den Frontmetern der Grundstücke und ⅓ wird zu gleichen Teilen auf die Grundstücke umgelegt. Folgende Grundstücke sind betroffen:

	Fläche	Frontmeter
Grundstück Schulze	940 m^2	28,40 m
Grundstück Paulus	605 m^2	19,65 m
Grundstück Müller	819 m^2	17,85 m
Grundstück Neuhaus	599 m^2	17,60 m und
Grundstück Altmann	902 m^2	15,50 m

a) Welcher Gesamtanteil entfällt auf die Gemeinde und auf alle Anlieger zusammen?

b) Berechnen Sie die Kosten für jeden einzelnen Anlieger.

---

6 Berechnen Sie den Bezugspreis für 1 kg Dauerwurst, wenn für 29,2 kg die Rechnung auf 203,79 EUR lautet und der Spediteur 9,25 EUR Rollgeld erhält.

---

7 Von vier verschiedenen Wurstsorten wird Aufschnitt hergestellt:

Sorte I:	100 g zu 0,80 EUR;	Sorte III:	100 g zu 0,88 EUR;
Sorte II:	100 g zu 0,82 EUR;	Sorte IV:	100 g zu 1,12 EUR;

Welchen Preis haben 125 g dieses Aufschnittes im Durchschnitt, wenn von jeder Sorte gleich viel genommen wird?

---

8 In einer Großstadt mit 635 000 Einwohnern erzielten die Fleischer-Fachgeschäfte einen Jahresumsatz von 73.418.457,00 EUR.

a) Welchen Betrag hat jeder Einwohner im Durchschnitt für Fleisch und Wurst im Fleischer-Fachgeschäft ausgegeben?

b) Wie viel EUR beträgt der durchschnittliche Umsatz der 99 Fleischereien?

c) Wie viel EUR hat jeder der Einwohner im Schnitt pro Jahr für Fleisch und Wurst ausgegeben, wenn die Fleischer-Fachgeschäfte exakt 55,65 % des gesamten Fleisch- und Wurstmarktes abgedeckt haben und der Rest auf andere Vermarkter entfällt?

---

9 In der Fleischerei Hammes wurden im Monat Juni 118 Telefongespräche mit insgesamt 649 Einheiten geführt.

Wie viel Einheiten entfallen auf ein Gespräch im Durchschnitt und wie lange wurde je Gespräch im Schnitt gesprochen, wenn die gesamte Nutzungsdauer mit 20 768 Sekunden gemessen wurde?

---

10 Eine Kundin verlangt Aufschnitt, der zu gleichen Teilen aus 5 Sorten zusammengestellt ist: I zu 8,40 EUR, II zu 9,60 EUR, III zu 9,90 EUR, IV zu 10,60 EUR und V zu 11,30 EUR je 1 000 g.

Welchen Preis haben 100 g Aufschnitt?

11 Aus folgenden Zutaten wurden 69 Stück Fleischspieße hergestellt: 6,400 kg Schweinefleisch, 3,100 kg Rindfleisch, 3,850 kg Zwiebeln und Paprika, 1,400 kg Möhren und 775 g Lauch.

a) Welches Durchschnittsgewicht ergibt sich je Spieß?

b) Wie viel EUR beträgt der Materialpreis je Spieß im Durchschnitt, wenn der Gesamtmaterialwert mit 60,68 EUR festgestellt wurde?

c) Zu welchem Stückpreis kann ein Spieß verkauft werden, wenn auf dem Materialpreis noch 71,5 % für Kosten, Lohn und Umsatzsteuer aufgeschlagen werden sollen?

12 In der Filiale am Lindenweg wurden in einer Woche folgende Kundenzahlen ermittelt: Montag 197, Dienstag 312, Mittwoch 284, Donnerstag 293, Freitag 461 und Samstag 457.

a) Wie viel Kunden besuchten im Wochendurchschnitt stündlich das Geschäft, wenn die Öffnungszeit von 8:00 bis 18:00 Uhr bei einer Stunde Mittagszeit und samstags von 7:00 bis 13:00 Uhr angesetzt ist?

b) Für wie viel EUR wurde im Wochendurchschnitt je Kunde eingekauft, wenn der Wochenumsatz der Filiale 8.653,10 EUR betrug?

13 Der Vertreter einer Gewürzgroßhandlung legte zum Besuch von Kunden in einer Woche folgende Streckenkilometer zurück: Mo. = 272 km, Di. = 104 km, Mi. = 134 km, Do. = 254 km und Fr. = 301 km.

a) Welche durchschnittliche Kilometerleistung hat er pro Tag?

b) Berechnen Sie die durchschnittliche Tagesfahrleistung eines Jahres, wenn an 172 Tagen 32 422 km gefahren wurden.

14 Die Wasserbezugskosten betragen je m^3 0,95 EUR und machen für eine Fleischerei in drei Monaten bei 71 Arbeitstagen insgesamt 213,75 EUR aus.

Wie viel Liter werden durchschnittlich an einem Arbeitstag verbraucht?

15 Fleischer Baumann hat im Juni im Ladenbereich Strom für 253,75 EUR verbraucht. Das E-Werk berechnet die Kilowattstunde mit 14,5 Cents.

Wie viele Einheiten wurden verbraucht?

4.2 Gewogener Durchschnitt

Beispiel: Fleischermeister D. stellt Rohwurstmaterial nach folgendem Rezept zusammen:

50 kg Rindfleisch, I,	je kg 4,55 EUR
10 kg Schweinefleisch, II,	je kg 3,83 EUR
30 kg Speck,	je kg 0,92 EUR

Wie viel EUR kostet 1 kg des Materials im Durchschnitt?

Lösung: Der Meister nimmt

50 kg Rindfleisch,	je 4,55 EUR =	227,50 EUR
+ 10 kg Schweinefleisch,	je 3,83 EUR =	38,30 EUR
+ 30 kg Speck,	je 0,92 EUR =	27,60 EUR
90 kg Material kosten		293,40 EUR
1 kg Material kostet	293,40 : 90 =	3,26 EUR

1 kg Material kostet also im Durchschnitt 3,26 EUR.

Wir merken uns:

$$\text{Gewogener Durchschnitt} = \frac{\text{Wert der Gesamtmenge}}{\text{Gesamtmenge}}$$

Übungsaufgaben

16 Eine Kundin verlangt:

350 g Schinken,	100 g	zu	1,47 EUR,
200 g Bierwurst,	100 g	zu	0,91 EUR,
125 g Jagdwurst,	das Kilo	zu	8,79 EUR und
300 g Dauerwurst,	das Kilo	zu	10,12 EUR.

a) Wie viel Gramm wiegt die gesamte Wurstmischung?

b) Welchen Durchschnittspreis haben 100 g der Mischung?

17 Für folgende Materialzusammenstellungen sind die Durchschnittspreise je kg zu berechnen:

I. Fleischwurst:	44 kg Rindfleisch II	je kg 3,89 EUR
	21 kg Speck	je kg 1,00 EUR
	6 kg Schweinefleisch II	je kg 3,55 EUR
	21 kg Eisschnee	ohne Wertangabe.
II. Zervelatwurst:	55 kg Kuhfleisch II	je kg 3,83 EUR
	18 kg Schweinefleisch I	je kg 4,06 EUR
	34 kg Schulter und Rückenspeck	je kg 1,19 EUR
	Salz und Gewürze, ohne Gewichtsangabe	
	Gesamtwert	6,54 EUR
III. Schinkenwurst:	24,000 kg Aufschnittbrät	je kg 4,04 EUR
	36,500 kg Schweinefleisch I	je kg 4,50 EUR
	0,330 kg Gewürze	je kg 11,25 EUR

18 Eine Kundin bestellt für eine Familienfeier vier Aufschnittplatten, fertig garniert. Dazu werden verwendet:

460 g Brühwurstaufschnitt	je kg 9,51 EUR
720 g Schinken, roh und gekocht	je kg 13,91 EUR
240 g Dauerwurstaufschnitt	je kg 10,63 EUR
510 g diverse Braten	je kg 13,29 EUR
155 g Zungenwurst	je kg 9,10 EUR
290 g Pasteten, gemischt	je kg 10,94 EUR

Weiterhin werden verwendet: 3 Eier, je 0,13 EUR, 1 Bund Petersilie zu 0,36 EUR, Tomaten, Zitronen usw. für 0,56 EUR und Dekorationsmaterial für 0,69 EUR.

a) Welche Menge an Gewicht erhält die Kundin?

b) Wie viel EUR beträgt der Rechnungsbetrag?

c) Wie viel EUR kosten 100 g dieses Plattenbelags (mit Dekoration) im Durchschnitt?

19 An Fleischer Maier geht folgende Lieferung:
60 Hähnchen, je 1 200 g, Gesamtwert 105,84 EUR;
48 Hähnchen, je 1 100 g, Gesamtwert 87,12 EUR;
72 Hähnchen, je 1 050 g, Gesamtwert 114,12 EUR.

Berechnen Sie:

a) die Bezugskosten je Hähnchen in den einzelnen Gewichtsklassen;
b) den Durchschnittspreis für ein Hähnchen.

20 Wir mischen 80 l Wasser mit einer Temperatur von 80 °C und 35 l Wasser mit der Temperatur von 12 °C.

Welche Mischungstemperatur hat die Mischung?

21 Im Jahre 2005 verzehrten die 82,2 Mio. Einwohner in Deutschland folgende Fleischmengen:

Schweinefleisch	3,083 Mio. t
Rindfleisch	2,302 Mio. t
Geflügel	978 180 t
Kalbfleisch, Hammelfleisch und sonstiges Fleisch	1.101 448 t

a) Wie viel kg verzehrten die Bundesbürger im Durchschnitt je Fleischsorte und insgesamt?

b) Wie viel kg ausländisches Schweinefleisch hat jeder Bundesbürger im Durchschnitt verzehrt, wenn insgesamt in dem Jahr 442 200 t eingeführt wurden?

22 Die Kühlräume im Betrieb der Fleischerei Schulze haben folgende Abmessungen: 4,15 m x 5,10 m; 3,45 m x 2,70 m; 6,10 m x 4,85 m. Die Höhe der Räume beträgt einheitlich 2,30 m. Der Strommesser weist als Verbrauch für die letzten drei Monate des Jahres 13 840 kWh aus, die mit 10,7 Cents je kWh in Rechnung gestellt werden.

a) Wie viel kWh beträgt der durchschnittliche Tagesverbrauch?

b) Welche Stromkosten entstehen pro m^2 Kühlraumfläche für den Abrechnungszeitraum?

c) Welche Kosten verursacht die Kühlung eines Kubikmeters Luft in den Kühlräumen im Durchschnitt täglich?

23 Berechnen Sie den Durchschnittspreis für 100 g Aufschnitt für folgende Mischungen:

		kg-Preis EUR			kg-Preis EUR
a)	220 g Bierwurst	9,10	c)	180 g Bauernschinken	16,36
	180 g Bierschinken	9,51		210 g Schweinebraten	14,06
	240 g div. Dauerwurst	10,48		240 g Schinkenspeck	11,25
	160 g Zungenwurst	8,59		220 g gek. Schinken	12,68
	195 g roher Schinken	13,55		150 g gek. Zunge	13,29
b)	240 g Fleischwurst	6,54	d)	150 g Pastete	11,45
	180 g Leberwurst	7,98		180 g gek. Zunge	13,29
	210 g Jagdwurst	9,10		220 g Schwarzwälder	13,91
	240 g Leberkäse	8,39		190 g Nackenschinken	12,27
	220 g Schwartenmagen	7,16		200 g Rauchfleisch	15,34

24 Ein Thermos-Lastzug bringt Schweinehälften und Rinderviertel aus Hamburg. Die Gesamtladung wiegt 22,7 t. Das Rindfleisch macht vom Gesamtgewicht rd. 32 % aus. Die Frachtkosten betragen 1.334,70 EUR.

a) Wie viel kg Schweine- und Rindfleisch enthält die Ladung?

b) Wie viel EUR müssen je kg des transportierten Fleisches als Anteil der Frachtkosten aufgeschlagen werden?

25 Fleischermeister Müller kauft ein Kalb mit einem Lebendgewicht von 131,5 kg zum Preis von 172,00 EUR je 50 kg. Dazu kommt die gesetzliche Umsatzsteuer. Die Schlachtkosten betragen 12,50 EUR; Kopf, Fell und Innereien bringen insgesamt 39,30 EUR. Das Kalb verliert beim Schlachten 36 % seines Gewichtes und weitere 2 % als Auskühlverlust vom Warmgewicht.

Welchen Durchschnittspreis hat 1 kg des ausgekühlten, aber noch nicht zerlegten Fleisches mit Knochen?

26 Meister Schneider stellt „Frühstück-Ensembles" aus Schinken und Dauerwurst als Fertigpackungen zusammen. Es werden verwendet: 3 900 g Bauernschinken, je kg zu 18,61 EUR, 6,400 kg Schinkenspeck, je kg zu 12,27 EUR und div. Dauerwurstsorten, insgesamt 10,600 kg im Gesamtwert von 111,97 EUR. Das Verpackungsmaterial kostet 5,34 EUR.

Berechnen Sie die Anzahl der Packungen, wenn die Waage auf 220 g eingestellt wurde, und den Verkaufspreis für eine Packung.

27 Um 105,000 kg Materialmischung mit einem Durchschnittspreis von 3,20 EUR/kg zu bekommen, werden 60 kg einer Sorte zu 2,70 EUR/kg genommen.

Welchen Preis hat die zweite Sorte je kg in EUR?

28 Wir mischen 50 l Lake mit einem Salzgehalt von 12 % mit 35 l Lake, die 17 % ausweist. Welchen prozentualen Salzgehalt hat die Mischung?

29 Berechnen Sie den durchschnittlichen Materialpreis für 1 kg einer Plockwurstmischung, wenn dazu verwendet wurden:

39,400 kg Rindfleisch II	je kg 4,58 EUR
33,200 kg Schweinefleischstücke II	je kg 4,42 EUR
40,700 kg Speck	je kg 1,39 EUR

30 Fleischermeister G. bietet zur Campingzeit ein Konservenpaket als Sonderangebot an, das aus 6 verschiedenen Dosen besteht:

1 Dose Schweinekopfsülze zu 1,15 EUR, 1 Dose Schmalzfleisch zu 0,92 EUR, je 1 Dose Blut- und Leberwurst zu 0,79 EUR je Dose, je 1 Dose Jagdwurst und Cornedbeef zu 1,35 EUR je Dose.

Der gesamte Doseninhalt wiegt 1 350 g.

a) Welchen Durchschnittspreis hat der Doseninhalt je 100 g nach den oben genannten Preisen?

b) Wie viel Prozent beträgt der Preisnachlass, wenn das „Campingpaket" mit 5,88 EUR angeboten wird?

c) Welchen Durchschnittspreis haben 100 g des Doseninhaltes nach dem Sonderpreis?

31 Der Fleischergeselle Bernhard D. soll für 125,000 kg einer Rohwurstsorte Material zusammenstellen. Er nimmt 50 kg Rindfleisch II, je kg zu 4,52 EUR, dazu 45 kg fetten, entschwarteten und knochenfreien Schweinebauch, je kg zu 2,33 EUR und 30 kg magere Schweinefleischabschnitte.

Zu welchem Preis je kg dürfen die Schweinefleischabschnitte höchstens in die Kalkulation eingesetzt werden, wenn ein Durchschnittspreis von 3,58 EUR je kg für die Materialmischung erreicht werden soll?

32 Zu 68 l Lake schütten wir 13 l Wasser. Die Lake hatte einen Salzgehalt von 17 %. Welchen Salzgehalt hat die neue Mischung?

4.3 Verteilungsrechnen

1. Beispiel: Fleischermeister Bernhard D. feiert sein 25-jähriges Geschäftsjubiläum. Aus diesem Anlass verteilt er 1.200,00 EUR als Sonderprämie an seine Angestellten. Für die Verteilung soll die Dauer der Betriebszugehörigkeit maßgebend sein. Geselle A gehört dem Betrieb seit 6 Jahren an, Geselle B seit 4 Jahren, Geselle C seit 12 Jahren, die beiden Verkäuferinnen D seit 5 und E seit 3 Jahren.

Wie viel EUR erhält jedes Betriebsmitglied?

Lösung: Sehen wir die Jahre der Betriebszugehörigkeit als Anteile an, erhält

Berechnung des Prämienbetrages

A	6 Anteile →	6 · 40,00 EUR	= 240,00 EUR
B	4 Anteile →	4 · 40,00 EUR	= 160,00 EUR
C	12 Anteile →	12 · 40,00 EUR	= 480,00 EUR
D	5 Anteile →	5 · 40,00 EUR	= 200,00 EUR
E	3 Anteile →	3 · 40,00 EUR	= 120,00 EUR

Wir erhalten **30** Anteile = 1.200,00 EUR **1.200,00 EUR**

$1 \text{ Anteil} = \frac{1.200,00}{30} =$ **40,00 EUR**

2. Beispiel: An der Firma „Mosel-Fleisch" KG sind folgende Gesellschafter beteiligt:

Albert Müller mit $\frac{1}{12}$ Karl Müller mit $\frac{5}{16}$ und
Erika Müller mit $\frac{1}{4}$ Walter Müller mit dem Rest

Das Geschäftskapital beträgt 390.000,00 EUR.

Wie viel EUR macht der Anteil jedes Gesellschafters aus?

Lösung: Die Anteile sind in Bruchteilen angegeben. Deshalb müssen wir zuerst den gemeinsamen Nenner suchen.

Es ist die Zahl 48, auf die wir die Brüche erweitern.

Die Bruchteile von 48 setzen wir dann als Anteile und erhalten:

A. Müller	$\frac{4}{48}$ =	4 Anteile
E. Müller	$\frac{12}{48}$ =	12 Anteile
K. Müller	$\frac{15}{48}$ =	15 Anteile
W. Müller	$\frac{17}{48}$ =	17 Anteile
insgesamt also		48 Anteile

Das Gesamtkapital besteht aus $\frac{48}{48}$ = 48 Anteilen.

48 Anteile entsprechen 390.000,00 EUR

1 Anteil entspricht 390.000,00 EUR : 48 = 8.125,00 EUR

Wenn 1 Anteil 8.125,00 EUR beträgt, dann entfallen vom Geschäftskapital:

auf A. Müller	4 ·	8.125,00 EUR =	32.500,00 EUR
auf E. Müller	12 ·	8.125,00 EUR =	97.500,00 EUR
auf K. Müller	15 ·	8.125,00 EUR =	121.875,00 EUR
auf W. Müller	17 ·	8.125,00 EUR =	138.125,00 EUR
48 Anteile			= 390.000,00 EUR

Wir merken uns:

Der Wert eines Anteils wird ermittelt, indem der Gesamtwert durch die Summe aller Anteile dividiert wird.

Die Multiplikation des so erreichten Wertes mit der Anzahl der jeweiligen Anteile ergibt den Betrag, der einer Person zusteht.

Wenn sich die Anteilszahlen kürzen lassen, kürzen.

Übungsaufgaben

33 Für einen Posten Rohwurst sollen mageres Schweinefleisch, Speck und Rindfleisch im Verhältnis 2 : 3 : 4 gemischt werden.

Wie viel kg jeder Sorte werden für eine Mischung von insgesamt 72,000 kg benötigt?

34 Eine Sonderprämie aus Anlass des Gewinns mehrerer Medaillen bei der Wurstprämierung soll so verteilt werden, dass die Dauer der Betriebszugehörigkeit ausschlaggebend ist. Die vier Belegschaftsmitglieder, auf die die 252,00 EUR zu verteilen sind, gehören dem Betrieb für die folgenden Zeiträume an: A = genau 9 Jahre; B = 32 Monate, C = 22 Monate und D = genau 1½ Jahre.

Wie viel EUR bekommt jeder?

35 Es sind 125 kg Zervelatwurst herzustellen. Die Mischung soll aus 12 Teilen Rindfleisch, 7 Teilen Speck und 6 Teilen Schweinefleischabschnitten bestehen.

a) Berechnen Sie das Gewicht der Einzelanteile.

b) Berechnen Sie den durchschnittlichen Materialpreis für 1 kg der Mischung, wenn das Rindfleisch mit 4,47 EUR, das Schweinefleisch mit 3,82 EUR und der Speck mit 1,27 EUR je kg berechnet werden.

36 Fleischermeister Otto M. zahlt für die Filiale, einen Nebenraum und eine kleine Wohnung für die Filialleiterin insgesamt 399,75 EUR an Miete.

Welche Mietanteile entfallen auf die einzelnen Räumlichkeiten, wenn der Laden mit Kühlraum 35 m², der Nebenraum 12 m² und die kleine Wohnung 36 m² groß sind, die Miete der gewerblich genutzten Räume aber doppelt so hoch ist wie die der Wohnung?

37 „Imbiss-Müller" verkauft Bratwurst, Currywurst und Siedewürstchen von der Menge her im Verhältnis 18 : 25 : 7. Es werden 84 Siedewürstchen verkauft.

Berechnen Sie:

a) die Verkaufmenge für alle 3 Sorten;

b) den Betrag der Bezugsrechnung, wenn die Brat- und Currywürste zu je 0,72 EUR/Stück und die Siedewurst zu 0,79 EUR/Stück bezogen wurden, zuzüglich der gesetzlichen Umsatzsteuer.

38 An der Firma Schmitz sind folgende Personen beteiligt:

T. Schmitz mit 225.000,00 EUR, St. Schmitz mit 105.000,00 EUR,
A. Sauer mit 60.000,00 EUR und G. Sauer mit 90.000,00 EUR.

Der Jahresgewinn betrug 30.960,00 EUR.

a) Wie viel EUR erhält jeder Gesellschafter aus dem Gewinn, wenn T. Schmitz für die Geschäftsführung vorweg 18.000,00 EUR erhält und der Rest anteilmäßig gemäß der Einlage verteilt wird?

b) Mit welchem Prozentsatz hat sich die Einlage verzinst, wenn die Vorwegleistung für die Geschäftsführung nicht mitgerechnet wird?

39 Drei Gesellen und der Auszubildende spielen wöchentlich mit unterschiedlichem Einsatz im Lotto. Vom Gesamtbetrag über 3,00 EUR zahlt A 1,05 EUR, B 0,90 EUR, C 0,80 EUR und der Auszubildende 0,25 EUR ein. Eines Tages gewinnen sie 2.890,00 EUR. Sie machen zunächst mit einem Mietwagen einen gemeinsamen Ausflug, der 216,70 EUR kostet und aus dem Gewinn bezahlt wird. Der verbleibende Rest wird dann, je nach Einlage, aufgeteilt.

Wie viel EUR erhält jeder ausgezahlt?

40 2.237,80 EUR sind so unter 5 Personen zu verteilen, dass A doppelt so viel wie B, C ¼ mehr als B, D ⅓ weniger als B und E die Hälfte von B erhält.

Wie viel erhält jeder?

41 Drei Fleischerkollegen lassen zu Weihnachten gemeinsam eine Ladung polnischer Gänse ab Hafen Kiel mit dem Thermos-LKW abholen. Die Gänse sind in Kisten verpackt. Fleischer A hat 72 Kisten bestellt, Fleischer B 54 Kisten und Fleischer C 108 Kisten. Die Frachtkosten der gesamten Ladung betragen 489,30 EUR.

a) Welchen Frachtanteil hat jeder zu zahlen?

b) Wie viel EUR müssen als Frachtanteil jedem kg der Gänse netto zugeschlagen werden, wenn die Verpackung 6 % ausmacht, das Gesamtgewicht aber 10,828 t beträgt?

42 Als der Inhaber der Weinstube „Zur Traube" Konkurs anmeldet, hat Fleischer D. noch 155,00 EUR für Warenlieferungen zu erhalten. Fleischer D. ist aber nicht der einzige Gläubiger. Die Getränkegroßhandlung hat noch 840,00 EUR, ein Winzer 2.100,00 EUR und ein Lebensmittelhändler noch 220,00 EUR offen stehen. Nach Abzug der bevorrechtigten Forderungen bleiben zur Verteilung an die genannten 4 Gläubiger noch 931,52 EUR übrig.

a) Wie viel EUR erhält jeder der 4 Gläubiger noch?

b) Wie viel Prozent seiner Forderungen hat der Fleischer D. verloren?

43 Die 8 Fleischer des Altstadtbezirks starten eine gemeinsame Werbeaktion, deren Schwerpunkt eine Anzeigenserie ist, die an 12 Wochenenden in der Lokalzeitung erscheinen soll. Die Anzeige ist 90 mm hoch, zweispaltig und kostet je mm 0,98 EUR. Die Druckkosten für Prospekte und der Preis für eine Verlosung machen 440,00 EUR aus. Die 8 Fleischer einigen sich auf folgenden Kostenschlüssel, der sich an den Umsätzen orientiert: $A = 1/8$, $B = 3/12$, $C = 1/24$, $D = 1/6$, $E = 3/16$, $F = 1/48$, $G = 1/12$ und $H = 7/48$.

Wie viel EUR beträgt der Anteil eines jeden Fleischers an den Gesamtkosten der Aktion?

44 Die Gesellschafter A, B und C sind an der „Rabenfleisch OHG" im Verhältnis $1/4$, $2/7$ und $13/28$ beteiligt. Das Geschäftskapital beträgt 343.700,00 EUR. Der Jahresgewinn nach Steuer beträgt 16.325,75 EUR.

Berechnen Sie:

a) die Beteiligungssummen in EUR für die Gesellschafter;

b) die Gewinnverteilung im Verhältnis der Einlage für jeden Gesellschafter;

c) den Prozentsatz, mit dem sich die Einlage insgesamt verzinst hat.

45 Die gesamten Ausgaben für die Energieträger Strom, Öl und Gas betragen in einer Fleischerei für einen bestimmten Zeitraum 226,00 EUR, wobei die Kostenanteile in der obigen Reihenfolge 7 : 7 : 2 Anteile ausmachen.

Durch Umschichtung verschiebt sich der Verteilungsschlüssel auf 46 : 21 : 45. Gleichzeitig erhöhen sich die Ausgaben für einen gleich langen Zeitraum um 9,60 EUR.

a) Wie viel EUR entfielen vor der Umstellung auf die einzelnen Energieträger?

b) Wie sieht die Kostenverteilung nach der Umstellung aus?

46 Nach dem Tode von Meister Alt wird das Testament eröffnet, das folgende Bestimmungen enthält:

> Die Stiftung „Alte Handwerker" erhält vorweg 10 % des Barvermögens, die Hausgehilfin 5 %. 2.415,00 EUR sind an die Caritas zu überweisen. Von dem Rest erhalten die Ehefrau $2/5$, die drei Kinder je $1/6$ und den dann noch übrigen Teil erhält die einzige, unverheiratete Schwester des Verstorbenen.

Wie viel EUR beträgt das Erbteil eines jeden der Beteiligten, wenn der gesamte Barnachlass 19.517,60 EUR beträgt?

47 Der ehemalige Verkaufsauszubildende ist Landessieger im Leistungswettbewerb geworden. Die Belegschaft will bei dieser Gelegenheit ein Präsent schenken. Es kostet 90,00 EUR. Das Geld soll im Verhältnis der Verdienste „gespendet" werden. Wenn die Verkäuferin D 18,00 EUR freiwillig spendet, wie viel EUR hat dann jeder zu zahlen, wenn sich das Verhältnis 51 : 48 : 45 ergibt?

48 Es sollen 85,000 kg Hausmacher-Leberwurst hergestellt werden, die wie folgt zusammengesetzt sind: 7 Teile Wammen, je kg 1,46 EUR, 5 Teile Leber, je zur Hälfte frische Leber, das kg zu 2,12 EUR und Gefrierleber, das kg zu 1,90 EUR, sowie 5 Teile mageres Schweinefleisch, je kg 3,70 EUR.

Berechnen Sie die Anteilsgewichte, den Gesamtmaterialpreis und den Durchschnittspreis der Mischung.

49 Eine Schlachtkolonne von 7 Kopfschlächtern schlachtet 240 Schweine und erhält dafür einen Schlachtlohn von 1.761,20 EUR. Diese Summe wird der Schwere der Arbeit gemäß an die Mitglieder der Kolonne aufgeteilt im Verhältnis 20 : 19 : 18 : 17 : 16 : 15 : 14.

Wie viel EUR erhält jeder als Lohn für seine Arbeit?

50 4 junge Fleischer bauen gemeinsam eine Produktionsstätte und richten sie ein. Die Bau- und Einrichtungskosten betragen 269.100,00 EUR. An den Kosten werden A mit $\frac{1}{4}$, B mit $\frac{1}{5}$, C mit $\frac{1}{6}$ und D wegen des größeren Umsatzes mit dem Rest beteiligt.

Welche Summe hat jeder bereitzustellen?

51 Drei Fleischergesellen zerlegen 19 Rinderhälften und erhalten dafür folgende Entlohnungssätze: je Hinterviertel 8,05 EUR, je Vorderviertel 9,70 EUR. Wegen des unterschiedlichen Arbeitstempos der Einzelnen einigt man sich auf folgende Verteilung der zusammengelegten Entlohnung: A erhält $\frac{3}{8}$, B $\frac{1}{3}$ und C das übrige Geld.

Wie viel EUR erhält jeder?

52 Eine Erbschaft soll im Verhältnis 4 : 2 : 1 aufgeteilt werden, wobei A bereits 60.000,00 EUR zum Bau eines Hauses vorwegbekommen hat. Das Gesamterbe wird vom Notar auf 274.946,00 EUR festgestellt.

Wie viel EUR bekommen die Erben A, B und C noch ausgezahlt?

53 Die Benzinkosten der Fleischerei Friedrich betrugen in einem Vierteljahr 2.900,00 EUR. Das Fahrtenbuch verzeichnete am 1. Mai den Kilometerstand 24 567 und am 31. Juli den Kilometerstand 53 456.

Mit wie viel EUR sind die Geschäfts- und Privatfahrten einzusetzen, wenn sich die Privatfahrten über 5 467 km erstreckten?

4.4 Mischungen mit zwei Sorten

Beispiel: Eine Kundin bestellt für eine Familienfeier 2,450 kg feinen Aufschnitt mit Braten und Schinken zum Kilopreis von 12,10 EUR.

Die Fleischerei verkauft reinen Wurstaufschnitt zu 9,30 EUR das kg, Braten und Schinken zu 14,20 EUR je kg.

a) In welchem Verhältnis müssen beide Preisgruppen gemischt werden, um den vereinbarten Preis zu erhalten?

b) Wie viel Gramm Schinken und Braten und wie viel Gramm Wurstaufschnitt werden zur Erledigung des Auftrages benötigt?

Lösung:

Wir haben es mit zwei Sorten zu tun: dem Wurstaufschnitt als Sorte I und dem Braten und Schinken als Sorte II.

Wir übertragen:

Sorten EUR ①	M-Preis EUR	Differenz in ct ②	Kürzen ③	Mischen ④	Teile	Anteilsmengen in kg ⑦
I. 9,30	12,10	+ 280	4		3	3 · 0,350 kg = 1,050 kg
II. 14,20		− 210	3		4	4 · 0,350 kg = 1,400 kg

⑤ 7 Anteile = 2,450 kg

7 Anteile entsprechen 2,450 kg
1 Anteil 2,450 kg : 7 = 0,350 kg

⑥

Lösungsweg in Stichworten:

① Schreiben Sie die Sorten so untereinander, dass der Mischungspreis in die Mitte kommt.

② Berechnen Sie die Differenzen (= Mischungsgewinn bzw. Mischungsverlust) in Cents.

③ Kürzen Sie, soweit möglich.

④ Mischen Sie über Kreuz, um Mischungsgewinn und Mischungsverlust gegeneinander auszugleichen. (In unserem Beispiel beträgt

der Mischungsgewinn = 3 [Teile] · 2,80 EUR = 8,40 EUR +
der Mischungsverlust = 4 [Teile] · 2,10 EUR = 8,40 EUR –
0,00 EUR)

⑤ Addieren Sie die einzelnen Anteile zur Gesamtsumme der Anteile.

⑥ Teilen Sie die Gesamtsumme (Mischungsmenge) durch die Gesamtanteile.

⑦ Ermitteln Sie die Anteilsmengen durch Multiplikation des Einzelanteilgewichtes mit der Zahl der Anteile pro Sorte.

⑧ Kontrollieren Sie den Rechengang über die Ermittlung des Durchschnittspreises (Mischungspreis) nach folgendem Beispiel:

Probe:

	Anteilsmengen (Sortenmenge)	Sortenpreis	= Anteilswert
I.	1,050 kg	9,30 EUR	= 9,765 EUR
II.	1,400 kg	14,20 EUR	= 19,880 EUR

2,450 kg kosten → = 29,645 EUR
1,000 kg kostet 29,645 EUR : 2,450 = 12,10 EUR = Mischungspreis

Übungsaufgaben

54 Stellen Sie das Material für folgende Wurstsorten zusammen:

	Fleischwurst (mittel)	Dauerwurst (einfach)	Streichmett-wurst, fettr.	Bierschinken
Mischungsmenge	87,500 kg	90,000 kg	55,000 kg	65,000 kg
Mischungspreis je kg	2,48 EUR	2,80 EUR	1,76 EUR	4,04 EUR
I. Sorte: Preis je kg	Rindfleisch II 3,83 EUR	Rindfleisch II 4,00 EUR	Schw.-Bauch 2,27 EUR	Schw.-Brät 3,40 EUR
II. Sorte: Preis je kg	Speck 0,68 EUR	fetter Bauch 1,60 EUR	Wammen 0,98 EUR	Schw.-Fl. I 4,58 EUR

Prüfen Sie die Rechnung über die Preisprobe nach.

55 Wie viel kg jeder Sorte müssen genommen werden, wenn 76,000 kg einer Mischung zu 3,45 EUR aus der Sorte I, je kg zu 2,90 EUR, und der Sorte II zu 4,80 EUR je kg hergestellt werden sollen?

56 Bei der Herstellung eines Brühwurstbrätes beträgt der Materialdurchschnittspreis 3,25 EUR je kg.

Wie viel kg kostenfreies Wasser müssen beim Kuttern zugegeben werden, wenn für die Brätmenge von 72,000 kg ein Mischungspreis von 2,30 EUR je kg erreicht werden sollen?

57 Zur Herstellung von Salami nimmt Meister Fletscher 48,250 kg Kuhfleisch zum Preis von 4,96 EUR/kg und festen, kernigen Speck zum Preis von 1,28 EUR/kg.

Wie viel kg des Specks sind notwendig, wenn ein Materialmischungspreis von 3,58 EUR/kg eingehalten werden soll?

58 Eine Kundin verlangt 875 g Aufschnitt, bestehend aus Bierschinken und Schweinebraten.

a) In welchem Verhältnis muss die Verkäuferin mischen, wenn ein Mischungspreis von 11,40 EUR/kg erreicht werden soll, der Bierschinken aber 9,15 EUR/kg, der Braten dagegen 12,90 EUR je kg kostet?

b) Wie viel Gramm jeder Sorte müssen genommen werden?

59 Fleischwurst kostet je 100 g 0,64 EUR, Aufschnittsorten kosten je kg 9,55 EUR.

a) In welchem Verhältnis sind beide Sorten zu mischen, wenn 1 kg der Mischung 7,75 EUR kosten soll?

b) Wie viel Gramm erhält eine Kundin von jeder Sorte, wenn sie insgesamt 1,750 kg verlangt?

c) Welchen Gesamtpreis zahlt sie für die geforderte Menge?

60 Eine Gewürzmischung kostet per kg 7,50 EUR. Sie besteht aus zwei Gewürzen, wovon das erste 9,00 EUR, das zweite 2,50 EUR je kg kostet.

a) In welchem Verhältnis sind die Sorten gemischt?

b) Wie viel Gramm Mischung erhalte ich, wenn von der II. Sorte noch 3 150 g am Lager sind?

61 Fleischermeister Peters hat noch 64,8 kg vorgeschrotenes Rindfleisch, das er je kg mit 3,90 EUR bewertet. Er will Fleischwurst herstellen, deren Materialpreis 3,00 EUR betragen soll.

Wie viel kg Speckabschnitte muss er noch bereitstellen, wenn er diese je kg mit 0,85 EUR bewertet?

62 Welche Mengen der jeweils fehlenden Sorte sind erforderlich, wenn folgende Angaben gegeben sind:

Sorte I Preis in EUR		Sorte II Preis in EUR	Misch.-Preis EUR	Vorrat von Sorte I	Vorrat von Sorte II
a)	3,10	2,10	2,90	24,000 kg	?
b)	1,85	2,90	2,50	27,300 kg	?
c)	2,70	3,60	3,15	?	39,900 kg
d)	4,75	1,50	3,60	?	3,300 kg

63 Ein Kuhvorderviertel bringt einen Anteil schieren, knochenfreien Fleisches von 44,400 kg und kostet insgesamt 179,82 EUR. Fleischermeister Bernd St. will dieses Fleisch im Sonderangebot als Hackfleisch zum Braten anbieten, wozu er einen Mischungspreis von 3,55 EUR je kg benötigt.

Wie viel kg mageren Schweinebauch muss er unter das Rindfleisch zerkleinern, wenn knochen- und schwartenfreier Bauch je kg mit 2,30 EUR berechnet werden?

64 Wir mischen 77,000 kg zu 1,48 EUR aus folgenden zwei Sorten:

Sorte A zu 1,60 EUR/kg; Sorte B zu 1,37 EUR/kg.

a) Welches Mischungsverhältnis ergibt sich?

b) Wie viel kg jeder Sorte müssen eingebracht werden?

c) Welchen Wert hat die gesamte Mischung?

65 3,500 kg Schinken und Dauerwurst sollen so gemischt werden, dass ein Mischungspreis von 10,75 EUR/kg entsteht. Der Schinken kostet 13,35 EUR/kg, die Dauerwurst 9,55 EUR/kg.
Wie viel Gramm sind von jeder Sorte zu nehmen, damit der angestrebte Mischungspreis stimmt?

66 In der Spargelsaison bestellt eine Kundin 1,8 kg gekochten Schinken und rohen Schinken. Der Mischungspreis soll 12,75 EUR betragen. Der Verkaufspreis für Kochschinken beträgt 13,80 EUR/kg und für den rohen Schinken 12,00 EUR.

Wie viel Gramm muss die Verkäuferin von jeder Sorte aufschneiden, damit der angegebene Mischungspreis erreicht wird?

4.5 Mischungen mit drei und mehr Sorten

Beim Mischen von drei und mehr Sorten gibt es sehr viele Mischungsmöglichkeiten. Das angeführte Beispiel ist nur eine davon.

Beispiel: Ein Fleischermeister beauftragt seinen Gesellen, das Material für die Herstellung einer Rohwurst mittlerer Qualität zusammenzustellen, wobei der Kilopreis für die Materialmischung 3,20 EUR betragen soll. Die Gesamtmenge soll 115,000 kg ausmachen.

In welchem Verhältnis muss gemischt werden, wenn das knochenlose Rindfleisch je kg 3,90 EUR, das durchwachsene Schweinefleisch je kg 3,30 EUR und der Speck je kg 1,30 EUR kosten soll?

Lösung:

Sorten EUR ①	M-Preis EUR	Differenz (Gewinn – Verlust) ct	Summe EUR ②	Kürzen	Mischen	Teile ③	Teilmengen
I. 3,90		– 70	– 80	8	19	19 · =	2,5 kg 47,5 kg
II. 3,30	3,20	– 10				19 · =	2,5 kg 47,5 kg
III. 1,30		+ 190	+ 190	19	8	8 · =	2,5 kg 20,0 kg
						46 A =	115,0 kg

46 Anteile 115,000 kg

1 Anteil = 115,000 : 46 = 2,500 kg

Das Mischungsverhältnis beträgt 19 : 19 : 8.

Die Gewichtsanteile betragen 47,5 kg, 47,5 kg und 20,0 kg.

Lösungsweg:

Für die Berechnung gilt im Prinzip das Gleiche wie beim Mischen mit zwei Sorten; nur müssen dabei folgende Besonderheiten beachtet werden:

① Wir ordnen die Sorten so, dass die Gewinn bringenden Sorten über dem Mischungspreis erscheinen und die Verlust bringenden Sorten unterhalb des Mischungspreises.

② Im Anschluss an die Berechnung des Mischungsgewinns bzw. Mischungsverlustes werden die Gewinne bzw. Verluste addiert.

③ Nach dem Mischen erhalten alle Plussorten und ebenso alle Minussorten jeweils den gleichen, in der Mischung erreichten Anteil.

Die Probe wird in der gleichen Art durchgeführt wie beim Mischen mit zwei Sorten.

Probe (für das obige Beispiel):

Anteilsmengen (Sortenmenge)	Sortenpreis	= Anteilswert
I. 47,500 kg	3,90 EUR	= 185,25 EUR
II. 47,500 kg	3,30 EUR	= 156,75 EUR
III. 20,000 kg	1,30 EUR	= 26,00 EUR

115,000 kg kosten → = 368,00 EUR

1,000 kg kostet 368,00 : 115 = 3,20 EUR = Mischungspreis

Übungsaufgaben

67 Geselle Udo F. erhält den Auftrag, für eine Dauerwurst Materialmengen und den Gesamtmaterialpreis zu errechnen. Zu verwenden sind:

Kuhfleisch I per kg 4,55 EUR, Schweinefleisch II, per kg 3,45 EUR,
und Rücken- und Nackenspeck zu 1,45 EUR je kg.

Für die 130,000 kg herzustellende Ware wird ein Mischungspreis von 3,20 EUR je kg angesetzt.

a) Nach welchem Verhältnis werden die Sorten gemischt?

b) Welche Gewichtsmengen sind je Sorte bereitzustellen?

c) Welchen Wert hat die gesamte Mischung?

68 Stellen Sie Mischungsverhältnis und Sortenmengen fest:

Sorte I = 1,00 EUR — Sorte III = 2,00 EUR und
Sorte II = 1,50 EUR — Sorte IV = 2,70 EUR je 100 g

Mischungspreis = 1,55 EUR je 100 g; Mischungsmenge 78,000 kg.

69 Wir stellen Aufschnitt zusammen (Preis je 250 g):

	a)	b)	c)	d)	e)
Sorte I	2,45 EUR	2,40 EUR	2,90 EUR	3,10 EUR	3,70 EUR
Sorte II	2,15 EUR	2,70 EUR	3,60 EUR	3,80 EUR	4,30 EUR
Sorte III	1,65 EUR	2,80 EUR	4,40 EUR	4,80 EUR	4,70 EUR
Sorte IV	1,95 EUR	3,60 EUR	4,80 EUR	5,20 EUR	5,70 EUR
Mischungspreis	2,05 EUR	2,75 EUR	3,90 EUR	4,10 EUR	4,60 EUR
Mischungsmenge	750 g	1,690 kg	2 420 g	5,270 kg	2 730 g

a) Berechnen Sie das jeweilige Mischungsverhältnis.

b) Berechnen Sie die Mengenanteile der Sorten.

c) Welchen Wert (in EUR) hat die jeweilige Mischung?

70 Meister Müller verwendet zur Brühwurstherstellung folgende Materialien: R II, je kg zu 4,55 EUR, S II je kg zu 3,90 EUR, Speck je kg zu 1,45 EUR und Eisschnee je kg zu 0,15 EUR.

Der Brätpreis soll 3,35 EUR/kg erreichen.

Berechnen Sie die Teilmengen, wenn in der fertigen Brätmasse von 125 kg noch 5 kg Zutaten enthalten sind.

71 Die Verkäuferin Monika M. wird beauftragt für ein Ferienlager eine größere Portion Fleischsalat herzustellen, und zwar aus Brätmasse und abgekochtem Rindfleisch. Der Preis für den Fleischsalat ist auf 4,00 EUR festgesetzt worden. Monika M. stehen zur Verfügung: 4,200 kg Salatmajonäse der Spitzenklasse, je kg zu 2,50 EUR, Gurken, per kg 2,65 EUR, Brühwurstbrätmasse (abgebrüht), per kg 4,10 EUR, und gekochtes Rindfleisch, per kg 6,10 EUR.

a) In welchem Verhältnis ist zu mischen?

b) Wie viel kg sind je Sorte bereitzustellen, wenn die vorhandene Majonäsemenge ganz aufgebraucht werden soll?

c) Wie viel kg fertigen Salat ergibt die Mischung und welche Einnahme ist zu erwarten, wenn das Jugendlager die ganze Mischung abnimmt unter der Bedingung, 8 % Rabatt auf den Bruttopreis zu erhalten?

72 Zur Herstellung einer speziellen Grillwürzung nimmt Meister Hirschmann eine Basismischung zu 9,40 EUR/kg, scharfen Paprika zu 7,30 EUR/kg und Kardamom zu 10,70 EUR/kg. Es soll eine Mischung von 10,000 kg entstehen und der Mischungspreis von 8,90 EUR eingehalten werden.

Berechnen Sie die Einzelmengen.

73 Wir mischen Aufschnitt und stellen das Mischungsverhältnis fest. (Preis je 250 g in EUR)

	Sorten						Mischungs-	
	I	II	III	IV	V	VI	menge	preis
a)	1,90	2,45	2,60	2,80	3,00	3,60	990 g	2,70
b)	2,20	3,05	3,60	3,90	4,40	4,75	2,850 kg	3,75
c)	3,90	4,50	4,80	4,45	5,40	4,60	$3\frac{3}{8}$ kg	4,75

74 Die Verkäuferin Beate S. stellt Geflügelsalat für ein Sonderangebot zusammen. Der Sonderpreis soll je 100 g 0,60 EUR betragen. Beate S. hat folgende Zutaten zur Verfügung:

Salatmajonäse, per kg 2,45 EUR; Gurken, per kg 2,45 EUR; Pilze in Dosen, per kg 5,05 EUR, und Hühnerfleisch.

Den Preis für das Hühnerfleisch muss sie zuvor allerdings noch berechnen:

Frische Hühner kosten per kg 2,50 EUR. Sie verlieren beim Kochen 30 % ihres Frischgewichtes, beim anschließenden Enthäuten und Ausknöchern noch einmal 20 % ihres Gewichtes nach dem Kochen.

a) Welchen Preis hat das fertige Hühnerfleisch als Sorte IV?

b) Welches Mischungsverhältnis muss eingehalten werden, wenn im angegebenen Verkaufspreis je kg noch 1,75 EUR Arbeitsanteil enthalten sind, die auf den Mischungspreis keinen Einfluss haben sollen?

c) Welche Mengen müssen je Sorte bereitgestellt und geschnitten werden, wenn der Inhalt einer großen Dose Champignons mit einer Einwaage von 3 300 g ganz verarbeitet werden soll?

75 Wir mischen:

Sorte I = 3,80 EUR; Sorte II = 4,05 EUR; Sorte III = 4,90 EUR; Sorte IV = 6,25 EUR. Der Mischungspreis soll 4,50 EUR betragen.

a) Wie ist die Mengenverteilung, wenn von Sorte III noch 9,460 kg vorhanden sind?

b) Von Sorte I sind noch 1 075 g vorhanden. Welche Einzelmengen werden dann benötigt?

c) Wie sieht die Mengenverteilung aus (in kg), wenn insgesamt 6,6 kg gemischt werden sollen?

76 Berechnen Sie die fehlenden Mengen:

	Sorten in EUR je kg						Mischungs-	vorh. Menge	
	I	II	III	IV	V	VI	preis	von Sorte in kg	
a)	1,85	2,10	2,80	2,20	3,50	6,00	3,10 EUR	II	8,8
b)	1,35	3,15	4,50	6,00	6,30	6,45	5,00 EUR	IV	8,8
c)	1,15	1,35	2,00	2,20	2,75	2,80	2,05 EUR	III	8,8
d)	2,10	2,70	3,10	3,60	4,10	4,50	3,00 EUR	I	8,8
e)	2,00	2,05	2,50	2,75	3,30	6,00	3,00 EUR	IV	8,8

77 Meister Altmann hat ein Bullenvorderviertel von 62 kg Gewicht für einen Betrag von 244,50 EUR eingekauft. Beim Ausknochen fallen genau 12,500 kg wertloser Knochen an. Meister Altmann will das schiere Fleisch im Sonderangebot als „Gehacktes zum Braten" anbieten. Zu diesem Zweck, und weil das Rindfleisch zu mager wäre, gibt er durchwachsenes Schweinefleisch, je kg zu 3,50 EUR, dazu, bis er einen Mischungspreis von 3,80 EUR erreicht hat.

Wie viel kg Schweinefleisch muss er zu dem schieren, knochenfreien Rindfleisch hinzugeben, damit der Mischungspreis eingehalten wird?

78 Wir stellen uns selbst ein Mischgewürz her, das aus Pfeffer, je kg zu 8,35 EUR, Muskat, je kg 12,15 EUR, Koriander, je kg 4,40 EUR, und Paprika, je kg 5,40 EUR, bestehen soll.

In welchem Verhältnis müssen wir mischen, wenn wir einen Mischungspreis von 7,10 EUR je kg erhalten wollen?

79 Wir stellen zusammen und errechnen Mischungsverhältnis und Mengen:

	Sorten (Preis je 100 g in EUR)					Mischungs-	Vorrat	
	I	II	III	IV	V	preis	in g von Sorte	
a)	0,70	0,75	0,80	0,95	1,10	0,85 EUR	600	II
b)	0,50	0,70	0,80	1,05	1,15	0,75 EUR	125	III
c)	0,60	0,75	0,90	1,00	1,25	0,90 EUR	340	IV
d)	0,50	0,65	0,70	0,75	1,25	0,80 EUR	375	V
e)	0,45	0,70	0,75	0,80	0,95	0,70 EUR	875	I

80 Zur Herstellung eines Brühwurstbrätes zum Mischungspreis von 3,65 EUR/kg werden folgende Materialien verwendet: RII zu 4,85 EUR/kg, SII zu 4,25 EUR, SIII zu 3,55 EUR, Speck zu 1,95 EUR und Eisschnee zu 0,20 EUR je kg.

a) Berechnen Sie das Mischungsverhältnis.

b) Ermitteln Sie die Mengen der Materialien für insgesamt 135 kg.

c) Berechnen Sie die Fertigmenge, wenn zu den Materialien noch 4,25 % Zutaten hinzukommen, die Ware aber bei der Fertigstellung 7,25 % Produktionsverlust erleidet.

580884

5 Fleischeinkauf

1 Fleischermeister Alt kauft drei Bullenvorderviertel mit folgenden Gewichten: 97,400 kg, 81,800 kg und 106,500 kg. Für das leichtere Viertel zahlt er 3,52 EUR/kg, für die beiden anderen 3,66 EUR je kg netto

Berechnen Sie die gesamte Einkaufssumme einschließlich der gesetzlichen Umsatzsteuer.

2 Ein Fleischermeister bekommt zwei Kuhhälften angeboten. Die erste Kuh ist vollfleischig, hat aber auch schwere Knochen mit einem geschätzten Anteil von 24 %. Die zweite Kuh wird dagegen einen Knochenanteil von höchstens 21 % haben, hat aber einen leichten Fettanteil, der etwa 10 kg wertlose Fettabschnitte erwarten lässt. Die erste Kuh soll je kg 3,79 EUR kosten und wiegt in der Hälfte 189,0 kg, die zweite Kuh wiegt in der Hälfte 161,5 kg und soll je kg 3,53 EUR kosten.

Wie soll sich der Meister entscheiden?

3 Der Meister kann kaufen: entweder fettere Schweinehälften mit einem Mageranteil von rd. 45 % zu 2,28 EUR je kg oder magere Schweinehälften mit einem Magerfleischanteil von rd. 52 %, hier das kg zu 2,65 EUR.

Wie soll er sich entscheiden, wenn der Fettanteil und die Knochen als wertlos eingesetzt werden?

4 Meister D. kann einen Sonderposten frischer Rinderzungen kaufen, das kg zu 4,00 EUR zuzüglich Umsatzsteuer. Er rechnet mit einem Pökel- und Kochverlust von 28 %. Er schlägt 20 % für Arbeitslohn und sonstige Kosten auf.

a) Was ist billiger: diese Zungen oder fertig gekochte Zungen, die er, vakuumverpackt, bei einem Händler für 6,90 EUR je kg zuzüglich der Umsatzsteuer kaufen kann?

b) Wie groß ist der Differenzbetrag?

5 Fleischer Behrens kauft ein Bullenvorderviertel im Gewicht von 81,750 kg zum Preis von 3,60 EUR/kg. Weiterhin erwirbt er ein Bullenhinterviertel, 92,500 kg schwer, zu einem Preis von 4,23 EUR/kg.

a) Über welchen Betrag lautet die Rechnung einschließl. der Umsatzsteuer?

b) Wie viel EUR beträgt der Durchschnittspreis je kg für die gesamte Bullenhälfte?

6 Schweinehälften der Klasse E mit einem Magerfleischanteil von 59 % kosten je kg 2,94 EUR; Schweinehälften der Klasse U mit 53 % Mageranteil kosten 2,68 EUR/kg.

a) Wie viel EUR kostet 1 kg Magerfleisch bei E- und U-Schweinen, wenn die übrigen Anteile an der Schweinehälfte rechnerisch mit null bewertet werden?

b) Wie viel EUR je kg dürfen dann fette Schweine der Klasse R noch kosten, wenn der Fettanteil rd. 52 % beträgt?

7 Eine halbe Kuh wiegt 205,500 kg und kostet je kg 3,50 EUR zuzüglich Umsatzsteuer. Über wie viel EUR lautet der Rechnungsbetrag?

8 Ein Thermos-Lastzug bringt 16,400 t Schweinehälften vom Grenzschlachthof zum Fleischgroßhändler. Die Frachtkosten betragen 671,23 EUR, die Entladekosten 74,14 EUR. Der Wert der Ladung wird mit 41.506,52 EUR angegeben.

a) Welcher Anteilsbetrag an Fracht- und Entladekosten ergibt sich für 1 kg der Schweinehälften?

b) Wie viel EUR beträgt der Selbstkostenpreis je kg im Durchschnitt einschließlich der Fracht- und Entladekosten?

c) Wie viel % vom Fleischwert machen die Fracht- und Entladekosten aus?

9 Eine Bullenhälfte kostete einschließlich der gesetzlichen Umsatzsteuer 800,19 EUR. Berechnen Sie das Gewicht der Hälfte, wenn von einem Netto-Kilopreis von 3,76 EUR und einem Umsatzsteueranteil von 7 % ausgegangen werden soll.

10 Fleischer Neumann kauft beim Fleischgroßhändler ein:

Bullenvorderviertel U	88,900 kg	je kg 3,55 EUR
Kuhhälfte, R	171,500 kg	je kg 3,43 EUR
Roastbeef, wie gewachsen	31,750 kg	je kg 6,67 EUR
Kalbskeule	27,600 kg	je kg 6,11 EUR
6/2 Schweine U	213,000 kg	je kg 2,68 EUR

a) Erstellen Sie die Rechnung unter Berücksichtigung der gesetzlichen Umsatzsteuer.

b) Welchen Betrag weist die Überweisung der Rechnungssumme aus, wenn Meister Neumann 2 % Skonto abziehen durfte?

11 Schlachtwarm wiegen die beiden Hälften einer Kuh 289,500 kg. Beim Auskühlen und Abhängen gehen bis zum 5. Tag rd. 3,9 % verloren. Der Knochenanteil wird auf 22,75 % geschätzt; der wertlose Fettanfall wiegt 13,750 kg. Die Kuh kostete einschließlich der Umsatzsteuer und der Schlachtkosten 947,11 EUR.

a) Berechnen Sie das Gewicht des knochen- und fettfreien Fleisches.

b) Welchen Preis haben 1 000 g des schieren Fleisches?

12 Meister Neumann kauft 2 Bullenvorderviertel, 81,500 kg und 109 kg, je kg zu 3,76 EUR. Berechnen Sie den Einkaufswert der beiden Viertel unter Berücksichtigung der gesetzlichen Umsatzsteuer.

13 Fleischer Müller kann günstig 146,500 kg Schweinebäuche für 1,82 EUR je kg kaufen. Er rechnet mit 13,4 % wertlosem Schwarten- und Rippenanfall.

Wie viel EUR kostet 1 kg des entschwarteten und knochenfreien Bauchfleisches, wenn die Bearbeitungskosten pauschal mit 38,35 EUR eingesetzt werden?

14 Schlachtwarm wiegen 24 Schweinehälften, Klasse U, 822,500 kg. Im Auskühltunnel gehen nach allgemeiner Erfahrung 2,2 % des Warmgewichtes verloren.

Berechnen Sie das Kaltgewicht und den Auskühlverlust in Kilogramm.

15 19 % Knochenanteil entsprechen bei 8 Vordervierteln einem Gewicht von 110,200 kg.

a) Berechnen Sie das Gewicht der 8 Vorderviertel.

b) Ermitteln Sie den Brutto-Einkaufswert der Vorderviertel einschließlich der gesetzlichen Umsatzsteuer, wenn je kg netto 3,40 EUR gezahlt worden waren.

16 Gefrierleber kostet bei Abnahme eines Containers mit 1,150 t brutto für netto je 100 kg 147,25 EUR ab Fleischgroßmarkt Hamburg, zuzüglich Umsatzsteuer. Die Frachtkosten per Bundesbahn belaufen sich auf 220,75 EUR einschließlich Umsatzsteuer. Der Gewichtsanteil der Kartonverpackung beträgt 2,2 %.

Berechnen Sie:

a) den Gesamtpreis eines Containers in der genannten Größe einschl. Fracht und Umsatzsteuer bis zum Betrieb;

b) den Gestehungspreis für 1 kg der Leber ohne Verpackung.

17 Bullenhälften kosten beim Fleischgroßhändler je kg 4,43 EUR. Vorderviertel werden mit 3,81 EUR/kg und Hinterviertel mit 4,65 EUR/kg verkauft.

Erfahrungsgemäß macht der Anteil des Hinterviertels bei Bullen auf der Basis eines bestimmten Schnittes 46 % der Hälfte aus.

Sollte Fleischer Bartmann lieber in der Hälfte oder in Vierteln kaufen?

18 Ein Fleischgroßhändler bietet junge, magere Sauenhälften zum Preis von 2,12 EUR/kg an. Der Mageranteil kann auf 47 % der ganzen Hälfte – einschließlich Kopf und Flomen – geschätzt werden.

E-Schweine kosten gleichzeitig 2,63 EUR/kg, bei einem Mageranteil von mindestens 56,5 %.

Was ist preisgünstiger: das magere Sauenfleisch oder das der E-Schweine, wenn alle anderen Anteile als wertlos gesetzt werden?

---

19 Fleischer Neumann kauft 12 Schweine ab Hof. Der Landwirt besteht auf Kauf nach dem Lebendgewicht. Da keine Lebendviehwaage erreichbar ist, errechnet man aus dem Schlachtgewicht von 1 014,000 kg und einem angenommenen Schlachtverlust von 21,1 % das Lebendgewicht bzw. den Kaufpreis.

Berechnen Sie die Kaufsumme, wenn je kg Lebendgewicht 2,12 EUR angesetzt werden, zuzüglich der gesetzlichen Umsatzsteuer.

---

20 Eine Versandschlachterei liefert Schweinehälften ab Schlachthof zu 2,38 EUR/kg. Der LKW hat 60 Hälften geladen, Gesamtgewicht 2,490 t. Die Frachtkosten betragen 146,61 EUR, Entladekosten entstehen über 69,00 EUR.

Berechnen Sie den Bezugspreis für diese Schweine je kg.

---

21 65,500 kg frische, ungeputzte Rinderzungen werden zum Preis von 233,37 EUR – ohne Umsatzsteuer – erworben.

Beim Putzen fallen 9,200 kg wertlose Bartabgänge an. Das verbleibende Gewicht wird beim anschließenden Aderspritzen um 12 % erhöht. Verkauft werden die Zungen zum Preis von 6,62 EUR/kg.

Berechnen Sie den Aufschlag in EUR und % vom Materialwert der geputzten Zungen ausgehend.

---

22 Ein Dutzend Schweine wurden lebend zum Pauschalpreis von 2.020,00 EUR netto erworben. Die Schlachtkosten betragen 253,00 EUR; der Wert der Innereien wird auf 99,00 EUR berechnet. Schlachtwarm wiegen die 24 Hälften genau 1 085,000 kg.

Berechnen Sie den Preis für ein Kilogramm der ausgekühlten Hälften, wenn 3 % Auskühlverlust berücksichtigt werden sollen.

---

23 Für dicke Sauenkotelettes zahlt Meister Förster 3,64 EUR/kg.

Beim Ausknochen und Parieren fallen 21 % wertloser Abgänge an. Beim Spritzpökeln kommt es zu einer Gewichtserhöhung von 8 % des Fleischgewichtes. Während des Räucherns gehen 5 % verloren, beim anschließenden Garen entsteht ein Verlust von 27 % des Rauchfertiggewichtes.

Der Nettoaufschlag beträgt 44 %; dazu kommt die gesetzliche Umsatzsteuer.

Berechnen Sie den Preis für 100 g Kasseler-Aufschnitt.

---

6 Fleischzerlegung

Bei der Zerlegung von Hälften und Vierteln werden im Allgemeinen Fleischstücke mit unterschiedlichem Verkaufswert gewonnen. Die Art der Zerlegung hat nicht nur Einfluss auf den Zuschnitt und damit die Verwendung der Stücke, sondern gleichermaßen auch auf die Menge der Abschnitte, die nur zur Weiterverarbeitung verwendet werden können. Nach dem Auskühlen rechnet man allgemein unter normalen Kühlbedingungen mit einem Abhängeverlust von ca. 1 % pro Tag in den ersten drei Tagen. Dies gilt für geschlossene Stücke bzw. Viertel und Hälften. Offene Fleischstücke verlieren mehr, ebenso besonders magere Viertel/Hälften; fettere Stücke, Viertel und Hälften verlieren weniger. Der Verlust hängt auch von der Art der Kühlung ab. Ist die Temperatur-Feuchte-Relation nicht in Ordnung, können u. U. erheblich höhere Verluste auftreten. Allgemein nennt der Fleischer die Austrockenverluste nach dem Auskühlen Schwund.

Saubere und gekonnte Zerlegung vermeidet unnütze Abfälle und sichert den Wert des zu gewinnenden Fleischstückes.

6.1 Fleischteil- und Knochenberechnung

1 Ein Schwein wiegt geschlachtet 88,400 kg und kostet 2,53 EUR/kg. Diesem Durchschnittspreis wird ein Bruttoaufschlag von 46 % hinzugerechnet.

Welcher Betrag müsste für die beiden Bäuche erzielt werden, die 11,8 % des Gesamtgewichtes ausmachen, wenn der Kilopreis mit 78 % des errechneten Durchschnittspreises angesetzt werden muss?

2 Wir lösen ein Dutzend Eisbeine aus und erhalten aus einem Gesamtgewicht von 23,340 kg folgende Anteile: 8 050 g Fett, 1 020 g Schwarten, 2 760 g Knochen. Der Rest ist mageres Fleisch. Die Eisbeine waren je kg mit 1,93 EUR eingekauft worden, zuzüglich der gesetzlichen Umsatzsteuer und 4 % Transportkosten.

Mit welchem Kilopreis für das magere Fleisch können wir rechnen, wenn Fett-, Knochen- und Schwartenanteil unbewertet bleiben?

3 Fleischgroßhändler Alt lässt 32 Schweinehälften zerlegen. Der Anteil der Eisbeine ohne Spitzbein wird auf 3,9 %, der der Köpfe auf 4,9 % geschätzt. Die Köpfe wiegen 69,100 kg.

a) Wie viel kg Eisbein können bei der Zerlegung erwartet werden?

b) Berechnen Sie das Gesamtgewicht der anfallenden Fleisch-, Fett- und Knochenmenge, wenn mit 2,2 % Zerlegeverlust und Schwund gerechnet werden muss.

4 Wir zerlegen 6 Schweinehälften der Klasse U mit einem Gesamtgewicht von 271,500 kg.

Zu erwarten sind:	Kotelette mit Nackenstück	18,75 %
	Schinken, ohne Eisbeine	19,20 %
	Schultern, Rundschnitt	11,85 %
	Bäuche, mit Wammen	16,85 %
	Speck und Flomen	23,10 %

Berechnen Sie die zu erwartenden Teilstückgewichte.

5 Sechs magere Sauenhälften wiegen 395,500 kg und werden zu 2,53 EUR/kg netto eingekauft. Die Magerfleischausbeute beträgt 53,75 %. Alle übrigen Abgänge werden als wertlos gesetzt. Für die Bearbeitung müssen 70 Minuten, bei einem Stundensatz von 24,50 EUR, angesetzt werden.

Berechnen Sie den Netto-Materialwert je kg des Magerfleisches.

---

6 In dieser Woche kosten Schweinehälften der Klasse U je 100 kg 268,50 EUR.

Mit welchem Durchschnittspreis je kg für knochenfreies Schweinefleisch und Speck ist zu rechnen, wenn der Anteil der wertlosen Abgänge, wie Knochen und Schwarten, auf 26,75 % veranschlagt und auf den Einkaufspreis zur Deckung der Kosten 42 % und die übliche Umsatzsteuer aufgeschlagen werden müssen?

---

7 Ein Schwein der Klasse R kostet im Einkauf je kg 2,45 EUR. Bei der Zerlegung fallen 13,8 % wertlose Knochen und 5,75 % Schwarten an.

a) Wie viel EUR kostet 1 kg Fleisch ohne Schwarten und Knochen?

b) Wie viel EUR kostet 1 kg Magerfleisch, wenn bei der weiteren Zerlegung 25,5 % Fettgewebe mit einem Durchschnittspreis von 1,05 EUR je kg anfallen und auf den Einkaufspreis ein Gemeinkostenaufschlag von 32 % aufgeschlagen wird?

---

8 Nach dem Schlachten wiegt ein Schwein der Handelsklasse E noch 95,500 kg. Das Schwein hatte beim Schlachten 20 % des Lebendgewichtes verloren.

Bei der Zerlegung fallen an:

5,5 % Rücken- und Kammspeck,	je kg zu bewerten mit 1,23 EUR,
14,5 % sonstiges Fettgewebe,	je kg zu bewerten mit 0,92 EUR,
12,8 % magere Fleischabschnitte,	je kg zu bewerten mit 2,45 EUR.

Wie viel EUR kostet ein Kilogramm des verbleibenden Bratenfleisches, wenn der wertlose Knochen- und Schwartenanteil 18,5 % beträgt und das Schwein lebend mit 1,70 EUR je kg eingekauft wurde, wobei der Innereienwert die Schlachtkosten gedeckt hat?

---

9 12 Schweineschinken wiegen – wie gewachsen, ohne Spitzbein – 86,400 kg.

Der Speckanteil wird auf 9 %, der Knochenanteil auf 13 % geschätzt. Beim Ausbeinen ergeben sich folgende Gewichte:

Knochen 10,470 kg; schieres, fettfreies Fleisch 69,550 kg.

Berechnen Sie:

a) das auf der Basis der Schätzung zu erwartende Fett- und Knochengewicht;

b) die tatsächlichen Prozentsätze für Knochen, fettfreies Fleisch und Schwarten mit Speck.

---

10 Der Knochenanteil von 90 Schweineschultern „Tennisschnitt“ beträgt 58,725 kg. Das waren exakt 14,5 % des Gesamtgewichtes.

Berechnen Sie:

a) das Gesamtgewicht vor dem Zerlegen;

b) das Gewicht des knochenfreien Anteils, wenn mit 2,5 % Zerlegeverlust und Schwund vom Gesamtgewicht gerechnet werden muss.

---

11 312,500 kg Schulterdeckel werden je kg mit 0,49 EUR eingekauft. Ein Geselle schwartet den Speck in 2,75 Stunden ab. Die Arbeits- und Betriebsstunde muss mit 24,50 EUR in die Kalkulation eingesetzt werden. Es fallen 29,500 kg wertlose Schwarten an.

Mit welchem kg-Preis ist der schwartenfreie Verarbeitungsspeck für die weitere Kalkulation einzusetzen?

---

12 6 Bullenvorderviertel werden ausgebeint und es fallen 21,75 % oder 102,660 kg Knochen an. Berechnen Sie das Gesamtgewicht der 6 Vorderviertel.

13 60 Schweineschultern, Rundschnitt, wiegen 204,300 kg und kosten je kg 2,53 EUR, netto, ohne Umsatzsteuer.

Beim Zerlegen fallen an: 14 % wertlose Knochen, 2,2 % wertlose Schwarten und 6,5 % Speck ohne Schwarte, zu bewerten mit 0,89 EUR je kg.

a) Berechnen Sie den kg-Preis für schieres, knochenfreies Schulterfleisch.

b) Zu welchem kg-Preis kann das Schulterfleisch angeboten werden, wenn für die Bearbeitungskosten 27 % und die übliche Umsatzsteuer aufzuschlagen sind?

14 Ein halber Bulle im Gewicht von 168,500 kg wird zerlegt. Für die einzelnen Fleischstücke ist von folgenden Anteilsätzen auszugehen:

a) Bugfleisch	4,45 %	d) Schwanzrolle	1,36 %
b) Zungenstück o. Knochen	2,55 %	e) Kugel	3,42 %
c) Hohe Rippe mit Knochen	1,95 %	f) Fleischniere	0,29 %

Berechnen Sie die zu erwartenden Fleischteilgewichte.

15 Ein Bullenvorderviertel wiegt 78,400 kg und kostet je kg 3,86 EUR. Beim Zerlegen fallen 24,7 % wertlose Knochen-, Fett- und Sehnenabschnitte an. Ladenfertig zugeschnittene Schulterstücke wiegen 17,600 kg und werden mit 7,06 EUR/kg bewertet.

Welchen Preis haben 500 g des übrigen Verarbeitungsfleisches, wenn die Zerlegekosten pauschal mit 12,78 EUR aufgeschlagen werden müssen?

16 Berechnen Sie den Knochenanfall, wenn beim Auslösen einer halben Kuh im Gesamtgewicht von 159,300 kg mit einem Knochenanteil von 23,85 % gerechnet werden muss.

17 Ein Kuhvorderviertel wiegt 73,400 kg und bringt beim Ausbeinen 56,600 kg schieres, knochenfreies Fleisch.

Berechnen Sie den Knochen- und den Fleischanteil in Prozenten.

18 Zwölf Kuhhälften werden knochen- und fettfrei gemacht. Zeitaufwand: 10,45 Gesellenstunden. Lohnsatz: 21,75 EUR/Stunde.

Das Gesamtgewicht betrug 1 728,000 kg, der Preis war 3,04 EUR/kg netto. Folgende Abgänge fallen an: 19,5 % Knochen, wertlos; 3,4 % wertlose Sehnen; 8,4 % Fettanteile vom knochen- und sehnenfreien Gewicht.

Berechnen Sie das Gewicht und den kg-Preis für das schiere Kuhfleisch.

19 Wir zerlegen einen Bug im Gesamtgewicht von 26,400 kg und erreichen folgende Einzelteilgewichte:

11,750 kg Mittelbug, 2,350 kg Falschfilet, 3,550 kg Bugschild und 6,675 kg Knochen. Der Rest ist Verarbeitungsfleisch.

Berechnen Sie die Prozentanteile der einzelnen Fleischteile und der Knochen.

20 Die beiden Hälften eines Mastbullen wiegen 431,400 kg. Für Filet kann mit einem Anteil von 1,15 % gerechnet werden, für Roastbeef ohne Knochen sind 3,05 % anzusetzen.

Welchen Wert hat das anfallende Roastbeef- und Filetfleisch, wenn der Durchschnittspreis für das schiere Fleisch auf 6,30 EUR/kg berechnet wurde, Roastbeef und Filet aber mit 495 % des Durchschnittspreises anzusetzen sind?

21 Fleischer Müller kauft am Donnerstag eine halbe Kuh im Gewicht von 163,500 kg zum kg-Preis von 3,49 EUR, ohne Umsatzsteuer. Schlachtwarm hätte er das gleiche Fleisch am Montag für 3,32 EUR/kg kaufen können. Seither haben sich ein Auskühlverlust von 1,8 % und ein weiterer Abhängeverlust von 2,2 % ergeben.

a) Welcher Preis ist für den Fleischer günstiger?

b) Wie viel EUR beträgt die Differenz, bezogen auf die halbe Kuh?

22 Schlachtwarm wiegen die beiden Bullenhälften 352,750 kg, der Auskühlverlust beträgt 2,2 %. Auf 9 Rippen geschnitten, bringen die Hinterviertel 48,75 % des Gesamtgewichtes. Der Knochenanteil in den Vordervierteln wird auf 22,25 % veranschlagt.

Wie viel kg knochenfreies Fleisch sind aus einem Vorderviertel zu erwarten?

23 Beim Zerlegen der beiden Hälften eines jungen Bullen mit einem Schlachtgewicht von 361,500 kg fallen u. a. aus den Keulen an:

4,35 % Oberschale
3,75 % Hüfte
1,35 % Schwanzrolle
3,40 % Kugel
2,77 % Schwanzstück

} jeweils bezogen auf das Gesamtgewicht

Berechnen Sie die zu erwartenden Gewichte der einzelnen Teilstücke von einem Hinterviertel.

6.2 Verlustberechnungen

24 Wegen Finnenbefalls muss das Fleisch eines Bullen im Gesamtwert von 2.166,00 EUR eingefroren werden. Beim Einfrieren und Auftauen entsteht ein Verlust von 3,15 % = 18,750 kg.

a) Wie viel kg betrug das Kaltgewicht vor dem Einfrieren?

b) Berechnen Sie den Kilopreis nach dem Auftauen unter Berücksichtigung des entstandenen Verlustes.

25 Ein Roastbeef – wie gewachsen – hat nach 10 Tagen Abhängezeit exakt 1,353 kg = 8,25 % verloren.

Berechnen Sie das Gewicht vor und nach dem Abhängen.

26 Das Schlachtwarmgewicht eines Rindes beträgt 384 kg, Preis je kg 3,66 EUR. Der Auskühlverlust beträgt 2,8 %.

a) Wie viel EUR kostet 1 kg des ausgekühlten Fleisches?

b) Bei der Zerlegung fallen 4,45 % Oberschale an. Diese verliert beim weiteren Abhängen im Kühlraum 3,2 %.

Berechnen Sie das Verkaufsgewicht der Oberschale.

27 Im Ladenkühlraum hängen übers Wochenende 125,6 kg Fleisch mit einem Durchschnittswert von 3,15 EUR je kg. Der Austrocknungsverlust beträgt 3,4 %.

Berechnen Sie den Verlust in kg und EUR.

28 Der Gestehungspreis für Roastbeef ohne Knochen beträgt 7,60 EUR je kg. Der Abhängeverlust beträgt 4,2 % und der anschließende Parierverlust 3,5 %.

Wird das Roastbeef aber in einer Folie nach dem Zerlegen vakuumiert, so beträgt der Saftverlust nur 1,8 %, die Kosten für Beutel und Arbeitslohn aber belaufen sich auf 1,55 EUR.
Welche Reifemethode ist für den Meister günstiger?

29 Zwei Hälften einer mageren Sau wiegen 152,3 kg schlachtwarm. Der Auskühlverlust wird mit 2,2 % angesetzt. Beim Abhängen muss ein Schwund von täglich ca. 0,8 % berücksichtigt werden.

Berechnen Sie das Gewicht der beiden Hälften am 5. Tag nach der Schlachtung.

30 Zwei Dutzend Kotelettreihen verlieren im Kühlraum in 50 Stunden 6,5 kg = 3,3 % ihres Gewichtes. Sie kosteten je kg 3,81 EUR.

Berechnen Sie:

a) das Frischgewicht der Koteletts,

b) den um den Verlust bereinigten Kilopreis der Koteletts.

---

31 8 Schweineschinken im Gewicht von 72,7 kg werden zerlegt. Die Summe der Teilstückgewichte ergibt 71,1 kg.

Berechnen Sie den Zerlegeverlust in Prozent.

---

32 Ein Roastbeef mit Filet wiegt bei der Zerlegung 18,650 kg. Der Durchschnittspreis war mit 6,40 EUR je kg berechnet. Nach 9 Tagen hat sich das Gewicht um 1,585 kg verringert.

a) Wie viel Prozent beträgt der Abhängeverlust?

b) Wie viel EUR je kg beträgt der um den Verlust bereinigte neue Durchschnittspreis?

---

33 Ein kräftiges Roastbeef mit Filet – unausgebeint – wiegt 18,400 kg und wurde zu 6,72 EUR/kg netto vom Großhändler bezogen.

Nach einer Woche Abhängezeit wird das Gewicht auf 17,040 kg festgestellt.

Berechnen Sie den Abhängeverlust in % vom Ausgangsgewicht und den um den Abhängeverlust bereinigten Kilopreis.

---

34 Kotelettreihen vom Großhändler kosten je kg 3,91 EUR. Beim ladengerechten Zuschnitt einer Reihe im Gewicht von 9,150 kg fallen Hüftansatz und Genickstück mit einem Gewicht von 850 g an, die zur Hälfte aus wertlosen Knochen bestehen. Die Fleischabschnitte sind zum Kotelettpreis anzusetzen.

Berechnen Sie den neuen Kotelettpreis unter Berücksichtigung der Abgänge.

---

35 Eine magere Bullenoberschale im frisch zerlegten und beschnittenen Zustand wiegt 7,650 kg. Sie verliert beim Abhängen am 1. Tag 1,2 %, am 2. Tag 1,0 %, am 3. Tag 0,8 %, am 4. Tag und am 5. Tag jeweils noch 0,75 %.

a) Welches Gewicht hat die Oberschale noch am 6. Tag?

b) Wie viel Gramm beträgt der Gewichtsverlust insgesamt?

c) Welcher Wert ging verloren, wenn die Oberschale je kg mit 7,62 EUR berechnet werden muss?

---

36 Zwanzig Rinderhüften werden zu Sauerbraten eingelegt. Das Gewicht vermindert sich um exakt 4,800 kg, die genau 3,75 % des Einlegegewichtes entsprechen. Vor dem Einlegen war der Preis je kg auf 8,40 EUR errechnet worden.

Berechnen Sie das Gewicht vor dem Einlegen, den Gesamtwert der Fleischstücke und den um den Verlust bereinigten kg-Preis nach dem Einlegen.

580892

7 Gewürze, Hüllen, Verpackungsmaterial

1 Das Material für Brühwurst wird mit 22 Gramm je gesalzen.

Berechnen Sie die Salzmengen für: a) 42 kg, b) 85 kg, c) 28 kg, d) 144 kg, e) 52,500 kg, f) 75,750 kg, g) 37,400 kg.

2 Zu frischer Bratwurst nimmt Fleischer Baumann je kg 3 g Pfeffer und 1,5 g Macis. Berechnen Sie die jeweiligen Gewürzmengen für a) 44,500 kg, b) 56,000 kg, c) 85,000 kg, d) 2,15 dt, e) 28,500 kg.

3 Eine Spezialgewürzmischung für Bierschinken kostet je kg 18,75 EUR. Auf ein kg Material werden 4,5 Gramm zugegeben.

Berechnen Sie die Gewürzkosten für a) 65,000kg, b) 3,45 dt, c) ⅛ t.

4 Fleischer Neumann hat noch 0,460 kg Gewürzmischung für feine Leberwurst übrig, von der je kg 4 Gramm zuzugeben sind.

Wie viel kg Wurstmasse können mit dieser Restmenge rezeptmäßig gewürzt werden?

5 Erstklassiger Aspik kostet je 12,500 kg-Eimer 135,00 EUR. Zu einer einfachen Sülze nimmt Fleischer Müller pro Liter Wasser 80 Gramm Aspik.

Berechnen Sie die Kosten für 22 Liter Sülzenmasse.

6 Ein Großgebinde „Naturin-Kranzdarm 43/40" enthält 16 Bündel à 8 Bund, je Bund 25 Stück. Die Sendung kostet zum Großabnehmerpreis 838,40 EUR, zuzüglich gesetzliche Umsatzsteuer im Normalsatz.

Berechnen Sie den Preis für eine Kranzhülle.

7 „Nalo-Top", 60/50, kosten per Karton mit 72 Bund, à 25 Stück, 1.198,80 EUR, zuzüglich der gesetzlichen Umsatzsteuer. Jede Hülle fasst rd. 1,4 kg Schinkenwurst.

Wie viel EUR betragen die Hüllenkosten je kg Füllmaterial?

8 Saitlinge, 20/22, Inlandware, kosten je 100 m 21,50 EUR. Importsaitlinge, 22/24, kosten je 100 Yard 18,68 EUR.

a) Berechnen Sie die Darmkosten für Wiener Würstchen je Kilogramm Füllmasse, wenn mit Kaliber 20/22 je lfd. Meter etwa 480 g Brät, mit Kaliber 22/24 je lfd. Meter aber 490 g Brät verfüllt werden können.

b) Wie viel EUR kostet jeweils ein Meter Inland- bzw. Importware?

9 Ein Fass Schweinedärme enthält 12 Dutzend Bund, à 100 m und kostet ab Hamburg 1.575,60 EUR, netto, zuzüglich Umsatzsteuer im vollen Satz. Die Bahnfracht beträgt 92,66 EUR, einschließlich Umsatzsteuer.

a) Wie viel EUR kostet ein Meter dieser Därme?

b) Wie viel kg Brät könnte in dieses Fässchen Därme verfüllt werden, wenn in jeden Meter Darm etwa 950 g verfüllt werden können?

10 Beim vorsichtigen „Putzen" fallen bei einem Schwein rd. 16 Meter füllfertige Schweinedärme (Dünndarm) an. Die Aufbereitung der Därme von 55 Schweinen erfordert einen Zeitaufwand von 100 Minuten bei einem Werkstattsatz von 26,00 EUR/Stunde.

Berechnen Sie den Gestehungspreis für 100 m dieser Därme aus Eigenschlachtung.

11 In Kunsthüllen (Kranzform) lassen sich im Durchschnitt 760 g/Stück Brät einfüllen. Für eine bestimmte Menge Brät wurden 380 Stück Hüllen verwendet. Werden Kranzhüllen im Kaliber 46/50 verwendet, können je Stück 920 g Brät „verpackt" werden. Von diesen Hüllen sind noch 13 Bündel à 24 Stück am Lager.

Reicht diese Zahl aus, um die gleiche Menge an Brät abzufüllen?

12 Konservendosen, 99/63, Füllinhalt 400 g, kosten bei Abnahme von 100 Stück im Karton 28,45 EUR, brutto.

Wird ein Kleincontainer mit 60 Paketen à 48 Stück bezogen, entstehen Gesamtkosten von 690,00 EUR, zuzüglich voller Satz Umsatzsteuer.

Berechnen Sie die „Verpackungskosten" je kg Wurstmasse in diesen Dosen beim Kleinbezug und beim Großeinkauf.

---

13 65,500 kg Jagdwurst sind in Dosen, 73/58, Ringpull, Inhalt max. 220 g, abzufüllen. Wie viel Stück Dosen werden benötigt?

---

14 Per Fässchen mit 240 Stück kosten frisch gesalzene Fettenden 276,00 EUR. Im Schnitt beträgt die Füllmenge je Darm etwa 1,900 kg.

Berechnen Sie:

a) die Füllkapazität für die gesamten Fettenden;

b) die Darmkosten je kg Füllmaterial.

---

15 Faltenbeutel, unbedruckt, kosten je 1 000 Stück 24,00 EUR, netto. Bei Bezug von mindestens 25 Pack wird ein Rabatt von 8 % gewährt.

Wie viel EUR kostet ein Faltbeutel, einschließlich Umsatzsteuer?

---

16 Tragetaschen, ohne Druck, kosten je 500 Stück 39,00 EUR, zuzüglich der gesetzlichen Umsatzsteuer.

Die kleinste Druckmenge mit individuellem Firmeneindruck sind 10 000 Stück.

Dafür müssen einschließlich der Druckkosten und der Umsatzsteuer 780,00 EUR gezahlt werden.

Wie viel EUR kosten je eine unbedruckte und eine bedruckte Tasche?

---

17 Je 7,500 kg Brätmasse gibt Meister Peters 300 g Pistazien zu, die je kg, fertig geschält, 23,75 EUR kosten.

Berechnen Sie:

a) die Pistazienmenge für 33,500 kg Wurstmasse;

b) die Gesamtkosten für diese „Zugabe" für jeweils ein kg.

---

18 Flüssiges Kutterhilfsmittel kostet je kg – bei Abnahme von 5 Litern – 8,70 EUR, brutto. Je kg Kuttermaterial sollen mindestens 4 g zugegeben werden. Kutterhilfsmittel in Pulverform kostet je 250-g-Beutel 2,17 EUR, brutto, wobei diese Menge für 30,000 kg Material reicht.

Wie viel EUR kostet für je 5,000 kg die flüssige bzw. trockene Zugabe?

---

19 Eine Kanne mit 12,500 kg Hochdruckreiniger kostet 29,75 EUR, brutto. Pro Reinigungseinsatz für alle Produktionsräume werden etwa 350 g verbraucht.

a) Wie viel EUR kostet der Reinigungsmitteleinsatz pro Vollreinigung?

b) Welche Kosten für dieses Reinigungsmittel fallen im Jahr an, wenn in der Woche jeweils drei Voll- und drei Teilreinigungen mit halbem Verbrauch stattfinden?

---

8 Fleischkonservierung

Bei der Fleischkonservierung können sowohl Verluste, aber auch Gewichtszuwächse und damit Kalkulationsgewinne erzielt werden.

Gewichtsverluste entstehen vorwiegend beim Garen, beim Räuchern und beim Abhängen bzw. Trocknen.

Während bei der Spritzpökelung meist ein Gewichtszuwachs nach dem Pökelvorgang festzustellen ist, entstehen beim Trockenpökeln, wie auch beim Nasspökeln ohne Spritzen im Allgemeinen Gewichtsverluste.

Bei der Vakuumverpackung entstehen zwar weniger Gewichtsverluste als bei unverpackter Ware, doch sind dagegen Aussaftung und die Kosten für das Verpackungsmaterial bzw. die Manipulationskosten aufzurechnen.

Gewinne sind hier nur bei durchgehend konsequenter Handhabung und bei größeren Mengen zu erwarten.

8.1 Konservierungs- und Zubereitungsverluste

1 Zehn gesalzene Schweinebauchseiten, Gewicht 41,250 kg, werden gewässert. Dabei verringert sich das Gewicht auf 40,550 kg. Beim anschließenden Räuchern gehen rd. 13 % verloren.

a) Berechnen Sie den Verlust beim Auswässern in kg und %.

b) Wie viel kg beträgt das rauchfertige Verkaufsgewicht?

2 Fertig gepökelt wiegen 5 Reihen Koteletts 34,650 kg. Sie werden anschließend zu gekochten Pökelrippchen gegart und verlieren dabei rd. 5,8 %.

Berechnen Sie:

a) das Fertiggewicht der Pökelrippchen;

b) den Garverlust in EUR, wenn diese Fleischware im Verkauf je kg mit 6,34 EUR angeboten wird.

3 Der Meister stellt gekochte Schinken her. 10 parierte Hinterschinken wiegen 34,5 kg und kosten 4,86 EUR je kg. Die Spritzzunahme beträgt 18 %. Beim kurzen Heißräuchern verlieren die Schinken 4 % ihres Gewichtes. Danach werden die Schinken bei 80° im Kessel gegart. Der Kochverlust beträgt dabei 16 %.

Wie viel EUR kostet 1 kg gekochter Schinken ohne Berücksichtigung der angefallenen Kosten?

In einem anderen Betrieb werden die gekochten Schinken unter den gleichen Voraussetzungen hergestellt. Nur erfolgt das Garen in einer Kombi-Anlage mit Kerntemperaturmessung. Hier beträgt der Kochverlust aber nur 3 %.

Wie viel EUR kostet jetzt 1 kg gekochter Schinken?

4 1 kg Roastbeef kostet ohne Knochen 15,08 EUR und soll als gebratenes Roastbeef verkauft werden. Der wertlose Parierverlust beträgt 4 % und der Bratverlust 16 %.

Wie viel EUR kostet jetzt 1 kg Roastbeef ohne Berücksichtigung der entstehenden Kosten?

5 Vier Bauernschinken wogen zum Zeitpunkt des Einpökelns 56,800 kg. Der Materialpreis war mit 4,32 EUR/kg netto errechnet worden. Bis zur Fertigstellung nach 20 Wochen hat sich das Gewicht auf 39,250 kg vermindert. In der Kalkulation sind 80 % Aufschlag auf den Materialpreis und anschließend die gesetzliche Umsatzsteuer zu rechnen.

Berechnen Sie:

a) den Produktionsverlust in kg und Prozent vom Ausgangsgewicht;

b) den Preis für die verkaufsfertige Ware je 100 g.

---

6 Koteletts, die je kg 3,48 EUR kosten, werden ausgelöst für gebratenes Kasseler. Knochenanteil 19 %, Spritzzunahme 16 % und Räucherverlust 8 %. Der Bratverlust liegt bei 21 %.

Wie viel EUR kosten 100 g gebratenes Kasseler ohne Aufschlag?

---

7 Ein Posten Kalbsleberwurst, je kg 7,60 EUR, wird zwecks Geschmacksverbesserung kalt nachgeräuchert und verliert dabei 1,8 kg, das sind 3,8 % des Gewichtes.

a) Wie viel kg betrug das Gesamtgewicht?

b) Wie viel EUR kostet jetzt 1 kg im Verkauf?

---

8 Ein Betrieb verkauft in der Imbissecke gepökelte und abgekochte Eisbeine. Roh kosten sie je kg 2,15 EUR. Der Kochverlust beträgt 21 %.

Für wie viel EUR können 100 g angeboten werden bei einem Aufschlag von 42 % für Mehrarbeit und Energiekosten?

---

9 Der Meister kauft gesalzenen dicken Speck für 2,15 EUR je kg. Beim Kalträuchern tritt ein Verlust von 8 % ein.

Für wie viel EUR je kg kann der geräucherte Speck angeboten werden, wenn die Mehrkosten unberücksichtigt bleiben?

---

10 Frische Zungen, für 3,55 EUR eingekauft, werden mit 12 % ihres Gewichtes gespritzt und verlieren beim Garen 19,5 %.

Für wie viel EUR je 100 g können die Zungen angeboten werden bei einem Aufschlag von 38 %?

---

11 15 Schweinebäuche wiegen fertig gepökelt 60,800 kg und haben einen Wert von 122,80 EUR.

Die eine Hälfte der Bäuche wird relativ warm und schnell geräuchert, wobei ein Verlust von 13,4 % entsteht.

Die andere Hälfte bekommt einen „langen, kalten" Rauch und verliert 8,75 %.

Berechnen Sie den kg-Preis für das fertige Dörrfleisch:

a) nach der Warmräucherung;

b) nach der Kalträucherung;

c) im Durchschnitt beider Arten.

---

12 Wir räuchern 18,450 kg frische Mettwurst. Nach dem Räuchern stellen wir ein Gewicht von 16,700 kg fest.

a) Berechnen Sie den Räucherverlust in kg und %.

b) Berechnen Sie den Preis je kg „rauchfrisch", wenn die ungeräucherte Ware je kg mit 4,01 EUR kalkuliert worden war.

---

13 Rohe Pökelrippchen, kg-Preis (netto) 5,01 EUR, verlieren beim Garen rd. 12 % des Gewichtes.

Berechnen Sie den kg-Preis für gegarte Pökelrippchen, wenn zusätzlich noch 15 % für die Bearbeitung und die gesetzliche Umsatzsteuer aufgeschlagen werden sollen.

8.2 Lakeberechnungen

Beim Pökeln von Fleischwaren verwenden wir Laken unterschiedlicher Salzanteile. Die „Schärfe" der Lake muss auf das jeweilige Pökelgut abgestimmt sein. Dieser Umstand macht ein genaues Überprüfen der Lakeschärfe notwendig.

Die Messung der Lakeschärfe erfolgt mit dem sog. Lakemesser. Er zeigt den Salzgehalt in Grad Baumé an. Diese Gradeinteilung entspricht in etwa den Gewichtsprozenten des Salzes in der Lake.

In der Praxis wird zwar noch weitgehend die Pökellake nach „Augenmaß" hergestellt, doch die Berechnung der benötigten Wasser- und Salzmengen nimmt wenig Zeit in Anspruch, erspart aber Ärger und Ungenauigkeiten, die oft zu Fehlfabrikaten führen.

Bei der Lakeberechnung arbeiten wir mit drei Größen: Wasser, Salz und Lake. Diese drei stehen in folgenden Beziehungen zueinander:

Wasser	Lake	Lake
+ Salz	– Wasser	– Salz
= Lake	= Salz	= Wasser

Bei den später folgenden Aufgaben sollte dieses Beziehungsnetz immer präsent sein.

In den folgenden Aufgaben werden wir die Angaben über Liter und Kilogramm, bezogen auf Salz, Wasser und Lake, synonym verwenden, d. h.: kg und l gleichsetzen, obwohl hochprozentige Lake ein höheres spezifisches Gewicht als Wasser hat.

Zum besseren Verständnis der Problematik werden wir zwei Beispielaufgaben anfügen, obwohl die Lakeberechnung nichts anderes darstellt als eine Anwendung der Prozentrechnung.

1. Beispiel: Berechnung des Salz- und Wassergehaltes in kg.

Zur Herstellung von Kochschinken benötigen wir 20 l (kg) 12 %ige Lake.

Wie viel Salz und Wasser sind dazu erforderlich?

Lösung: Gesamtmenge der Lake = 20 l (kg) → 100 %

12 % – ? l (kg)
100 % – 20 l (kg)

100 %
1 % → $\frac{20 \cdot 12}{100}$ = 2,4 l (kg) Salz
12 %

20 l (kg) Lake
– 2,4 kg (l) Salz
= 17,6 l (kg) Wasser

Wir benötigen also für 20 l einer zwölfprozentigen Lake 2,4 kg Salz und 17,6 l Wasser.

2. Beispiel: Berechnung der Wasser- und Salzprozente in der Lake.

Wie viel Prozent Salz enthält eine Lake aus 36 l Wasser und 9 kg Salz?

Lösung: Wir haben:

36 l (kg) Wasser
+ 9 kg (l) Salz

ergibt = 45 l (kg) Lake

Wir erhalten folgende Bedingung:

45 l (kg) Lake = 100 %
9 kg (l) Salz = ? %

45 kg → 100
1 kg → $\frac{100 \cdot 9}{45}$ = 20 % Salzanteile
9 kg

9 kg Salz in 45 l einer Lake bedeuten 20 % Salzanteile.

Wir merken uns:

a) Lake besteht aus Salz und Wasser.

b) Wollen wir Anteilprozente für Wasser und Salz einer Lake berechnen, gehen wir von der Lake = 100 % aus.

Übungsaufgaben

14 Berechnen Sie die benötigten Wasser- und Salzmengen.

	Lakemenge	gewünschte Schärfe		Lakemenge	gewünschte Schärfe
a)	25 l	12 %	f)	22,5 l	12,5 %
b)	30 l	18 %	g)	32,2 l	8,75 %
c)	20 l	9 %	h)	44,5 l	17,5 %
d)	40 l	15 %	i)	18,3 l	12,0 %
e)	55 l	20 %	j)	62,5 l	11,4 %

15 Stellen Sie Salz- und Wassermengen zusammen zur Lake gewünschter Schärfe:

	a)	b)	c)	d)	e)	f)
Wassermengen	30 l	–	–	55 l	24 l	–
Salzmengen	–	8 kg	3,6 kg	–	–	2 850 g
geforderte Schärfe	18 %	16 %	12 %	20 %	8 %	9,5 %

16 Das Nitritgesetz schränkt den Gehalt an reinem Natriumnitrit im Nitritpökelsalz auf höchstens 0,5 % des Gesamtgewichtes ein.

a) Wie viel Gramm reines Natriumnitrit sind in einem Doppelzentner Nitritpökelsalz enthalten?

b) Wie viel Gramm reines Natriumnitrit darf eine Schinkenwurst von 2,200 kg im Höchstfalle enthalten, wenn der Brätmasse je kg die Salzmenge von 22 g Nitritpökelsalz zugesetzt wurde?

17 Wir schütten zwei Laken zusammen, die unterschiedliche Schärfen besitzen, und zwar: 22 l einer 8-prozentigen Lake zu 52 l einer 20-prozentigen Lake.

a) Wie viel Prozent beträgt der Salzgehalt der so erreichten Mischung?

b) Wie viel kg Salz sind in der Mischung enthalten?

c) Wie viel kg Salz müsste noch zugegeben werden, um die Lake auf 18 % Salzgehalt einzustellen?

---

18 Zur besseren Umrötung werden der Lake Salpeter und Zucker beigegeben. Die Lakemenge beträgt 55 l.

a) Wie viel kg Salz werden benötigt, wenn die Lake auf 16 % Salzgehalt eingestellt werden soll?

b) Wie viel Gramm Salpeter und wie viel Gramm Zucker werden benötigt, wenn je kg Salz 6 g Salpeter und das Eineinhalbfache davon an Zucker zugegeben werden soll?

---

19 Es sollen 74,5 kg parierte Hinterschinken mit einer 12%igen Lake gespritzt werden. Einzuspritzen sind 16 % des Frischgewichtes.

a) Berechnen Sie die benötigte Lakemenge.

b) Wie viel kg Wasser und Salz werden benötigt?

c) Wie viel Gramm Ascorbinsäure sind notwendig bei einer Zugabe von 0,3 % je Liter Lake?

---

20 Mit 44 Liter Wasser soll eine 12%ige Lake hergestellt werden.
Berechnen Sie Salzmenge und gesamte Lakemenge.

---

21 Aus 12 kg Nitritpökelsalz ist eine 14%ige Lake herzustellen.

a) Wie viel Liter Wasser sind erforderlich?

b) Wie viel kg Pökelrippchen können mit dieser Lake gespritzt werden, wenn die Spritzzunahme 9,5 % des Frischgewichtes betragen soll?

---

22 34 l gute, alte Pökellake haben einen Salzgehalt von 8,5 %.
Wie viel kg Salz müssen hinzugefügt werden, damit der Salzgehalt wieder auf 12,5 % eingestellt wird?

---

23 Wir spritzen parierte Hinterschinken mit 15 % einer 14%igen Lake.
Wie viel Prozent Salz sind nach dem Spritzen im Schweinefleisch enthalten?

---

24 32 l einer 12%-Lake sollen so ergänzt werden, dass daraus 60 l Aufgusslake mit 15 % Salzgehalt werden.
Wie viel kg Salz und wie viel Liter Wasser sind zuzuschütten?

---

25 Die Nachmessung des Salzgehaltes einer guten, alten Naturlake ergibt 9,5 % für 16,7 l. Bis auf 25 l soll aufgefüllt werden, wobei ein Salzgehalt von 14 % zu erreichen ist.
Berechnen Sie die zuzugebende Salz- und Wassermenge.

---

26 6 470 g Nitritpökelsalz sind zu einer Lake zu verwenden, die auf 12,5 % eingestellt werden soll.
Wie viel Liter Wasser müssen dazugeschüttet werden?

---

27 Aus 13,750 kg NPS soll eine 11%ige Lake hergestellt werden.
Wie viel Liter Wasser sind bereitzustellen und welche Gesamtlakemenge ergibt sich?

8.3 Pökelgewinne und Pökelverluste

28 Durch genaues Wiegen hat Fleischermeister P. ermittelt, dass bei trockener Schinkensalzung ein durchschnittlicher Salzungsverlust von 5,5 % und ein weiterer durchschnittlicher Räucherverlust von 8,5 % eintreten.

Pökelt er dagegen die Schinken im Spritzpökelverfahren, verzeichnet er einen Pökelgewinn von 6 %, dagegen beim Räuchern und Abhängen in den ersten 8 Tagen einen Verlust von 10,5 %.

a) Welchen Nettopreis muss er für 1 kg fertigen Schinken ansetzen, wenn die fertig beschnittenen, aber frischen Schinkenstücke je kg mit 5,22 EUR berechnet wurden?

b) Wie groß ist der Mehrverdienst in EUR bei 100,000 kg Schinken in ungepökeltem Zustand, wenn dieser Posten über die Nasspökelung und nicht über die Trockensalzung bearbeitet wird?

---

29 Fleischer F. kauft 270,000 kg magere Bäuche, je kg zu 2,15 EUR. Beim Herrichten fallen 2 % wertlose Schwartenabschnitte und Rippchen an. Der Pökelverlust beträgt 9,5 %. Für allgemeine Kosten schlägt Fleischer F. 38 % auf. Dazu kommt die gesetzliche Umsatzsteuer.

a) Wie teuer kommen 100 g dieses Bauches in rauchfrischem Zustand?

b) Wie viel EUR bleiben dem Fleischer als Verdienst übrig, wenn er die Bäuche allesamt für 4,04 EUR per 1 000 g an einen Großabnehmer verkauft?

---

30 Nackenstücke kosten im Verkauf 4,90 EUR je 1 000 g. Bei der Bearbeitung zu „Kasseler Rippenspeer" wird bei der Spritzpökelung eine Gewichtserhöhung um 9 % erreicht. Durch vorsichtiges Räuchern kann der Räucherverlust bei 5,5 % gehalten werden. Für die Mehrarbeit werden 5 % auf den so errechneten Preis aufgeschlagen.

Wie teuer kommen 100 g dieser zu „Kasseler" hergerichteten Nackenstücke?

---

31 Für die Kantine an der Baustelle „Autobahnbrücke" sollen 18,500 kg gespritzte Pökelrippchen geliefert werden.

Wie viel kg frische Kotelettstücke sind bereitzustellen, wenn mit einer Gewichtszunahme von 7,5 % bei der Spritzpökelung gerechnet wird?

---

32 13,350 kg Koteletts werden zu Kasseler gespritzt. Spritzzunahme 12,5 %, Räucherverlust 6,5 %.

Berechnen Sie das Fertiggewicht.

---

33 14,8 kg frische Hintereisbeine werden mit 9 % des Frischgewichtes gespritzt. Beim anschließenden Garen tritt ein Verlust von 15 % des Pökelgewichtes ein. Frische Eisbeine kosten im Laden 2,53 EUR je kg.

Zu welchem Preis können die gegarten Eisbeine warm angeboten werden, wenn für die Bearbeitung 15 % Kosten aufgeschlagen werden?

---

34 Eine Rinderrolle mit einem Gewicht von 2 050 g wiegt nach der Trockenpökelung 1 805 g.

Berechnen Sie den Verlust in Prozent.

---

35 4 Schweinekeulen mit einem Frischgewicht von 58,4 kg verlieren beim Trockenpökeln 14,2 %.

Berechnen Sie:

a) den Pökelverlust in kg,

b) das Pökelfertiggewicht.

---

36 Kasseler Kamm wird für 5,06 EUR je 1 000 g als Sonderangebot ausgezeichnet. Wie viel EUR durfte 1 kg der frischen Kämme kosten unter Berücksichtigung folgender Faktoren:

20 % Bearbeitungskosten,

6 % Räucherverlust,

8,5 % Spritzzunahme?

---

37 10 Schweinehüften verlieren beim Pökeln insgesamt 1 598 g. Das waren 8,5 %. Berechnen Sie das Frischgewicht.

---

38 Rinderpökelbrust, je kg mit 5,01 EUR errechnet, erfährt einen Pökelspritzgewinn von 8 % und anschließend einen Garverlust von 24 %.

Berechnen Sie den Materialpreis nach dem Garen.

---

39 Für die Herstellung von Thüringer Leberwurst werden 15 kg gegarte Schweineschulter benötigt. Das Material wird vor dem Garen mit 15 % des Frischgewichtes gespritzt. Der Garverlust wird mit 24 % angenommen. Die Materialkosten für 1 kg rohes Schweinefleisch betragen 3,99 EUR.

Wie viel EUR kostet 1 kg gegartes Schweinefleisch?

---

40 Ein Restaurant bestellt 48 kg Kasseler. Bei der Produktion ergeben sich folgende Gewichtsveränderungen:

Räucherverlust 17 %;

Pökelzunahme 15 %.

a) Wie viel kg frische Kotelettstücke werden für die Herstellung der Kasseler benötigt?

b) Für wie viel EUR je kg kann die fertige Ware angeboten werden, wenn die frischen Koteletts 3,85 EUR/kg kosten und für die Bearbeitung 1,25 EUR/kg zu berücksichtigen sind?

---

41 Der Meister stellt Thüringer Blutwurst her. Dafür hat er 26,5 kg gepökeltes, rohes Schweinefleisch bereitgestellt. Er rechnet mit einem Garverlust von 21 %.

a) Mit wie viel kg gegartem Schweinefleisch kann er rechnen?

b) Wie viel kg Thüringer Blutwurst kann er herstellen, wenn mit einem Mageranteil von 65 % gerechnet wird?

---

42 Das „Hotel zur Traube" bestellt 35 kg gekochten Schinken. Wie der Meister aus Erfahrung weiß, ergeben sich bei der Produktion folgende Veränderungen:

Beim Auslösen der Hinterschinken fallen 15 % wertlose Knochen und Schwarten an; vom verbleibenden Gewicht rechnet er 65 % für die zu verarbeitenden Ober- und Unterschalen; die Spritzzunahme beträgt 17 % vom Frischgewicht und der Garverlust 21 % vom Pökelgewicht.

Wie viel kg Hinterschinken mit Knochen und Schwarte müssen bereitgestellt werden?

---

43 Sechs Reihen Koteletts werden mit 12 % Lake gespritzt und wiegen anschließend 43,680 kg.

Wie viel kg betrug das Frischgewicht?

---

44 Ein Sanatorium bittet Fleischermeister Schmitz um ein Preisangebot für gekochte Pökelrippchen. Der Fleischer rechnet: Kotelettreihen kosten im Fleischgroßhandel pro kg 3,85 EUR. Gewichtszunahme beim Spritzpökeln etwa 9 %; Kochverlust ca. 12 %. Für Löhne und sonstige Kosten berechnet er einen Aufschlag von 23 % vom Frischfleischpreis. Den kalkulatorischen Gewinn setzt er mit 8 % des Selbstkostenpreises an.

Zu welchem Mindestpreis kann er die Rippchen anbieten, wenn auf den Nettoverkaufspreis noch die Umsatzsteuer aufgeschlagen werden muss?

---

45 27,4 kg dicker Rückenspeck verloren beim Salzen 2 275 g. Der frische Speck wurde zu einem Kilopreis von 2,02 EUR eingekauft.

Berechnen Sie den Preis für 1 kg gesalzenen Speck.

46 Aus zwei Hinterschinken sollen die Kernstücke zu Kochschinken hergerichtet werden. Der erste Schinken wiegt 3 460 g, der zweite 4 050 g. Beide werden mit 12 % des Gewichtes mit Lake gespritzt. Der erste Schinken wird daraufhin einfach noch 24 Stunden in Lake gelegt und wiegt danach noch 3 685 g. Der zweite Schinken wird nach der Spritzung in ein Vakuumpökelgerät eingelegt und 5 Stunden lang behandelt. Er wiegt anschließend noch 4 505 g.

a) Wie viel Prozent hat jeder der beiden Schinken über die Spritzpökelung tatsächlich zugenommen?

b) Welchen zusätzlichen Wert in EUR bedeutet die größere Gewichtszunahme des vakuumbehandelten Schinkens, wenn die frischen Schinken per kg mit 4,50 EUR angesetzt werden müssen?

47 Wir stellen aus 60 l Wasser einen 10%igen Pökel her.

Wie viel kg Schinken können mit dieser Lake gespritzt werden, wenn 12 % des Frischgewichtes der Schinken eingespritzt werden sollen?

Wie viel kg beträgt das Gewicht der fertig gespritzten Kochschinken?

8.4 Gewinne, Verluste und Kosten bei der Vakuumverpackung

48 Ein kräftiges Bullenroastbeef mit Filet wiegt, nicht entbeint, 19,650 kg. Die „edlen" Stücke machen, gut pariert, 63,5 % des Gesamtgewichtes aus. Bei der Vakuumverpackung dieser Stücke muss mit einem Aussaftungsverlust von 2,2 % gerechnet werden. Beim offenen Abhängen entständen alle 3 Tage rd. 2,5 % Schwund.

Berechnen Sie die beiden Verkaufsgewichte nach 15 Tagen.

49 Aufschnitt im kg-Preis von 10,12 EUR soll für einen Großabnehmer in 500-g-Packungen verpackt werden. Das Verpackungsmaterial pro Einheit kostet 23,7 Cents, Lohn- und Maschinenkosten werden je Einheit mit 15 Cents veranschlagt.

Fleischer Berger möchte für diesen „Service" 3 % des Aufschnittwertes gesondert vergütet haben.

Wer macht dabei ein „Geschäft": Der Fleischer oder der Großabnehmer?

50 Eine gut parierte Oberschale im Gewicht von 9,450 kg wird vakuumverpackt. Nach 10 Tagen wiegt das Fleischstück noch 9,240 kg. Der Ladenpreis vor der Verpackung war auf 8,39 EUR festgesetzt.

Berechnen Sie den um die Aussaftung bereinigten Preis.

Wie viel % beträgt der Aussaftungsverlust?

51 Ein Vakuumverpackungsgerät kostet 6.887,00 EUR. Es wird von einer achtjährigen Nutzung des Gerätes ausgegangen. Im Schnitt werden wöchentlich 120 „Züge" getätigt.

Welcher Anteil an den Gerätekosten müsste je „Zug" umgelegt werden, wenn nach 8 Jahren die Anschaffungskosten amortisiert sein sollen?

5808102

52 Eine Rinderkeule wird zerlegt. Das Gewicht der gut parierten Teilstücke beträgt insgesamt 57,300 kg. Die Stücke werden zur weiteren Reifung vakuumverpackt. Es entstehen Verpackungskosten von 4,99 EUR. Der Aussaftungsverlust wird auf 2,2 % geschätzt. Beim unverpackten Abhängen im Kühlraum müsste in 5 Tagen mit einem Schwund von rd. 5 % gerechnet werden.

Berechnen Sie:

a) das Verkaufsgewicht und den Schwund der vakuumverpackten Stücke;

b) das Verkaufsgewicht nach fünftägigem unverpacktem Abhängen;

c) den jeweiligen bereinigten Verkaufspreis, wenn von einem Durchschnittspreis von 8,08 EUR vor der Verpackung bzw. dem Abhängen auszugehen ist.

---

53 Unmittelbar nach dem Zerlegen werden 24 Schweineoberschalen im Gesamtgewicht von 68,300 kg einzeln vakuumverpackt. Ein Vaku-Beutel kostet rd. 12 Cents. Der Geselle benötigt 36 Minuten zur Verpackung; der Stundensatz muss mit 20,90 EUR angesetzt werden.

Berechnen Sie die Kosten dieser Verpackungsaktion.

---

54 Geselle Peter F. verpackt in rd. 100 Minuten 38 Packungen. Der Werkstattsatz muss mit 21,50 EUR je Stunde angenommen werden.

Welcher Kostenanteil entfällt auf eine Packung?

---

55 „Rheinischer Sauerbraten“, fix und fertig eingelegt und vakuumverpackt, ist der Schlager bei Fleischer Schlemmer. Frische Rinderschmorstücke vom Bug kosten im Ladenverkauf je kg 9,10 EUR.

Bei der Verpackung muss Meister Schlemmer mit folgenden Kosten rechnen: je Packung 10 Cents für die Beize und rd. 21 Cents für Verpackungsmaterial und Etikett. Die Päckchen enthalten exakt 1,250 kg Frischfleisch.

a) Wie viel EUR verbleiben dem Fleischer für die Verpackungsarbeit, wenn er eine Portion zu 12,75 EUR anbietet?

b) Um wie viel % ist der Sauerbraten teurer als das frische Fleisch?

---

56 Beim Öffnen einer Vakuumgroßpackung werden exakt 400 g Fleischsaft ermittelt, das sind genau 2,5 % des Frischgewichtes.

a) Berechnen Sie das Frischgewicht vor dem Verpacken.

b) Bereinigen Sie den kg-Preis bezüglich der entstandenen Verluste.

9 Kalkulationen

Kalkulieren heißt, den Preis für bestimmte Waren ermitteln (aus lat.: ad calculos vocare = einer genauen Rechnung unterziehen). Soll der durch die Kalkulation zu ermittelnde Preis zu einem positiven Betriebsergebnis führen, müssen planmäßig folgende Faktoren berücksichtigt werden:

a) Einkaufspreis für das Material,

b) alle entstehenden Kosten,

c) ein angemessener Gewinn und

d) die gesetzliche Umsatzsteuer (im endgültigen Preis).

Ehe wir uns den eigentlichen Kalkulationen zuwenden, müssen zuvor einige Begriffe und betriebliche Zusammenhänge geklärt werden.

9.1 Kaufmännische Grundlagen

9.1.1 Grundbegriffe

Voraussetzung für eine genaue Kalkulation im Fleischerbetrieb ist die durchgehende Befolgung des Grundsatzes:

wiegen – messen – zählen

Nur wer diesem Grundsatz folgt, kann, rechnerisch gesehen, wirklich präzise Angaben über alle Aufwendungen erhalten, die dem Betrieb vom Einkauf der Rohstoffe bis zum Verkauf einer fertigen Ware entstehen. Alle diese Aufwendungen nennen wir KOSTEN.

Ihre fortlaufende Aufzeichnung, mit dem Ziel, sie in der Kalkulation auswerten zu können, nennen wir Kostenrechnung.

Allerdings werden unter dem Begriff Kosten die verschiedensten Arten von Kosten zusammengefasst. Sie lassen sich nach den unterschiedlichsten Gesichtspunkten einteilen, z. B.:

a) nach dem Merkmal der Zuordnung als direkte und indirekte Kosten.

Beispiel: Preis für 100 kg Fleisch beim Großhändler oder Stromkosten für die Kühlung des Fleisches an zwei Tagen im allgemeinen Kühlraum.

b) nach dem Merkmal der „Entstehungsstelle" der Kosten im Betrieb in **Rohstoffkosten, Bearbeitungs- und Herstellkosten, Bereitstellungskosten, Vertriebskosten, allgemeine und Verwaltungskosten.**

5808104

Beispiele: a) Einkaufspreis für verschiedene Fleischstücke

b) Kosten für Lohn, Maschinen, Energie, Zutaten usw.

c) Kosten für Kühlung, Lagerverluste, Lagerzinsen usw.

d) Ladeneinrichtung, Verpackungsmaterial, Betriebskosten des Ladens, Verkaufskräfte-Löhne usw.

e) Kfz-Kosten, Wurstküchenanstrich, Steuerberater, Büromaterial, Werbemittel usw.

Diese Einteilung ließe sich beliebig unter anderen Gesichtspunkten weiterführen. Wir wollen aber hier die Aufzählung abbrechen, da die angeführten Beispiele ausreichend Einblick in das Problem der Kosten geben können.

Allgemein lässt sich sagen: Jeder Betrieb ist bestrebt, oder besser, sollte bestrebt sein, die bei der Herstellung oder Bereitsstellung eines Gutes anfallenden Kosten im Rahmen der Kalkulation exakt dem Produkt (Gut) zuzuweisen. Nur so ist die Ermittlung des wirklich genauen Preises möglich.

Allerdings muss zugegeben werden, dass die exakte Zuordnung nicht in allen Fällen und oft nur sehr schwer möglich ist.

Je größer aber ein Betrieb, d. h., je stärker seine Arbeitsteilung, desto leichter ist die exakte Kostenzuweisung möglich, aber auch notwendig.

Beispiel: Ein Kleinbetrieb stellt Kochwurst an einem bestimmten Arbeitstag („Kochwursttag") her, im fortlaufenden Arbeitsgang, ohne klare Trennung des Arbeitsaufwandes je nach Sorte.

Ein Großbetrieb stellt in einem bestimmten Zeitraum unter Ausnutzung der Maschinen und Anlagen nur eine Leberwurstsorte her.

Da wir hier keine wissenschaftliche Behandlung des Kostenbereichs vornehmen können und wollen, versuchen wir die Schwierigkeiten der Erfassung und klaren Abgrenzung der Einzelkosten zu umgehen. Wir werden deshalb **alle Kosten**, die durch Bezug, Be- und Verarbeitung, Lagerung (Bereitstellung) und Vertrieb (Verkauf) eines Produktes (Gutes) entstehen, **Gemeinkosten** nennen.

Wir fassen noch einmal die wichtigsten Begriffe zusammen:

Kalkulation = Ermittlung von Preisen

Kosten = Aufwendungen eines Betriebes für Herstellung, Bereitstellung und Vertrieb eines Produktes

Kostenrechnung = Erfassung aller Kosten und ihre Aufbereitung für den „Einbau" in die Kalkulation

Kostenarten = verschiedene Arten entstehender Kosten

Kostenstellen = die Stellen im Betrieb oder im Produktionsgang, an denen Kosten entstehen

Kostenträger = das Produkt (Gut), bei dessen Herstellung, Bearbeitung, Bereitstellung und Vertrieb Kosten entstehen, die dieses Gut „tragen" muss

Gemeinkosten = alle einem Produkt (Gut) zuzuordnenden Kosten, allerdings ohne die reinen Materialkosten (Rohstoffkosten)

Zum besseren Verständnis des Zusammenhangs der einzelnen Begriffe sei folgendes Schema angefügt:

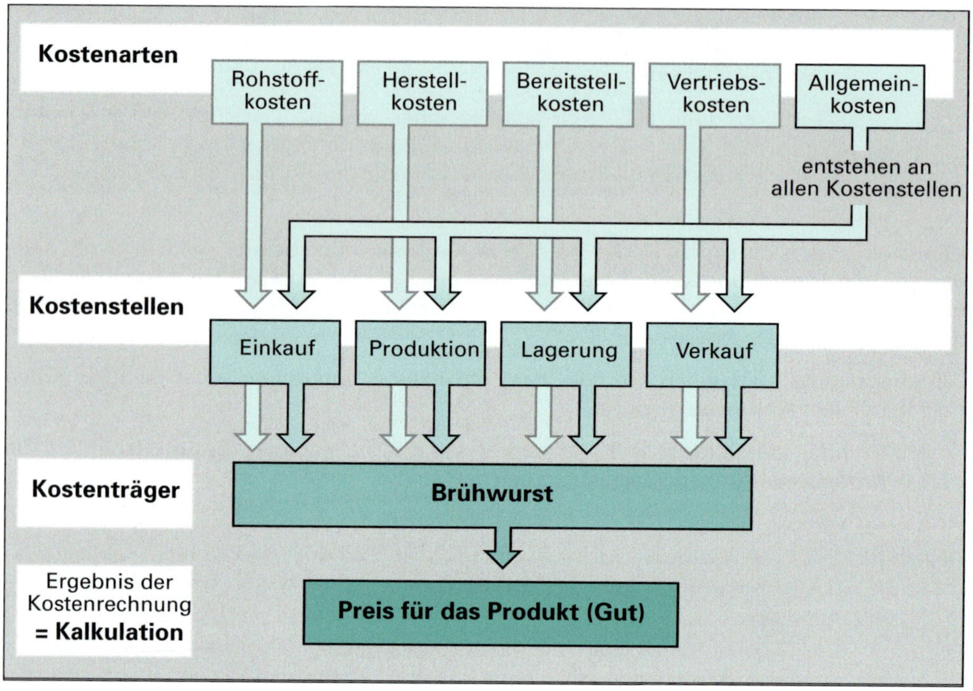

Schema einer Kostenrechnung

9.1.2 Abschreibungen und Löhne

Grundsätzlich alle Wirtschaftsgüter des Anlagevermögens müssen in der Bilanz des Unternehmens als Vermögen ausgewiesen werden. Diese Einrichtungsgegenstände des Betriebes, z. B. Wolf, Kutter usw., verlieren naturgemäß im Laufe der Zeit durch Veralterung und Gebrauch an Wert. Das bedeutet eine buchmäßige Verminderung des Vermögens und wirkt sich somit steuersenkend aus.

Eine solche Wertminderung des Vermögens bezeichnen wir als **Abschreibung** (AfA = Absetzung für Abnutzung).

Abschreibungen werden als „Wertverzehr" (= Kosten) den Gemeinkosten zugeschlagen, sind demnach im Produktpreis enthalten und fließen durch den Verkauf der hergestellten Ware in Geldform in den Betrieb zurück.

Die Höhe der Abschreibung richtet sich nach der voraussichtlichen Nutzungsdauer des Anlagegegenstandes.

Im Handwerk haben wir dazu grundsätzlich zwei Möglichkeiten:

Bei der **linearen (gleich bleibenden) Abschreibung** wird entsprechend der angenommenen Nutzungsdauer des Gegenstandes ein Abschreibungssatz in Prozent festgelegt, z. B. Nutzungsdauer 10 Jahre, Abschreibungssatz 10 % der jeweiligen Anschaffungs- oder Herstellungskosten; d. h., nach 10 Jahren wird der Wertverzehr über den zusätzlichen Verkaufserlös ausgeglichen.

Bei der **degressiven (fallenden) Abschreibung** ist der Abschreibungsprozentsatz doppelt so hoch wie bei der linearen Abschreibung. Er darf aber 20 % nicht überschreiten.

Dieser Abschreibungssatz ergibt sich dadurch, dass der gleich bleibende Prozentsatz auf den Wert bezogen wird, den das Anlagegut zu Beginn des betreffenden Bilanzjahres hatte.

Die folgende Aufstellung soll den Unterschied verdeutlichen.

Angenommene Nutzungsdauer: 10 Jahre

	lineare AfA 10 %	degressive AfA 20 %
Anschaffungskosten	10.000,00	10.000,00
Abschreibung 1. Jahr	1.000,00	2.000,00
Bilanzwert	9.000,00	8.000,00
Abschreibung 2. Jahr	1.000,00	1.600,00
Bilanzwert	8.000,00	6.400,00
Abschreibung 3. Jahr	1.000,00	1.280,00
Bilanzwert	7.000,00	5.120,00
Abschreibung 4. Jahr	1.000,00	1.024,00
Bilanzwert	6.000,00	4.096,00
Abschreibung 5. Jahr	1.000,00	819,00
Bilanzwert	5.000,00	3.277,00
Abschreibung ...	...	...

Wie die einzelnen Bilanzwerte zeigen, ist der Abschreibungsbetrag (in EUR) bei der degressiven Abschreibung anfangs höher und später niedriger als bei der linearen Abschreibung. Damit erreicht man in den ersten Jahren einen höheren Finanzierungseffekt und eine höhere Steuerersparnis.

	AfA-Tabelle für Fleischereien	
Anlagegüter	Nutzungsdauer (Jahre)	linearer AfA-Satz (%)
Aufschnittmaschinen	6	16 ⅔
Brühmaschinen	8	12 ⅓
Büromöbel	10	10
Eisautomaten	7	14
Fleischbacköfen	5	20
Füllmaschinen	7	14
Hochdruckreiniger	4	25
Kutter/Schnellkutter	10	10
Ladeneinrichtungen	12	8 ⅓
Produktionsgebäude	15	6 ⅔
Räucheranlagen	10	10
Speckabschwarter	5	20
Waagen (Laden)	4	25
Wölfe (Produktion)	7	14

In einzelnen Fällen kann auch eine andere Nutzungsdauer festgelegt werden, die kürzer oder länger ist.

Übungsaufgaben

1 Der Meister kauft einen neuen Kutter für 29.900,00 EUR. Angenommene Nutzungsdauer 10 Jahre.

Welchen Buchwert hat die Maschine im 5. Jahr bei

a) linearer Abschreibung,

b) degressiver Abschreibung?

2 Ein Wolf, angenommene Nutzungsdauer 10 Jahre, hat nach 6 Jahren linearer Abschreibung noch einen Buchwert von 6.060,00 EUR.

Wie viel EUR betrugen die Anschaffungskosten?

3 Nach 8 Jahren Abschreibung (linear) hat eine Kombi-Anlage noch einen Buchwert von 4.520,00 EUR. Abschreibungszeitraum 10 Jahre. Da zwischenzeitlich weit bessere Modelle auf dem Markt sind, kauft der Meister eine neue. Diese ist aber gegenüber der alten Anlage 32 % teurer im Einkauf.

Wie viel EUR kostet die neue Anlage?

4 Eine elektronische Ladenwaage kostet im Einkauf 7.465,00 EUR. Angenommene Nutzungsdauer 10 Jahre, Abschreibung (degressiv) 20 %. Nach 4 Jahren tauscht der Meister die Waage gegen ein verbessertes Modell zum Bilanzwert ein und zahlt noch 5.000,00 EUR dazu.

Wie viel EUR kostet die neue Waage?

5 Die neue Ladeneinrichtung hat einen Wert von 70.000,00 EUR. Die Nutzungsdauer wird auf 15 Jahre festgelegt.

Berechnen Sie den Buchwert nach Ablauf von 13 Nutzungsjahren:

a) bei linearer Abschreibung, bezogen auf diesen Zeitraum;

b) bei degressiver Abschreibung mit einem Satz von 12 %.

6 Berechnen Sie den jeweiligen Buchwert. (Siehe AfA-Tabelle)

Anlagegut	Anschaffungspreis	bereits genutzte Zeit
Speckabschwarter	7.296,00 EUR	30 Monate
Produktionswolf	17.118,00 EUR	55 Monate
Brühmaschine	8.662,00 EUR	3 Jahre
Vakuumfüllautomat	20.822,00 EUR	70 Monate
Aufschnittmaschine	6.185,00 EUR	4 ½ Jahre
Fleischbackofen	4.285,00 EUR	40 Monate
Rauch-Kombi-Anlage	30.156,00 EUR	100 Monate

7 Ein Kutter hat nach 88 Monaten Nutzung einen Buchwert von 8.640,00 EUR. AfA-Zeit 10 Jahre.

Berechnen Sie:

a) den Neuwert der Maschine;

b) die bereits abgeschriebene Summe;

c) prüfen Sie nach, ob eine degressive Abschreibung steuerlich günstiger gewesen wäre.

8 Den Neubau der Verarbeitungsräume und des Kühlhauses abzuschreiben, gestattet das Finanzamt in 12 Jahren.

Berechnen Sie den Abschreibesatz pro Jahr.

Wie viel EUR werden jährlich abgeschrieben, wenn 184.200,00 EUR investiert wurden?

Welchen Buchwert hat die Anlage noch nach 90 Monaten Nutzung?

9 Eine Poltermaschine wird in 5 Jahren abgeschrieben. Sie hat einen Neuwert von 9.330,00 EUR. Berechnen Sie den Wert des Gerätes zu Beginn des 4. Nutzungsjahres jeweils nach linearer und degressiver Abschreibung.

---

10 Der Lieferwagen der Firma „Rhein-Fleisch" kann in 4 Jahren abgeschrieben werden, wird aber nach dreijähriger Nutzung – Buchwert 7.015,00 EUR – gegen ein Neufahrzeug in Zahlung gegeben. Angerechnet werden der Buchwert und 15 % davon zusätzlich.

Der neue Wagen kostet 21 % mehr als das gebrauchte Fahrzeug neu kostete.

Berechnen Sie:

a) den Neupreis des alten Fahrzeuges;

b) die Summe, zu der das Altfahrzeug in Zahlung genommen wurde;

c) den Preis des neuen Fahrzeuges;

d) die Summe, die zum Erwerb des neuen Fahrzeuges noch zugezahlt werden musste.

---

11 Eine große Viehwaage – Neupreis 17.740,00 EUR – kann in 8 Jahren abgeschrieben werden, Meister Baumann kann eine solche Anlage, die bereits 3¾ Jahre genutzt wurde, für 9.500,00 EUR kaufen.

Sollte er dies tun – oder besser neu kaufen?

Übungsaufgaben zur Lohnberechnung

12 Ein gelernter Fleischergeselle verdient lt. Tarifvertrag ab dem 4. Gesellenjahr 12,15 EUR brutto je Stunde.

a) Wie viel EUR brutto verdient er im Jahr, wenn der Monat mit 4,33 Wochen gerechnet wird bei 39 Wochenstunden Arbeitszeit?

b) Wie viel EUR netto verdient er monatlich bei folgenden Abzügen vom Bruttolohn:

14 % Lohnsteuer;
9 % der Lohnsteuer als Kirchensteuer;
6,75 % Beitrag Krankenversicherung;
0,85 % Beitrag Pflegeversicherung;
9,65 % Beitrag Rentenversicherung;
2,10 % Beitrag Arbeitslosenversicherung?

---

13 Karl ist ungelernter Arbeitnehmer in einer Fleischerei und erhält laut Tarifvertrag nur 85 % des zz. gültigen Stundenlohnes, der für Gesellen im 3. Berufsjahr 11,30 EUR beträgt. Er arbeitet 168 Stunden im Monat zuzüglich 8 Mehrstunden. Die ersten 4 Überstunden werden lt. Manteltarifvertrag mit 25 %, die folgenden Stunden mit 50 % Aufschlag vergütet.

a) Berechnen Sie den Nettolohn bei folgenden Abzügen:

16 % Lohnsteuer;
9 % der Lohnsteuer als Kirchensteuer;
7,25 % Beitrag Krankenversicherung;
1,1 % Beitrag Pflegeversicherung;
9,75 % Beitrag Rentenversicherung;
2,10 % Beitrag Arbeitslosenversicherung?

b) Wie viel EUR netto würde ein gelernter Fleischergeselle unter den gleichen Bedingungen verdienen?

---

14 Die Erstverkäuferin, Frau Tüchtig, erhält monatlich einen Bruttolohn von 1.750,00 EUR. Laut Tarifvertrag erhält sie als Verkäuferin in leitender Stellung einen Zuschlag von 175,00 EUR.

Wie viel EUR netto erhält sie bei folgenden Abzügen:

19 %	Lohnsteuer;
9 %	der Lohnsteuer als Kirchensteuer;
7,25 %	Beitrag Krankenversicherung;
0,85 %	Beitrag Pflegeversicherung;
9,75 %	Beitrag Rentenversicherung;
2,10 %	Beitrag Arbeitslosenversicherung?

9.1.3 Gemeinkosten – Kalkulatorischer Gewinn – Brutto- und Nettoaufschlag

Unter dem Begriff der **Gemeinkosten** werden alle Kosten zusammengefasst, die vom Rohstoffeinkauf bis hin zum Vertrieb eines Produktes entstehen.
Es ist üblich, diese Gemeinkosten in einem bestimmten Prozentsatz vom Materialwert (Rohstoffwert) anzugeben und auf diesen aufzuschlagen.

Die Höhe des Gemeinkostensatzes richtet sich nach den Kosten, die einem Betrieb im Laufe eines bestimmten Zeitraumes bei der Bearbeitung einer bestimmten Rohstoffmenge sowie deren Lagerung und dem Vertrieb der daraus gewonnenen Güter entstehen. Allerdings hat diese Ermittlung des Gemeinkostensatzes im Rahmen eines Fleischereibetriebes zwei Nachteile:

- der ermittelte Gemeinkostensatz entspricht meist nicht mehr den tatsächlichen Kosten, da er für einen bereits vergangenen Zeitraum richtig war, jetzt aber Kostensteigerungen nicht berücksichtigt;
- die Verschiedenartigkeit der Waren bedingt ganz verschiedene Kosten für die Produkte.

Beispiel: Gleiche Arbeitszeit ist notwendig für das Ausknochen und Zerlegen einer Rinderkeule bzw. einer Rinderlende. Der anfallende Fleischwert ist allerdings ungleich verschieden.

Die erste Schwierigkeit wird umgangen, indem Kostensteigerungen in ungefähren Prozentsätzen zugeschlagen werden.

Beim zweiten Nachteil kommt es in einem Durchschnittsbetrieb meist zu einem Ausgleich, wenn der Mittelwert genommen wird. Extreme Umsatzzusammensetzungen, etwa ein überdurchschnittlich hoher Wurstverkaufsanteil, erfordern eine Bereinigung in die entsprechende Richtung. Je größer der Anteil an selbstgefertigten Wurstwaren, desto höher wird auch der Gemeinkostensatz anzusetzen sein.

Wir wollen uns zunächst an einem Beispiel ansehen, wie man für einen Betrieb den Gemeinkostensatz errechnen kann.

Beispiel: Ermittlung des Gemeinkostensatzes für die Fleischerei X.

I. Rohstoffkosten

Fleischeinkauf + Bezugskosten	11.575,00 EUR

II. Gemeinkosten

a) Personalkosten	1.852,00 EUR
b) Energie und Versorgung	243,10 EUR
c) Betriebskosten (Reparaturen, Abschreibungen)	208,35 EUR
d) Steuern und Abgaben (ohne USt)	926,00 EUR
e) Mieten und Raumkosten	277,80 EUR
f) alle sonstigen Kosten	544,00 EUR
Gemeinkostensumme	4.051,25 EUR

Wir stellen gegenüber:

Wareneinsatz 11.575,00 EUR ≙ 100 %

Gemeinkosten 4.051,25 EUR ≙ ? %

Wir übertragen an den Bruchstrich:

$$\text{Gemeinkostensatz} = \frac{100 \cdot 4.051,25}{11.575,00} = \underline{\underline{35\ \%}}$$

Der Gemeinkostensatz entspricht also 35 %.

Wir merken uns:

$$\text{Gemeinkostensatz} = \frac{\text{Gemeinkosten} \cdot 100}{\text{Rohstoffkosten}} = [\%]$$

Übungsaufgaben

15 Fleischermeister P. hat für Monat Juni folgende Zahlen notiert:

Rohstoffkosten

	Wareneingang	31.040,00 EUR
-	Skonti	625,00 EUR
+	Transportkosten	115,00 EUR

Gemeinkosten

Personalkosten	7.501,75 EUR
+ Erhöhung um 8 %	
Energiekosten	890,66 EUR
Betriebsk. + Mieten	456,52 EUR
Steuern	2.060,70 EUR
Sonstige Kosten	3.389,43 EUR

Wie viel Prozent beträgt der Gemeinkostensatz für diesen Zeitraum?

16 Fleischgroßhändler Sepp Meier erhält aus der Buchhaltung folgende Zahlen für das I. Quartal:

	Warenbezug	265.545,00 EUR
+	Warenbezugskosten	3.218,90 EUR

Personalkosten	27.827,19 EUR
Raummieten, Abschreibungen	1.819,59 EUR
Bürokosten	960,09 EUR
Kfz, Fuhrlohn	1.935,61 EUR
Sonstiges	2.769,00 EUR

Mit welchem Gemeinkostensatz muss er kalkulieren?

17 Berechnen Sie die Gemeinkostensätze folgender 5 Firmen.
Überlegen Sie, welche Firma die günstigste Kostenstruktur hat.

Firma	Rohstoffkosten (einschl. Rohstoffbezugskosten)	Gemeinkosten
Berger	14.130,73 EUR	4.380,55 EUR
Müller	18.209,00 EUR	5.780,47 EUR
Luft	88.002,00 EUR	24.200,42 EUR
Sulzer	472.310,00 EUR	52.426,41 EUR
Weber	290.010,00 EUR	99.000,20 EUR
Meier	415.125,00 EUR	157.748,00 EUR
Schneider	614.285,00 EUR	133.571,12 EUR
Zacher	459.365,00 EUR	183.516,32 EUR

Ein kluger Mann hat einmal gesagt, der **Gewinn** (oder Verdienst) sei das Blut eines Unternehmens. Wie der Mensch ohne Blut nicht existiere, so könne auch kein Unternehmen auf Dauer ohne Gewinn auskommen.

Beim Handwerksbetrieb spielt der Gewinn dazu noch eine weitere Rolle: Er stellt das Einkommen des Handwerkers und seiner mithelfenden Familienangehörigen dar. Es ist der Lohn für den Einsatz von Kapital, Arbeitskraft und Risiko des Handwerkers.

In die Kalkulation wird zunächst der „kalkulatorische" Gewinn eingesetzt, dessen Höhe der Betriebsinhaber autonom festsetzt. Dieser „kalkulatorische" Gewinn ist in den seltensten Fällen aber die tatsächliche Gewinngröße; meist wird er nicht erreicht, weil die Marktpreise niedriger liegen können als der in der Kalkulation erreichte Preis. Der Gewinn ist die Größe in der Kalkulation, die am meisten variabel ist, während Rohstoff- und Gemeinkosten sowie Steuern ziemlich starre Größen sind.

Weil ein möglicher Gewinnansatz durch die Verminderung des Preises schnell aufgezehrt oder sogar in einen Verlust umkippen kann, ist ein exaktes Kalkulieren auch in dieser Hinsicht unerlässlich. Die tatsächlichen Gewinngrößen in Fleischereien **vor Steuer** schwanken zwischen 0 und 15 % des Nettoumsatzes. Da der kalkulatorische Gewinn aber als Zuschlag zu dem Selbstkostenpreis in die Kalkulation eingeht, muss der Ansatz von einem höheren Wert ausgehen, um auf wirtschaftlich vertretbare Prozentsätze vom Nettoumsatz zu kommen.

Übungsaufgaben

18 Der Jahresbruttoumsatz einer Fleischerei betrug – einschließlich der Umsatzsteuer – 490.542,00 EUR. Das Wareneingangsbuch schließt mit der Summe von 323.456,02 EUR ab. Die Zusammenstellung aller Kosten ergibt 101.888,65 EUR.
Berechnen Sie:

a) den Nettoumsatz;
b) den Gemeinkostensatz, bezogen auf den Wareneinsatz;
c) den effektiven Gewinnsatz vom Nettoumsatz;
d) den Prozentsatz, den die Gemeinkosten, der Gewinn und die Umsatzsteuer zusammen, bezogen auf den Wareneinsatz, ausmachen.

19 Im vorletzten Jahr betrug der Rohgewinnsatz der Fleischerei Müller vor Steuer 8,15 % vom Nettoumsatz. Der Bruttoumsatz des letzten Jahres beträgt 882.500 EUR.

a) Wie viel EUR Gewinn sind für das letzte Jahr zu erwarten, wenn vom Satz für das vorletzte Jahr ausgegangen werden kann?
b) Welche Gesamtsumme an Steuern muss abgeführt werden, wenn von einem Durchschnittsatz von 16,85 % vom Rohgewinn auszugehen ist?

20 85,500 kg frische Bäuche ohne Wammen, zu 1,61 EUR je kg netto eingekauft, verlieren beim Herrichten zunächst 2,2 % an Knochen und wertlosen Fettabschnitten. Die Ware verliert beim Pökeln und Räuchern 4,850 kg.

Auf den Einkaufspreis wurden 33 % Gemeinkosten und 16 % kalkulatorischer Gewinn aufgeschlagen.

a) Auf welchen Prozentsatz vom Selbstkostenpreis sinkt der Gewinn, wenn die fertigen Bäuche an einen Großabnehmer für 1,97 EUR einschl. Umsatzsteuer abgegeben werden?

b) Wie viel EUR Gewinn bleiben dem Fleischer total von diesem Verkaufsposten?

---

21 Vom Bruttoumsatz einer Fleischerei in der Größe von 705.080,00 EUR verbleiben **vor Steuer** 46.229,30 EUR Rohgewinn. An Steuern sind 9.407,67 EUR abzuführen.

Berechnen Sie:

a) den Gewinnsatz **vor Steuer** vom Nettoumsatz;

b) den durchschnittlichen Steuersatz, bezogen auf den Gewinn;

c) den Gewinnsatz **nach Steuerabzug,** bezogen auf Netto- und Bruttoumsatz.

---

22 Vor Steuer betrug der Gewinn einer Fleischerei 32.720,00 EUR, das waren 7,75 % vom Nettoumsatz.

a) Wie viel EUR betrug der Nettoumsatz der Fleischerei?

b) Wie hoch war der Bruttoumsatz?

c) Wie viel EUR betrug der Wareneinsatz, wenn der Gemeinkostensatz mit 29,70 % errechnet wurde?

Der **Bruttoaufschlag** spielt vor allem in der Grobkalkulation oder als Richtgröße der Finanzämter gegenüber den Betrieben eine Rolle. Er ist die Zusammenfassung von Gemeinkosten, Gewinn und Umsatzsteuer und wird als Prozentsatz vom Materialwert berechnet und auf diesen aufgeschlagen.

Werden nur Gemeinkosten und Gewinn zusammengefasst – ohne die Umsatzsteuer – so spricht man vom **Nettoaufschlag.**

In den handwerklichen Fleischereibetrieben liegen die Bruttoaufschlagsätze zurzeit, je nach Intensität der Bearbeitung des Materials, des Handelswarenanteils und der regionalen Gegebenheiten, zwischen ca. 50 und 80 %.

Bevor mit der Berechnung des Bruttoaufschlages begonnen werden kann, müssen einige betriebswirtschaftliche Begriffe, die für die Berechnung maßgebend sein können, kurz erläutert werden.

Betriebsleistung	=	vereinnahmte Entgelte im Geschäftsjahr
(Jahresumsatz)	∕.	außerordentliche Einnahmen wie z. B. Zinsen
	∕.	Einnahmen, die nicht aus dem Geschäftsjahr stammen
Wareneinsatz	=	Wareneingang im Geschäftsjahr
	+	Anfangsbestand per 1. Jan.
	∕.	Endbestand per 31. Dez.
Rohgewinn	=	Betriebsleistung minus Material und Handelswareneinsatz

Der Bruttoaufschlag, auch Rohaufschlag genannt, erfasst prozentual oder in EUR alle Kosten, die auf die Materialkosten (Wareneinsatz) aufgeschlagen werden, um so den Bruttoverkaufspreis zu ermitteln.

Formel: $$\frac{\text{Rohgewinn} \cdot 100}{\text{Material und Handelswareneinsatz}}$$

Diese Berechnung soll an folgendem Beispiel verdeutlicht werden:

MATERIALKOSTEN
\+ Gemeinkosten
= Selbstkosten
\+ Gewinn und Risiko
= Nettoverkaufspreis
\+ Umsatzsteuer
= BRUTTOVERKAUFSPREIS

Wir merken uns:
Bruttoaufschlag in EUR = Differenz von Materialkosten zum Bruttoverkaufspreis.

1. Beispiel: Berechnung des Bruttoaufschlages in Prozent

Materialkosten 4,67 EUR – 100 %

Bruttoverkaufspreis 9,20 EUR – x %

$$\frac{100 \cdot 9{,}20}{4{,}67} = 197\ \%$$

Demnach beträgt der Bruttoaufschlag 97 %

2. Beispiel: Der Bruttoaufschlag in Prozent ist bekannt. Der Bruttoverkaufspreis soll ermittelt werden.

Materialkosten	4,30 EUR	– 100 %
+ 90 % Bruttoaufschlag	3,87 EUR	– 90 %
= Bruttoverkaufspreis	8,17 EUR	– 190 %

3. Beispiel: Der Bruttoverkaufspreis einer Wurst beträgt 9,20 EUR, der Bruttoaufschlag 97%. Die Materialkosten sollen ermittelt werden.

197 % – 9,20 EUR
100 % – x EUR

$$\frac{9{,}20 \cdot 100}{197} = 4{,}67\ \text{EUR}$$

Die Materialkosten betragen demnach 4,67 EUR.

Ähnlich ist es mit der Ermittlung des Nettoaufschlages. Hier wird vom Bruttoverkaufspreis die Umsatzsteuer herausgerechnet und so der Nettoverkaufspreis ermittelt. Setzt man hierzu die Materialkosten in Relation, so erhält man den Nettoaufschlag.

Beispiel: Ermittlung des Nettoaufschlages

Der Bruttoverkaufspreis einer Wurst beträgt 9,10 EUR/kg, die Materialkosten betragen 4,75 EUR/kg.

Bruttoverkaufspreis	9,10 EUR
./. Umsatzsteuer	0,60 EUR
= Nettoverkaufspreis	8,50 EUR
Materialkosten	4,75 EUR – 100 %
Nettoverkaufspreis	8,50 EUR – x %

$$\frac{100 \cdot 8{,}50}{4{,}75} = 178{,}95\ \%$$

Demnach beträgt der Nettoaufschlag 78,95 Prozent.

Übungsaufgaben

23 Fleischer Müller hat bei einem Wareneinsatz von 406.342,00 EUR einen Bruttoumsatz von 619.671,55 EUR erreicht.

a) Berechnen Sie den Bruttoaufschlag in EUR und Prozent.

b) Wie viel EUR und Prozent beträgt der Nettoaufschlag?

24 Im ersten Quartal betrug der Bruttoumsatz eines Fleischers 145.670,00 EUR. Auf welche Summe müsste sich der Wareneinsatz belaufen, wenn von 48,22 % Bruttoaufschlag ausgegangen werden kann?

25 Außer der zz. gültigen Umsatzsteuer rechnet der Meister mit 12 % Gewinn. Der Bruttoverkaufspreis der Wurst beträgt 9,60 EUR/kg.

Wie viel EUR beträgt der Selbstkostenpreis je kg?

26 Die Umsatzsteuer für 1 kg Wurst beträgt bei dem zz. gültigen Satz 0,59 EUR; der Gewinn ist mit 11 % angesetzt.

Berechnen Sie die Selbstkosten und den Bruttoverkaufspreis.

27 100 g Bierschinken kosten 1,01 EUR/100 g. In diesem Preis sind die Umsatzsteuer, 14 % Gewinn und 65 % Gemeinkosten enthalten.

a) Wie viel EUR betragen die Gemeinkosten?

b) Wie viel EUR beträgt der Gewinn?

28 Die Materialkosten für 1 kg Fleischwurstbrät betragen 2,98 EUR; der Bruttoverkaufspreis 6,35 EUR/kg.

Berechnen Sie:

a) den Bruttoaufschlag in EUR und Prozent,

b) den Nettoaufschlag in Prozent.

29 Der Bruttoverkaufspreis einer ff Leberwurst beträgt 9,40 EUR/kg, der Nettoaufschlag 78 %.

Berechnen Sie den Materialpreis für 1 kg Leberwurstbrät.

30 Fleischwurst wird bei Meister Schneider für 6,55 EUR/kg angeboten. Der Gewinn war mit 12 % einkalkuliert, der Gemeinkostensatz mit 59 %.

Berechnen Sie die Materialkosten je kg.

31 Meister Friedrichs möchte im Großhandel gekaufte Salami für 9,82 EUR/kg anbieten. Wie viel EUR je kg dürfen die Würste im Einkauf max. kosten, wenn er mit einem Bruttoaufschlag von 78 % kalkuliert?

32 Eine französische Firma bietet dem Meister Edelsalami für 6,60 EUR/kg an. Zu welchem Kilopreis kann die Ware bei einem Nettoaufschlag von 69 % im Laden angeboten werden?

33 Fleischerei Neumann hat im abgelaufenen Jahr einen Bruttoumsatz von 1,07 Mio. EUR erreicht. Es kann von einem Nettoaufschlag von 44,5 % ausgegangen werden.

Berechnen Sie:

a) den Nettoumsatz;

b) den Wareneinsatz;

c) die Bruttoaufschlagsumme in EUR.

34 Der Nettoaufschlag einer Fleischerei ist mit 46,15 % errechnet worden. Der Wareneinsatz wird mit 920.275,00 EUR angegeben.

Errechnen Sie:

a) den Bruttoumsatz der Fleischerei;

b) die aus dem Bruttoumsatz resultierende Umsatzsteuersumme.

35 Beim Wareneinsatz von 254.215,70 EUR kommt ein Betrieb auf einen Bruttoumsatz von 385.772,32 EUR.

a) Berechnen Sie den Bruttoaufschlag in EUR und Prozent.

b) Wie viel EUR beträgt der Umsatzsteueranteil am Gesamtumsatz?

c) Berechnen Sie den Rohgewinn in EUR bei einem angenommenen Satz von 9,05 % vom Nettoumsatz.

36 Fleischerei Altdorf hat einen Gesamtumsatz von 542.805,00 EUR. Davon entfallen 12,2 % auf Handelswarenumsatz mit einem durchschnittlichen Bruttoaufschlag von 34 %.

Der Wareneinsatz im Nichthandelswarenbereich beläuft sich auf 307.472,77 EUR.

a) Wie viel EUR entfallen auf den Handelswarenumsatz?

b) Für wie viel EUR sind Handelswaren eingesetzt worden?

c) Wie viel % beträgt der Bruttoaufschlag für den Nichthandelswarenbereich?

9.2 Kochwurstkalkulationen

Wurstwaren werden nach klassischer Einteilung in Kochwürste, Brühwürste und Rohwürste eingeteilt.

Die „Leitsätze für Fleisch und Fleischerzeugnisse" kennzeichnen unter Ziffer 2.2.3:

> „Kochwürste sind hitzebehandelte Wurstwaren, die vorwiegend aus gekochtem Material hergestellt werden."

Die Kochwürste werden allgemein unterteilt in Kochstreichwürste (= Leberwürste), Blut- oder Rotwürste und Sülzwürste.

Die Herstellung von Kochwurst wird allgemein als problemloser und einfacher eingestuft als die Herstellung von Brüh- und Rohwürsten.

Zum Einstieg in die folgenden Kalkulationsaufgaben zunächst ein

Beispiel: Wir stellen ff Leberwurst nach folgendem Rezept her:

35,000 kg Schweinefleischabschnitte, durchwachsen, gebrüht, je kg 3,78 EUR

10,000 kg Kalbfleischabschnitte, gebrüht, je kg 4,42 EUR

30,000 kg entschwartete Speckabschnitte, je kg 1,50 EUR

25,000 kg frische Schweineleber, je kg 2,60 EUR

Zutaten: 2,4 % Nitritpökelsalz, 100 kg zu 21,45 EUR

0,7 % Spezialgewürzmischung, je kg 9,50 EUR

2,000 kg gedämpfte Zwiebeln, Wert = 1,28 EUR

Darmkosten: 0,15 EUR je kg Füllgewicht, Darmgewicht wird vernachlässigt; Füll-, Brüh- und Auskühlverlust = 4,4 %.

Gemeinkostenaufschlag 65 %, kalk. Gewinn 15 %, USt 7 %.

Lösung:

Preis				Gewicht
132,30 EUR		Schweinefleischabschnitte 3,78 EUR/kg)		35,000 kg
44,20 EUR	+	Kalbfleisch, gebrüht 4,42 EUR/kg)		10,000 kg
45,00 EUR	+	entschwartete Speckabschnitte 1,50 EUR/kg)		30,000 kg
65,00 EUR	+	frische Schweineleber 2,60 EUR/kg)		25,000 kg
286,50 EUR	=	Gesamtmaterial		100,000 kg
1,28 EUR	+	gedämpfte Zwiebeln		2,000 kg
0,51 EUR	+	Nitritpökelsalz (2,4 %)		2,400 kg
6,65 EUR	+	Gewürz (0,7 %)		0,700 kg
15,77 EUR	+	Darmkosten 0,15 EUR/kg)		0,000 kg
310,71 EUR	=	kesselfertige Ware		105,100 kg
0,00 EUR	–	Brüh- und Auskühlverluste (4,4 %)		4,625 kg
310,71 EUR	=	verkaufsfertige Ware		100,475 kg
201,96 EUR	+	Gemeinkosten (65 %)		0,000 kg
512,67 EUR	=	Selbstkostenpreis		0,000 kg
76,90 EUR	+	kalkulatorischer Gewinn (15 %)		0,000 kg
589,57 EUR	=	Nettoverkaufspreis		
41,27 EUR	+	Umsatzsteuer (7 %)		
630,84 EUR	=	Bruttoverkaufspreis	für	100,475 kg

Preis für 1 kg verkaufsfertige ff Leberwurst:

Gesamtkosten : Gesamtgewicht

630,84 : 100,475 = 6,279 EUR/kg

1 kg verkaufsfertige „ff Leberwurst“ kostet also 6,28 EUR.

Wir merken uns:

a) Beachten Sie die „Zwei-Kolonnen-Methode“: linke Seite = Preiskolonne, rechte Seite = Gewichtskolonne.

b) Rechnen Sie die Aufgaben in den Gesamtzahlen durch und ermitteln Sie den kg-Preis erst am Schluss der Rechnung.

c) Beachten Sie den logischen Durchgang der Aufgabe, etwa Verlustabzüge erst nach Zuschlag von Gewürz- und Darmgewicht.

d) Berechnen Sie Preise stets auf 3 Stellen und Gewichte auf 4 Stellen hinter dem Komma. Dann runden Sie auf oder ab.

Übungsaufgaben

37 Wir stellen **Leberwurst** nach folgendem Rezept her:

25 % Schweineleber, 30 % Schweinebauchfleisch, 10 % Schweineinnereienfleisch, 5 % magere Schweinefleischabschnitte, 5 % gedämpfte Zwiebeln, 25 % Wammen und Schinkendeckelspeck ohne Schwarte.

Das Grundmaterial soll 75,000 kg wiegen.

Anzusetzende Preise je kg:

Leber 2,76 EUR, Schweinebauch 2,35 EUR, Schweineinnereien 1,28 EUR, magere Abschnitte 3,78 EUR, Speck 0,89 EUR, Zwiebeln 0,51 EUR.

Wir benötigen weiterhin:

20 g/kg Nitritpökelsalz, je kg 0,15 EUR,
8 g/kg Spezialgewürz, je kg 8,40 EUR,
3 Bund Kunstdärme zu je 4,58 EUR.

Wir müssen mit einem Füll-, Brüh- und Auskühlverlust von 5 % rechnen. Der zu berücksichtigende Gemeinkostensatz beträgt 68%, der kalk. Gewinn 17% und außerdem ist die Umsatzsteuer zu berücksichtigen.

Zu welchem Mindestpreis müssen nach dieser Kalkulation 100 g der Leberwurst angeboten werden?

38 Walter P., ein Fleischermeister, stellt **Rheinische Hausmacher Leberwurst,** mittlere Qualität, her. Er nimmt dazu:

18,500 kg frische Schweineleber, je kg zu 3,04 EUR,
12,500 kg Schweineabschnitte, gebrüht, je kg zu 4,19 EUR,
21,400 kg Schweinekopf- und Innereienfleisch, fertig abgebrüht, ohne Knochen, sortiert, je kg 2,15 EUR,
15,400 kg Wammenspeck, abgebrüht, je kg 1,45 EUR.

4,050 kg Zwiebeln, Gewürze und Salz im Gesamtwert von 12,30 EUR kommen hinzu, ebenso Därme im Gesamtwert von 11,25 EUR, wobei das Darmgewicht vernachlässigt wird. Es entsteht bei den Naturdärmen ein Füll-, Brüh- und Auskühlverlust von 7,2 %.

Zu welchem Großhandelspreis können 100 g der Leberwurst angeboten werden, wenn der Betrieb mit 70% Gemeinkosten, 18% kalk. Gewinn und der gesetzlichen Umsatzsteuer rechnet, dem Wiederverkäufer aber auf den errechneten kg-Preis 5 % Rabatt gewährt?

39 Wir stellen **Zungenblutwurst** her und benötigen dazu: 22,000 kg fein gewürfelten Speck, je kg zu 1,87 EUR; 6,400 kg Schwarten, weich gekocht, und 7,000 kg Schweineblut, Gesamtwert 10,20 EUR; 31,000 kg gekochte Schweinezungen, je kg zu 4,55 EUR. Salz und Gewürze werden im Gesamtwert von 8,40 EUR und Därme im Wert von 5,30 EUR benötigt. Das Gewicht der Zutaten wird vernachlässigt. Wir müssen mit einem Füllverlust von 3 % rechnen. Dagegen entstehen wegen der Sterildärme keine weiteren Verluste. Gemeinkosten sind zu 70%, kalk. Gewinn zu 16% und die gesetzliche Umsatzsteuer aufzuschlagen.

Berechnen Sie den Bruttoladenpreis für 100 g dieser Zungenblutwurst.

40 Zur Herstellung einer **Kalbsleberwurst** nehmen wir 18,5 kg Kalbfleischabschnitte, je kg zu 4,70 EUR, 12 kg Schweineschulter, je kg 4,58 EUR, 40 kg frische Leber, je kg 2,58 EUR, und 54,5 kg fetten Schweinebauch, je kg 2,26 EUR. Salz- und Gewürzzutaten haben einen Wert von 20,45 EUR. Die fertige Ware, in 50 Fettenden zu je 0,84 EUR gefüllt, wiegt 107,2 kg. Gemeinkosten und kalk. Gewinn werden mit insgesamt 85 % aufgeschlagen. Zu welchem Ladenpreis können 100 g – einschließlich der gesetzlichen Umsatzsteuer – angeboten werden?

41 Wir stellen **Cornedbeef** nach folgendem Rezept her:

55,000 kg mageres, gepökeltes Rindfleisch, Kilopreis = 4,58 EUR; 8,500 kg Schwarten, weich gekocht, Gesamtwert 1,02 EUR und 16,500 kg Kesselbrühe, in der das Rindfleisch gekocht wurde, ohne Wertangabe.

Beim Kochen verliert das Rindfleisch 32 % seines Gewichtes. Der Kesselbrühe werden je kg 14 g Kochsalz, dem Gesamtmaterial je kg 6 g Spezial-Gewürzmischung zugesetzt. Die Gesamtkosten der Zutaten (Gewürze, Salz und Därme) betragen 12,65 EUR. Der Füllverlust wird durch das Darmgewicht aufgewogen. Wir rechnen mit einem Gemeinkostensatz von 72 %, schlagen einen kalkulierten Gewinn von 16 % und die gesetzliche Umsatzsteuer auf.

Berechnen Sie den Verkaufspreis für 100 g Cornedbeef, wenn mit 5 % Aufschneide- und Einwiegeverlust gerechnet werden muss.

42 Fleischergeselle Peter F. stellt eine **Sülze aus Putenfleisch** her und kalkuliert: 22,500 kg knochenloses Putenfleisch, gepökelt, zum Preis von 4,58 EUR je kg. 9,000 kg Aspiksülze, Gesamtpreis 1,66 EUR. Das Putenfleisch verliert beim Abbrühen 3,720 kg seines Gewichtes. Er vernachlässigt das Gewicht des Salzes, des Gewürzes und des Darmmaterials und setzt als Gesamtkosten der Zutaten 7,57 EUR ein. Zugegeben werden dann noch 1,2 kg Champignons, zu einem Kilopreis von 4,27 EUR.
Weiterhin sind 74 % Gemeinkosten anzusetzen.

Wie viel Prozent vom Selbstkostenpreis und wie viel EUR je kg Sülze bleiben dem Fleischer als Gewinn, wenn die Sülze je 100 g mit 0,67 EUR im Laden verkauft wird und bei der Rückrechnung die im Preis enthaltene Umsatzsteuer berücksichtigt werden muss?

43 Adalbert N. stellt eine **Kräuterleberwurst** mittlerer Qualität her. Er nimmt dazu 34,5 kg Schweinebauchfleisch, je kg zu 2,28 EUR; 11,450 kg magere Schweineschultern mit der Speckauflage, abgebrüht, je kg zu 3,14 EUR; 12,250 kg frische Schweineleber, je kg 2,74 EUR. N. gibt auf 1 kg des Materialgewichtes 16 g Salz, 6 g Gewürze und 25 g gedämpfte Zwiebeln. Die Zutaten kosten total 9,90 EUR. Es entstehen Darmkosten von 11,96 EUR und das Füllgut verliert bis zum ladenfertigen Zustand 14,2 % des Gewichtes. N. berücksichtigt einen Gemeinkostensatz von 69 %, kalk. Gewinn von 18 % und die Umsatzsteuer in gesetzlicher Höhe.

Auf welchen Preis kommt Adalbert N. für 1 000 g der Leberwurst?

44 Fleischermeister Müller stellt eine **Schweinskopfsülze** her. Ihm stehen zur Verfügung: 83,500 kg gesalzene, ungekochte Schweineköpfe, ohne Backen, je kg zu 0,36 EUR. Die Fleischausbeute nach dem Kochen und Absuchen der Köpfe beträgt 54 % des Frischgewichtes. Dazu gibt Fleischer Müller 8,500 kg abgebrühtes Schweineschulterfleisch, je kg zu 4,54 EUR, das durch die 8-mm-Scheibe gelassen wird. 9,500 Kesselbrühe (in denen die Köpfe gekocht wurden), ohne Wert, vervollständigen das Material. Die Zutaten: Salz, Aspik, Pfeffer und andere Gewürze im Wert von 8,34 EUR kommen hinzu. Das Gewicht der Zutaten wiegt den Füllverlust auf. Die Sülze wird in 400-g-Dosen gefüllt. Für 1 kg Füllgewicht müssen Dosen- und Etikettenkosten von 0,60 EUR angesetzt werden. Außerdem berücksichtigt Fleischer Müller in der Kalkulation 85 % Gemeinkosten, 17 % Gewinn und die Umsatzsteuer.

Zu welchem Preis könnte er die 400-g-Dose im Verkauf anbieten?

45 Fleischergeselle Werner S. nimmt zur Herstellung einer **Rotwurst, Thüringer Art,** mittlere Qualität, 26,300 kg gepökelte Schweineschultern, je kg zu 4,07 EUR, 22,200 kg magere, gepökelte Bäuche, je kg 2,22 EUR, 6,150 kg gepökelte Schweineherzen, je kg zu 2,46 EUR, 6,650 kg Schweineleber, je kg zu 2,79 EUR, und 14,700 kg Blut-Schwarten-Masse, deren Wert auf 3,58 EUR veranschlagt wird. 4,340 kg gepökelte Schweinebacken, je kg zu 1,18 EUR, werden ebenfalls zugegeben. Die Zutaten kosten insgesamt 11,80 EUR, die Darmkosten belaufen sich auf 12,60 EUR. Es entsteht bei vorsichtigem Kochen ein Abbrühverlust von 13,2 %. Vom Füllgewicht verliert die Ware bis zum verkaufsfertigen Zustand weitere 8,4 %.

Werner S. muss weiterhin 63 % Gemeinkosten, 18 % kalk. Gewinn und die Umsatzsteuer berücksichtigen.

Zu welchem Preis können 100 g der Rotwurst angeboten werden, wenn in der Kalkulation weitere 3 % Aufschneide- und Lagerverlust mit eingerechnet werden sollen?

---

46 **Leberpastete** ist die Spezialität des Altgesellen Rudi Neumann. Er nimmt dazu 25,500 kg gutes, fertig gekuttertes Schweinefleischbrät, für das er einen Kilopreis von 4,16 EUR errechnet hat. Dazu kommen 28,200 kg fester, kerniger Speck, vorsichtig abgebrüht, je kg zu 1,73 EUR, und 32,100 kg frische Schweineleber, die er vom Großhändler zu 2,58 EUR/kg bezogen hat. Das Material wird mit 17 g/kg Nitrit-Pökelsalz und 6 g/kg Spezialgewürz abgewürzt. Salz und Gewürze kosten 4,97 EUR insgesamt.

Neumann gibt weiterhin noch ein Päckchen Rötungshilfe zu 1,25 EUR hinzu. Das Füllgut wird in Sterildärme gefüllt, Gesamtpreis 14,85 EUR, wobei das Gewicht der Därme vernachlässigt wird.

Bei der weiteren Kalkulation sind 68 % Gemeinkosten, 20 % Gewinn und die gesetzliche Umsatzsteuer zu berücksichtigen.

Die verkaufsfertige Ware wiegt 83,850 kg.

a) Mit wie viel Prozent ist der Füll- und Auskühlverlust zu veranschlagen, wenn das Salz- und Gewürzgewicht voll berücksichtigt werden muss?

b) Welchen Bruttopreis haben 100 g der so kalkulierten Leberpastete?

---

47 **Rheinischer Schwartenmagen** ist eine Spezialität von Altmeister Paul. Er nimmt dazu:

8,500 kg gepökelte Schweineschultern, vorsichtig gegart und in mittelgroße Würfelstücke geschnitten, zu bewerten mit 3,50 EUR/kg;

3,500 kg Schweinemasken, mäßig gegart und ebenfalls geschnitten, Gesamtwert 7,16 EUR;

3,500 kg gepökelte Schweinebäuche, mittelfett, mäßig gegart und ebenfalls gewürfelt, je kg zu 2,19 EUR;

1,500 kg Schwarten, gargekocht, Wert 1,02 EUR;

3,500 kg gute Fleischbrühe, ohne Bewertung.

Die Zutaten wiegen 0,500 kg und kosten 2,48 EUR; die Sterildärme „Budenheimer", Kal. 120, kosten 2,89 EUR; die fertige Ware wiegt 19,600 kg. Wegen der vielen Kleinarbeit muss mit einem Bruttoaufschlag von 120 % gerechnet werden.

Wie viel EUR kosten 100 g dieser Spezialität?

---

48 Fleischer Alt stellt **Speckblutwurst** her und verwendet dazu:

13,000 kg magere Schweinebäuche, mit Schwarte gepökelt und gegart, je kg zu 2,33 EUR,

15,500 kg Rückenspeck, gewürfelt und abgebrüht, je kg zu 2,10 EUR,

12,750 kg Blut-Schwarten-Masse im Gesamtwert von 4,35 EUR.

Die Zutaten wiegen 0,900 kg und kosten 4,52 EUR; die Wursthüllen werden mit 5,29 EUR kalkuliert.

Die Kalkulation soll 55 % Gemeinkosten, 18 % kalk. Gewinn und die gesetzliche Umsatzsteuer berücksichtigen.

Wie viel EUR kosten 1 000 g der Blutwurst, wenn 40,500 kg Wurst zum Verkauf bereitgestellt werden konnten?

49 **Leberpaté nach Brüsseler Art,** eine Leberpastete mit Milch oder Sahne, die in oder aus Tonformen verkauft wird, ist eine seltene Spezialität und wird nach folgendem Rezept hergestellt:

3,500 kg frische Leber, je kg 2,53 EUR,
5,500 kg magere, schwartenfreie Bäuche, mäßig gegart, je kg zu 2,68 EUR,
1,500 kg gute Fleischbrühe, ohne Wertangabe,
0,500 kg Butter, Wert 2,33 EUR
0,500 kg Sahne, Wert 2,81 EUR,
10 Eier, Nettogewicht 0,450 kg, im Gesamtwert von 1,46 EUR.

Salz und Gewürze kosten 3,32 EUR, ihr Gewicht wird vernachlässigt. Verkauft werden 10,500 kg zum Preis von 0,91 EUR/100 g.

a) Berechnen Sie den Bruttoaufschlag auf den Materialwert.

b) Wie viel EUR beträgt die Gesamteinnahme aus dem Verkauf?

9.3 Berechnungen auf der Basis der Leitsätze

9.3.1 Analysenwerte und Standards

Mit der Veröffentlichung der „Leitsätze für Fleisch und Fleischerzeugnisse" durch die Bundesregierung am 25. Juli 1975 ist die „klassische Art" der Wurstherstellung beendet worden. Mehr oder minder zufälliges Zusammenfügen von Fleisch und Fett verschiedenster Art kann nicht länger Grundlage einer rechtlich sicheren Wurstherstellung sein.

Von nun an muss exakt sortiert und auf der Basis dieser Sortierungen (= Standardisierung) gewogen, gerechnet und gezählt werden.

Die Leitsätze regeln umfassend und gesetzlich verbindlich den gesamten Bereich der Fleischbearbeitung und -verarbeitung. Die „alten" Qualitätsrichtlinien gelten nicht mehr.

Seither gilt:

- Der Wert einer Wurst wird gemessen an bindegewebseiweißfreiem Fleischeiweiß = BEFFE;
- nach Sorten unterschiedlich muss eine Wurst einen bestimmten Anteil an BEFFE und darf nur einen bestimmten Anteil an BE = Bindegewebseiweiß (und u. U. zusätzlich einen Anteil an Fremdeiweiß und nichtstickstoffhaltigen Eiweißverbindungen) haben.
- Für verschiedene Wurstsorten werden Materialmischungen als Grundmischungen zusammengestellt und beschrieben, die als Mindestwerte zwingend eingehalten werden müssen.
- Wenn Wurstsorten mit hervorhebenden Merkmalen, wie prima, ff, feinste, beste, Spitzen- usw., deklariert werden, muss ihr Gehalt an BEFFE deutlich mehr als normal sein, i. d. R. ca. 10 % mehr!

Es dreht sich also mehr oder weniger alles um den Eiweißgehalt der Wurst, den Mindestgehalt an BEFFE und den Höchstgehalt an BE.

Fettgehalt und Wassergehalt der Wurst hängen indirekt weitgehend vom Eiweißgehalt, genauer vom Gehalt an BEFFE, ab.

Fremdeiweiß und **fremde Nichteiweiß-Stickstoffverbindungen** können unter strengen Deklarations- und Höchstmengenrichtlinien in kleinen Anteilen ebenfalls Bestandteil der Fleischwaren sein.

Klären wir zunächst den Zusammenhang der in den Leitsätzen verwendeten Begriffe und Anteilsangaben (= Analysewerte).

Die Leitsätze kennen 4 Eiweißarten, die unter 2 Oberbegriffen zusammengefasst werden.

In Fleischwaren können vorhanden sein:

1. Bindegewebseiweißfreies Fleischeiweiß =
2. Bindegewebseiweiß =
   ▶ beide zusammen bilden das Fleischeiweiß = FE
3. Fremdeiweiß =
4. Fremde Nichteiweiß-Stickstoffverbindungen =

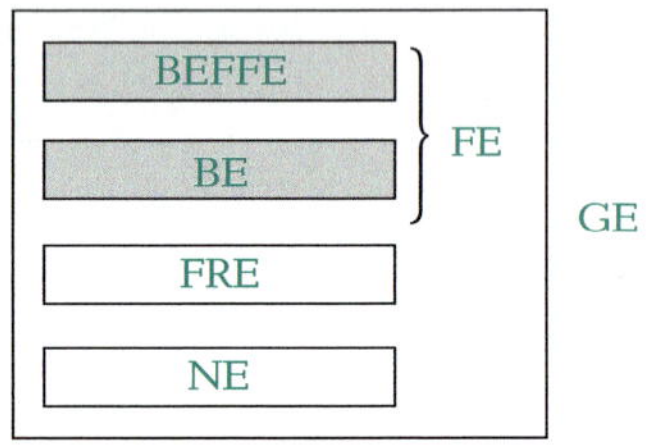

Alle 4 Arten zusammengefasst bilden – soweit vorhanden – das Gesamteiweiß (= GE) einer Fleischware.

Da für die Verwendung von FRE und NE strenge Vorschriften gelten, kann für den Normalbetrieb und das Normalprodukt davon ausgegangen werden, dass sich GE und FE nahezu decken. Dann aber sind nur noch der Gehalt an BEFFE und BE zu berechnen.

Es gilt also:

BEFFE + BE = FE (= 100 %) ≙ GE

Die Leitsätze geben als **zwingende Minimalgröße** den Gehalt an BEFFE als Prozentsatz vom Gesamtvolumen der Wurst an sowie den Prozentanteil des BEFFE am FE (histometrisch und chemisch).

Der Fleischer muss sich also folgende Größen selbst berechnen:

① den Anteil des Bindegewebeeiweißes (BE)
im Verhältnis zum Gesamtvolumen der Wurst;

② den Anteil des Bindegewebeeiweißes (BE) am FE
im Verhältnis zum BEFFE;

③ den Anteil des Fleischeiweißes (FE) am Gesamtvolumen der Wurst.

Wenden wir dies auf ein Beispiel an:

Lyoner, Leitsätzekennziffer 2.222.1 (= Grundrezept)

Geforderte Analysenwerte:

mindestens 8 % BEFFE im Gesamtvolumen der Wurst;
mindestens 75 % BEFFE im Fleischeiweiß der Wurst.

Dargestellt ergibt sich folgender Zusammenhang:

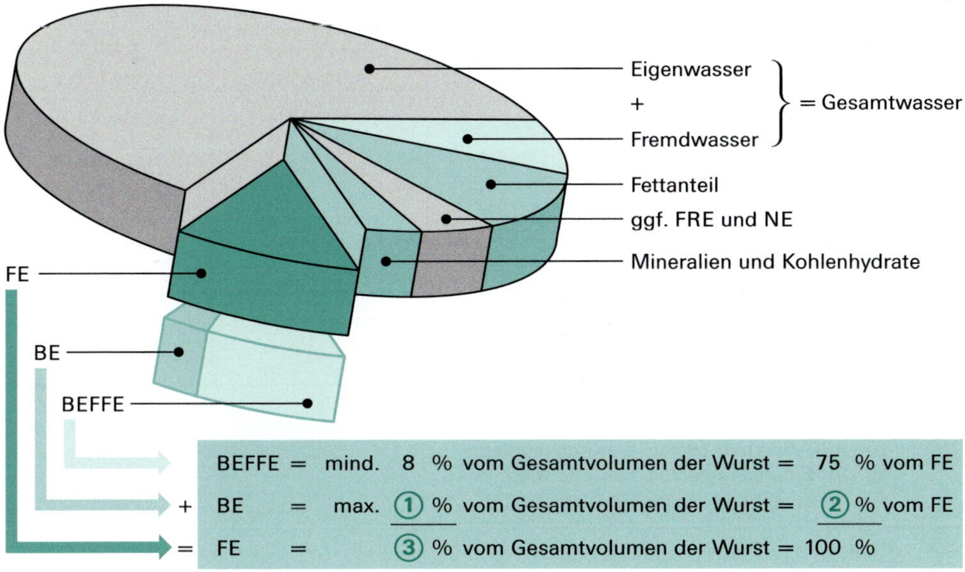

Berechnung:

a)		FE	=	100 %		
	./.	BEFFE	=	75 %		
		BE	=	25 %	②	
b)		BEFFE	=	75 %	= 8 (%)	$\frac{8 \cdot 25}{75}$ = 2,66 % ①
		BE	=	25 %	= ? (%)	
c)		BEFFE	=	8,00 %		
	+	BE	=	+ 2,66 %		
	=	FE	=	10,66 %	③	

Wir fügen ein:

	BEFFE	=	mind.	8,00 %	vom Gesamtvolumen der Wurst	=	75 % vom FE
+	BE	=	max.	2,66 %	vom Gesamtvolumen der Wurst	=	25 % vom FE
	FE	=	insg.	10,66 %	vom Gesamtvolumen der Wurst	=	100 %

Schlussfolgerung:

Für Würste, die dem Grundrezept „Lyoner" (2.222.1) folgen,

muss	der BEFFE-Gehalt	8,00 % vom Gesamtvolumen,
darf	der BE-Gehalt	2,66 % vom Gesamtvolumen und
muss	der FE-Gehalt	10,66 % vom Gesamtvolumen betragen,
	wobei davon auf BEFFE = mind. 75 % und auf BE = max. 25 % entfallen.	

50

Leitsätze-kennziffer	Grundsorte	Forderung der Leitsätze BEFFE vom Gesamtvolumen	BEFFE vom FE
2.211.04	Salami, 1a	mind. 14 %	chem. 85 %
2.211.08	Zervelatwurst	mind. 11,5 %	chem. 80 %
2.211.12	Aalrauchmettwurst	mind. 10 %	chem. 75 %
2.212.1	Teewurst, fein	mind. 10 %	chem. 85 %
2.221.02	Delikatesswürstchen	mind. 9 %	chem. 82 %
2.221.08	Wollwurst	mind. 6,5 %	chem. 80 %
2.221.10	Stockwurst	mind. 6 %	chem. 65 %
2.222.3	Fleischwurst, einfach	mind. 6,5 %	chem. 65 %
2.224.1	Bierschinken	mind. 13 %	chem. 88 %
2.224.3	Presskopf	mind. 7,5 %	chem. 65 %
2.224.7	Milzwurst	mind. 8 %	chem. 80 %

Berechnen Sie die notwenigen Daten:

① BE-Prozentanteil vom Gesamtvolumen,
② BE-Prozentanteil vom Fleischeiweiß,
③ FE-Prozentanteil vom Gesamtvolumen.

9.3.2 Berechnung der Bestandteile bestimmter Materialmischungen

Grundlage der mehr oder minder exakten Berechnung des BEFFE-, BE- und FE-Gehaltes einer Materialmischung ist das Wissen um den Gehalt an Wasser, Fett, Fleischeiweiß und darin BEFFE und BE der jeweiligen Fleischsortierungen nach bestimmten Standards.

Die Leitsätze beschreiben je 3 Standards für Rind- und Schweinefleisch; Speck wird nicht weiter unterteilt. Es erscheint aber ratsam, für Speck ebenfalls 2, wenn nicht 3 Standards zu bilden, da die Analysenwerte einzelner Fettgewebsarten stark schwanken.

Der Deutsche Fleischerverband hat in Hinweisen zur praktischen Anwendung der Leitsätze auf eine Sortierung nach je 3 Standards für Rind- und Schweinefleisch abgestellt,[1] die auf den Definitionen der Leitsätze beruht.

Bereits 1970 hat die Bundesanstalt für Fleischordnung in Kulmbach Rohstoff-Analysenwerte veröffentlicht,[2] die seither von verschiedener Seite modifiziert und ergänzt wurden (Hack/Gewürzmüller, Hagesüd, Raps, Moguntia u. a.). Allgemein neigt man zu einer Ausweitung der Zahl der Standards auf mindestens 5, um eine größere Treffgenauigkeit hinsichtlich der Analysenwerte bei der Sortierung zu erreichen.

Da die Sortierung von Fleisch – auch bei noch so spezifischer Aufgliederung in Standards – nie ganz objektiviert werden kann, sondern immer ein Rest subjektiver Bewertung durch den Sortierer bleibt, ist auch der angegebene Wert nie 100%ig genau.

Bei der Sortierung nach 3 Standards kann allgemein von einer Fehlerquote von ca. 3–5 % vom Einzelwert ausgegangen werden. Wird also der FE-Wert mit 15 % vom Gesamtvolumen

1 „Die Leitsätze für Fleisch und Fleischerzeugnisse und ihre praktische Anwendung", Herausgeber: Dt. Fleischerverband, Frankfurt/Main, 1976

2 Zeitschrift Die Fleischwirtschaft, 50/1970, S. 290 f.

angegeben, so kann er tatsächlich von 14,25 % bis 15,75 % schwanken. Bei der Sortierung nach 5 Standards verringert sich die Schwankungsbreite auf 2–3 % vom Einzelwert.

Für den kleineren Fleischereibetrieb ergibt sich die Schwierigkeit, dass eine 5er-Sortierung meist unrealistisch, eine 3er-Sortierung aber mit einer größeren Fehlerquote behaftet ist. Daher ist bei der Sortierung des Fleisches mit ganz besonderer Sorgfalt vorzugehen.

Die folgenden Werte basieren auf den Standardbeschreibungen der Leitsätze und orientieren sich weitgehend an den Standards, die der Deutsche Fleischerverband in seiner Veröffentlichung empfiehlt. Sie bilden die Grundlage für die weiteren Berechnungsbeispiele in diesem Rechenbuch.

Standardsortierung	Wasser-gehalt	Fett-gehalt	FE vom Gesamtvol.	BE vom FE	BE vom Gesamtvol.	BEFFE vom Gesamtvol.
Rindfleisch I	73,0 %	5 %	21,0 %	7 %	1,50 %	19,50 %
Rindfleisch II	63,5 %	18 %	17,0 %	20 %	3,40 %	13,60 %
Rindfleisch III	51,0 %	33 %	14,5 %	30 %	4,35 %	10,15 %
Schweinefleisch I	73,0 %	6 %	20,0 %	7 %	1,40 %	18,60 %
Schweinefleisch II	65,0 %	17 %	17,0 %	16 %	2,70 %	14,30 %
Schweinefleisch III	35,0 %	56 %	8,0 %	18 %	1,44 %	6,56 %
Speck I (Deckel u. Wammen)	19,0 %	75 %	5,0 %	40 %	2,00 %	3,00 %
Speck II (Rücken, Nacken, Backen, Bauchspeck)	28%	64 %	7,0 %	65 %	4,55 %	2,45 %

Im nachfolgenden Rechenbeispiel (nächste Seite) werden die Prozentanteile für Wassergehalt, Fettgehalt, FE-Gehalt und BEFFE-Gehalt berechnet, indem auf das Endgewicht (= 100 %) bezogen wird.

Beispiel: Berechnung des endgültigen Wassergehaltes:

Endgewicht: 95,180 kg ≙ 100 %

Wasseranteil: 55,155 kg ≙ ? %

$$\frac{100 \cdot 55{,}155}{95{,}180} = \underline{\underline{57{,}948\ \%}}$$

In gleicher Weise ist bei den übrigen Gehaltsgewichten zu verfahren. Der Schwund wird sowohl vom Kuttergewicht wie auch vom gesamten Wasseranteilsgewicht abgezogen.

Die Zutaten sind – trotz eines mehr oder minder hohen Wasser- und Fettgehaltes – nur in der Mengenberechnung berücksichtigt.

Für die Berechnung der folgenden Beispiele lege man sich einen Berechnungsbogen in der nachfolgenden Art an (siehe Seite 143). Den jeweiligen Materialien sind dann die entsprechenden Analysenwerte der Standards zuzuordnen. Dann kann die Berechnung beginnen. Zu erwähnen wäre in diesem Zusammenhang noch die Berechnung des Eigen- bzw. Fremdwasseranteils mit der sog. „Feder'schen Zahl". Danach geht man davon aus, dass das Verhältnis von organischem Nichtfett zum Eigenwassergehalt bei Rindfleisch 1 : 4, bei Schweinefleisch 1 : 4,5 und bei Mischungen aus Rind- und Schweinefleisch 1 : 4,25 beträgt.

Im nachfolgenden Beispiel (Lyoner) wird mit einem Verhältnis von 1 : 4 gerechnet.

(Weiter auf Seite 128)

BEFFE-Berechnung: Sorte: Lyoner Leitsätzekennziffer: 2.222.1

Geforderte Analysenwerte: BEFFE = 8 % = 75 % vom FE; BE vom FE demnach: 25 %; BE vom Ges.: 2,66 %

Material	Mengen	Wassergehalt %	Wassergehalt kg	Fettgehalt %	Fettgehalt kg	FE-Gehalt %	FE-Gehalt kg	BEFFE-Gehalt %	BEFFE-Gehalt kg	BE-Berechnung
Rindfleisch II	25,000 kg	63,5	15,875	18,0	4,500	17,0	4,250	13,6	3,400	FE = 11,042 ≙ 100 %
Schweinefleisch II	25,000 kg	65,0	16,250	17,0	4,250	17,0	4,250	14,3	3,575	BEFFE = 8,268 ≙ ? %
Schweinefleisch III	5,000 kg	35,0	1,750	56,0	2,800	8,0	0,400	6,56 +	0,330	$\frac{100 \cdot 8{,}268}{11{,}042} = 74{,}87\ \%$
Speck II	23,000 kg	28,0	6,440	64,0	14,720	7,0	1,610	2,45	0,565	FE = 100,00 % BEFFE = 74,87 %
Schüttung	22,000 kg	100,0	22,000							BE = 25,13 %
Zutaten je kg Material: Salz 21 g Gewürze 6 g Hilfsmittel 3 g Zutatengewicht	2,340 kg									
Kuttergewicht	102,340 kg		62,315 kg							
./. Schwund (7 % v. Kuttergew.)	7,160 kg		7,160 kg							Der Total-BEFFE-Wert 8 % wird erreicht; die übrigen Werte nahezu!
Endgewicht (= Fertiggewicht)	95,180 kg		55,155 kg		26,270 kg		10,510 kg		7,870 kg	
Prozentanteile	100 %		57,948 %		27,600 %		11,042 %		8,268 %	

BEFFE-Berechnung: Sorte: Leitsätzekennziffer:

Geforderte Analysenwerte: BEFFE = % = % vom FE; BE vom FE demnach: %; BE vom Ges.: %

Musterbogen zur BEFFE-Berechnung

Material	Mengen	Wassergehalt % kg	Fettgehalt % kg	FE-Gehalt % kg	BEFFE-Gehalt % kg	BE-Berechnung
						FE = 100,00 % BEFFE = ____ %
Schüttung		100,0				BE = ____ %
Zutaten je kg Material: Salz g Gewürze g Hilfsmittel g Zutatengewicht						
Kuttergewicht						
./. Schwund (% v. Kuttergew.)						
Endgewicht (= Fertiggewicht)						
Prozentanteile	100 %					

Es ergibt sich:	↓ (1) : ↓(4)		
	11,042 % · 4	= **44,168 %**	**Eigenwasseranteil!**
Fremdwasseranteil:	Gesamtwasseranteil	= 57,948 %	
	∕. Eigenwasseranteil	= 44,168 %	
	→	= 13,780 %	

Die Berechnung nach Prof. Feder birgt viele Ungenauigkeiten und kann nur als Faustregel angesehen werden. Eine exakte Angabe ist nur über die chemische Analyse möglich.

Übungsaufgaben

51 Berechnen Sie die Analysenwerte in kg und Prozent für eine Mischung zu Cervelatwurst **(2.211.08)** im Natrium-R_2-Darm, Fettendenform:

Rindfleisch I	24,000 kg
Rindfleisch II	5,000 kg
Schweinefleisch II	30,000 kg
Schweinefleisch III	6,000 kg
Speck II	35,000 kg
	100,000 kg

Geforderte Analysenwerte:
BEFFE mind. 11,5 %
= mind. 80,0 % im FE

Zutaten je kg Material:
Salz: 30 g
Gewürz: 8 g
Hilfsmittel: 7 g
Schwund: 12 %

52 Wir stellen eine streichfähige, **einfache Mettwurst (2.212.5)** im Cellophandarm – Halbmondform – her:

Rindfleisch II	15,000 kg
Schweinefleisch II	5,000 kg
Schweinefleisch III	65,000 kg
Speck I	15,000 kg
	100,000 kg

Geforderte Analysenwerte:
BEFFE mind. 7 %
= mind. 70 % vom FE

Zutaten je kg Material:
Salz: 28 g
Gewürz: 6 g
Hilfsmittel: 4 g
Schwund: 9 %

53 Berechnen Sie die einzelnen Werte dieser Mischung.
Für **Zwiebelmettwurst (2.212.3)** im Naturin-Kranzdarm werden verwendet:

Rindfleisch II	17,500 kg
Schweinefleisch II	24,000 kg
Schweinefleisch III	52,500 kg
Speck I	6,000 kg
	100,000 kg

Geforderte Analysenwerte:
BEFFE mind. 8,5 %
= mind. 75% vom FE

Zutaten je kg Material:
Salz: 24 g
Gewürz: 7 g
Hilfsmittel: 3 g
Schwund: 8,0 %

54 Berechnen Sie den Wasser-, Fett-, FE-, BEFFE- und BE-Gehalt.
Debreziner (2.221.04) im Schweinedarm 26/28 bestehen aus:

Rindfleisch II	32,000 kg
Schweinefleisch II	18,000 kg
Schweinefleisch III	27,500 kg
Speck I	5,000 kg
Speck II	5,000 kg
Schüttung	12,500 kg
	100,000 kg

Geforderte Analysenwerte:
BEFFE mind. 8 %
= mind. 75 % im FE

Zutaten je kg Material:
Salz: 20 g
Gewürz: 6 g
Hilfsmittel: 3 g
Schwund: 7,5 %

55 Zur Herstellung von **Bierschinken (2.224.1)** im Naturin-Optan-Darm werden bereitgestellt:

Rindfleisch I	10,000 kg
Rindfleisch II	7,500 kg
Schweinefleisch I	52,000 kg
Schweinefleisch II	5,000 kg
Speck II	15,000 kg
Eisschnee	10,500 kg
	100,000 kg

Geforderte Analysenwerte:
BEFFE mind. 13 %
= mind. 88 % vom FE

Zutaten je kg Material:
Salz: 22 g
Gewürz: 6 g
Hilfsmittel: 3 g
Schwund: 4,5 %

Prüfen Sie nach, ob die Eiweißwerte den Forderungen der Leitsätze entsprechen werden.

56 Eine **Bockwurst (2.221.03)** im Schweinedarm wird nach folgender Materialmischung hergestellt:

Rindfleisch II	40,000 kg
Schweinefleisch II	5,000 kg
Schweinefleisch III	12,500 kg
Speck I	10,000 kg
Speck II	7,500 kg
Eisschnee	25,000 kg
	100,000 kg

Geforderte Analysenwerte:
BEFFE mind. 8 %
= mind. 75 % vom FE

Zutaten je kg Material:
Salz: 22 g
Gewürz: 6 g
Hilfsmittel: 3 g
Schwund: 7,0 %

Berechnen Sie sämtliche Analysenwerte dieser Mischung.

57 **Nürnberger Rostwurst (2.221.11),** gefüllt in Schweinedärme 24/26 sind eine regionale Spezialität des Frankenlandes, die immer mehr Freunde findet. Wir stellen sie nach folgendem Rezept her:

Rindfleisch II	10,000 kg
Schweinefleisch II	27,500 kg
Schweinefleisch III	47,500 kg
Eisschnee	15,000 kg
	100,000 kg

Geforderte Analysenwerte:
BEFFE mind. 8,5 %
= mind. 75 % im FE

Zutaten je kg Material:
Salz: 18 g
Gewürz: 7 g
Hilfsmittel: 3 g
Schwund: 7,5 %
(bis zum Auskühlen)

Berechnen Sie die Analysenwerte der Mischung für alle Details.

58 Für eine Materialmischung zu **Göttinger (2.223.1)** in Cellophan-Blasen mit einem geforderten Analysenwert von

BEFFE mind. 9,5 % = mind. 80 % vom FE

ist nach folgender Rezeptur eine Analysenberechnung vorzunehmen:

Rindfleisch II	35,000 kg	Zutaten je kg Material:
Schweinefleisch II	20,000 kg	Salz: 21 g
Speck II	30,000 kg	Gewürz: 6 g
Schüttung	15,000 kg	Hilfsmittel: 3 g
	100,000 kg	Schwund: 6 %

59 **Knacker, einfach (2.221.06)** in Dosen, gefüllt in Schweinedärme 32 +, werden nach folgender Materialzusammenstellung hergestellt:

Rindfleisch II	10,000 kg	
Rindfleisch III	25,000 kg	Zutaten je kg Material:
Schweinefleisch III	7,500 kg	Salz: 21 g
Speck I	32,500 kg	Gewürz: 6 g
Eisschnee	25,000 kg	Hilfsmittel: 3 g
	100,000 kg	Schwund: 4 %

Prüfen Sie rechnerisch nach, ob die geforderten Analysenwerte von BEFFE = mind. 6,5 % = mind. 60 % vom FE eingehalten werden können.

60 In gefärbter NALO-Top-M-Hülle wird **Tiroler (2.223.1)** hergestellt nach folgender Zusammenstellung:

Rindfleisch I	10,000 kg	
Rindfleisch II	25,000 kg	Zutaten je kg Material:
Schweinefleisch II	25,000 kg	Salz: 21 g
Speck II	27,500 kg	Gewürz: 6 g
Schüttung	12,500 kg	Hilfsmittel: 4 g
	100,000 kg	Schwund: 2,25 %

Prüfen Sie nach, inwieweit die geforderten Analysenwerte von BEFFE = mind. 9,5 % = mind. 80 % vom FE erreicht oder übertroffen werden.

9.3.3 Berechnung von Mischungsalternativen zu einer geforderten BEFFE-Menge

Im normalen Fleischereibetrieb wird bei der Fleischsortierung zur Verarbeitung überwiegend Fleisch der Sortierung R II bzw. S II anfallen.

Es kann jedoch sein, dass eine geforderte R II-Menge auf der Basis eines Grundrezeptes alternativ durch eine bestimmte Menge R I und eine bestimmte Menge R III ersetzt werden muss, damit wiederum der von R II gegebene BEFFE-Gesamtwert erreicht wird.

Um die so benötigten Alternativmengen von R I und R III zu berechnen, bietet sich folgende Rechentechnik mit zwei Unbekannten an:

Verlangte Gesamtmenge Fleisch = mg [kg]
Verlangter BEFFE-Gehalt = Z [%] (der sich aus der Verwendung von R II ergäbe)
benötigte Teilmenge mit x [%] BEFFE-Gehalt = m_1 (x [%] BEFFE-Gehalt kleiner als Z [%] BEFFE-Gehalt) **m_1 entspricht also R III.**
benötigte Teilmenge mit y [%] BEFFE-Gehalt = m_2 (y [%] BEFFE-Gehalt größer als Z [%] BEFFE-Gehalt) **m_2 entspricht also R I.**

Aus dem Ansatz ergeben sich folgende Gleichungen zur Berechnung der Teilmengen:

$$m_1 = \frac{mg\ (y - z)}{(y - x)}$$

$$m_2 = \frac{mg\ (z - x)}{(y - x)}$$

Dazu folgendes

Beispiel: (für Rindfleisch)

33,000 kg R II mit einem BEFFE-Gehalt von 13,6 % ergeben eine Gesamt-BEFFE-Menge von 4,490 kg.

Anstelle dieser 33,000 kg R II sollen nun ganz bestimmte Mengen R I (BEFFE-Gehalt = 19,5 %) und R III (BEFFE-Gehalt = 10,15 %) verwendet werden. Die Alternativmischung soll ebenfalls 33,000 kg wiegen und einen BEFFE-Gehalt von (total) 4,490 kg haben.

Wir setzen in die Formeln ein:

$$m_1 = \frac{mg\ (y - z)}{(y - x)} \qquad [R\ III]\ m_1 = \frac{33\ (19{,}5 - 13{,}6)}{(19{,}5 - 10{,}15)} = 20{,}820\ kg$$

$$m_2 = \frac{mg\ (z - x)}{(y - x)} \qquad [R\ I]\ m_2 = \frac{33\ (13{,}6 - 10{,}15)}{(19{,}5 - 10{,}15)} = 12{,}180\ kg$$

→ Gesamt-Alternativmenge : 33,000 KG

Die Alternativmengen bringen folgende BEFFE-Mengen:

20,820 kg R III · 10,15 % BEFFE-Gehalt = 2,110 kg BEFFE

12,180 kg R I · 19,50 % BEFFE-Gehalt = 2,380 kg BEFFE

33,000 kg Alternativmischung enthält 4,490 kg BEFFE

Wir können also **33,000 kg R II** ersetzen durch

20,820 kg R III + **12,180 kg R I** und erhalten:

→ gleiches Gewicht

→ und gleiche BEFFE-Menge.

2. Beispiel: (für Schweinefleisch)

25,000 kg S II mit einem BEFFE-Gehalt von 14,3 % enthalten eine Gesamt-BEFFE-Menge von 3,580 kg.

Anstelle dieser 25,000 kg S II sollen nun ganz bestimmte Mengen S I (BEFFE-Gehalt 18,6 %) und S III (BEFFE-Gehalt 6,56 %) verwendet werden. Die Alternativmischung soll ebenfalls 25,000 kg wiegen und einen BEFFE-Gehalt von (total) 3,580 kg haben.

$$m_1 = \frac{25\,(18{,}6 - 14{,}3\,)}{(18{,}6 - 6{,}56)} = \mathbf{8{,}930\ kg\ S\ III}$$

$$m_2 = \frac{25\,(14{,}3 - 6{,}56)}{(18{,}6 - 6{,}56)} = \mathbf{16{,}070\ kg\ S\ I}$$

Die Alternativmengen bringen folgende BEFFE-Menge:

	8,930 kg S III ·	6,56 % BEFFE-Gehalt =	0,590 kg BEFFE
+	16,070 kg S I ·	18,60 % BEFFE-Gehalt =	2,990 kg BEFFE
	25,000 kg	Alternativmischung enthält	3,580 kg BEFFE

9.4 Brühwurstkalkulationen

Von ihrem mengenmäßigen Anteil an der gesamten Wurstproduktion her steht die Brühwurst an erster Stelle. Nach der Definition der „Leitsätze" sind Brühwürste durch Brühen, Backen, Braten oder auf andere Weise hitzebehandelte Wurstwaren.

Bei der Zerkleinerung des rohen Fleisches wird neben Kochsalz oder NPS meist Trinkwasser, Eis oder Eisschnee zugegeben. Letzteres wird in der Fachsprache als „Schüttung" bezeichnet.

Die zum Füllen fertig gestellte Rohmasse wird „Brät" genannt.

9.4.1 Materialberechnungen

Im Vorfeld einer Gesamtkalkulation müssen mehr oder minder umfangreich Daten und Fakten ermittelt und Vorberechnungen angestellt werden. Letzteres darzustellen und zu üben, dienen die nächsten Aufgaben.

61 Berechnen Sie den durchschnittlichen Materialpreis für folgende Rezeptur:

Bratwurst, fein gekuttert und gebrüht, Leitsätzekennziffer 2.221.12:

32,000 kg S II,	je kg 3,48 EUR,	10,000 kg Backen,	je kg 1,58 EUR,
17,000 kg R III,	je kg 3,68 EUR,	18,000 kg Eis,	je kg 0,05 EUR.
23,000 kg Speck,	je kg 1,48 EUR,		

62 Für eine Rostbratwurst, gebrüht, Leitsätzekennziffer 2.221.11, ist folgende Rezeptur angegeben:

12,500 kg S III,	je kg 2,15 EUR,	6,000 kg Speck II,	je kg 1,30 EUR,
2,500 kg S II,	je kg 3,09 EUR,	14,000 kg Eisschnee,	je kg 0,06 EUR,
15,000 kg R III,	je kg 3,63 EUR,	50,000 kg Bäuche,	je kg 2,51 EUR.

Nach dieser Rezeptur sollen 65,000 kg Material zusammengestellt werden.

Berechnen Sie:

a) die jeweils benötigten Materialmengen;

b) den durchschnittlichen Materialpreis pro kg.

63 Eine Rezeptur für Fleischkäse, einfach, Leitsätzekennziffer 2.222.3, lautet:

30 % R III,	je kg 3,55 EUR,	18 % Schwartenbrei,	je kg 0,54 EUR,
11 % S III,	je kg 2,07 EUR,	16 % Eisschnee,	je kg 0,06 EUR.
25 % Speck II,	je kg 1,41 EUR,		

Es sollen 58,000 kg Material zusammengestellt werden.

Berechnen Sie:

a) die jeweils benötigten Materialmengen;

b) den durchschnittlichen Materialpreis für 1 kg.

64 Meister Schneider stellt eine Norddeutsche Mortadella, Leitsätzekennziffer 2.222.1, nach folgendem Rezept her:

15 % R III,
35 % S II,
16 % Backen,
12 % Speck,
22 % Eis.

Von der Sortierung R III sind noch 26,000 kg vorhanden, die aufgebraucht werden sollen. Alle anderen Mengen sind auf die obige Restmenge abzustimmen.

Berechnen Sie die jeweils benötigten Materialmengen auf der Basis des Rezeptes.

65 Ein Grundbrät für Bierschinken (Leitsätzekennziffer 2.224.1) setzt sich wie folgt zusammen:

28 % S II,
16 % R II,
22 % Backen,
16 % Speck I,
18 % Eisschnee.

Die vorbereitete Einlage wiegt 32,000 kg (S I). Sie soll 60 % des Gesamtmaterials betragen.

Berechnen Sie das Gewicht des benötigten Grundbrätes und leiten Sie davon nach der Rezeptur die Einzelmengen ab.

9.4.2 Gesamtkalkulationen bestimmter Brühwurstrezepturen

Beispiel: Wir stellen ein Schinkenwurstbrät als Aufschnittgrundbrät her nach folgendem Rezept:

Materialzusammenstellung:

23,000 kg Rindfleisch II,	je kg zu 4,58 EUR,
20,000 kg Schweinefleisch II,	je kg zu 4,04 EUR,
10,000 kg Schweinefleisch III,	je kg zu 2,61 EUR,
25,000 kg Speck II,	je kg zu 1,38 EUR,
22,000 kg Schüttung,	je kg zu 0,08 EUR.

Zutaten:

Je kg Fleisch und Speck werden zugegeben:

24 g NPS, Preis je kg 0,20 EUR, 5 g Gewürze, je kg zu 12,00 EUR, 3 g Kutterhilfsmittel, je kg zu 20,45 EUR und 5 g Geschmacks- und Rötungshilfen, je kg 12,25 EUR.

Die Hüllen kosten 0,25 EUR je kg Brät, das Hüllengewicht wird vernachlässigt. Es entsteht ein Herstell- und Auskühlverlust von 5 %.

Aufzuschlagen sind 55% Gemeinkosten, 15 % kalkulatorischer Gewinn und die gesetzliche Umsatzsteuer.

Berechnen Sie den Bruttoverkaufspreis für 1 kg der Fertigware.

Lösung:

Preis		Gewicht
105,340 EUR	R II	23,000 kg
80,800 EUR	S II	20,000 kg
26,100 EUR	S III	10,000 kg
34,500 EUR	Speck II	25,000 kg
246,740 EUR	Gesamtmaterial	78,000 kg
1,760 EUR	Schüttung	22,000 kg
248,500 EUR		100,000 kg
0,374 EUR	NPS	1,872 kg
4,680 EUR	Gewürze	0,390 kg
4,785 EUR	Kutterhilfen	0,234 kg
4,778 EUR	Geschmackshilfen	0,390 kg
263,117 EUR	Brätkosten	102,886 kg
25,722 EUR	+ Darmkosten	0,000 kg
288,839 EUR	= gefüllte Rohware	102,886 kg
0,000 EUR	– 5 % Verlust	5,144 kg
288,839 EUR		97,742 kg
158,861 EUR	+ 55% Gemeinkosten	
447,700 EUR		
67,155 EUR	+ 15 % kalk. Gewinn	
514,855 EUR		
36,040 EUR	+ 7 % USt	
550,895 EUR	= Fertigware	97,742 kg

550,895 : 97,742 = 5,636 EUR/kg

1 kg Bruttoverkaufspreis = 5,64 EUR

Für die nachfolgenden Aufgaben der Brüh- und Rohwurstkalkulationen gilt, dass die Rezepturangaben so gestellt sind, dass sie grundsätzlich auch eine Rechenübung hinsichtlich der BEFFE-Berechnung (Siehe Kapitel 9.3.2) ermöglichen.

Die Mengenangaben entprechen den Mengen, wie sie in der Praxis verwendet werden können, sind aber nicht als Standards anzusehen. Sie sind entstanden aus der praktischen Erfahrung der Verfasser.

Übungsaufgaben zur Brühwurstkalkulation

66 Fleischermeister Franz K. stellt **Jagdwurst, norddeutsche Art,** (L. 2.223.2, Analysewerte: BEFFE 8 % = 80 % vom FE) nach folgender Rezeptur her:

30,000 kg Bullenfleisch, R II, je kg zu 4,81 EUR, und 15,000 kg Speck II, je kg zu 1,00 EUR. Das Rindfleisch wird mit 50 % Eisschnee ausgekuttert. Auf je 12 kg Brät rechnet er 30,000 kg Schweinefleischabschnitte, S II, zu 3,54 EUR/kg.

Salzzugabe:	2,4 %,	Preis 0,20 EUR je kg,
Gewürze:	je kg Brät 5 g,	Preis 9,20 EUR je kg,
Därme:	je kg 0,23 EUR,	das Darmgewicht wird vernachlässigt,
Räucher- und Auskühlverluste:	12 %,	
Gemeinkosten:	68 %,	
Gewinn:	18 %,	

zuzüglich die gesetzliche Umsatzsteuer.

Für wie viel EUR muss er 100 g Jagdwurst auszeichnen, wenn er noch 3 % Einwiege- und Aufschnittverlust berücksichtigt?

67 Zur Herstellung von **„Wiener Würstchen"** (L. 2.221.03, geforderte Analysenwerte: BEFFE = 8 % = 75 % vom FE) stellt der Kuttermeister folgendes Material zusammen:

24,500 kg Bullenfleisch, R II,	je kg zu 4,78 EUR,
11,250 kg Sauenfleisch, S II,	je kg zu 3,61 EUR,
25,500 kg Speck II,	je kg zu 1,47 EUR.

Das magere Rindfleisch wird mit 14,250 kg kostenfreiem Eisschnee ausgekuttert. Zutaten: Nitritpökelsalz 20 g/kg, weißer Pfeffer 2,5 g/kg, Muskatblüte 0,5 g/kg, Paprika 0,5 g/kg. Der Preis für diese Zutaten, einschließlich Kutter- und Rötungshilfen, beträgt 9,64 EUR. Der Preis für die verwendeten Saitlinge beträgt 23,11 EUR.
Die verkaufsfertige Ware hat gegenüber dem Füllgewicht 13,2 % verloren.

Für welchen Preis sind 1 000 g Würstchen anzubieten, wenn folgende Zuschläge berücksichtigt werden müssen: Gemeinkosten 64,5 %, kalk. Gewinn 18 % und die gesetzliche Umsatzsteuer.

68 Fleischer Berthold B. stellt für das Schützenfest **Bockwürste** (L. 2.221.03, geforderte Analysenwerte: BEFFE 8% = 75 % vom FE) aus folgenden Materialien her:

37,5 % Bullenfleisch, (R II), 25 % Schweinefleisch II, je kg zu 3,86 EUR,
37,5 % Speckabschnitte (Speck II) zu 1,37 EUR/kg.

Die Schüttung soll 65 % vom Rindfleischgewicht betragen.

Der Meister nimmt ein Bullenvorderviertel im Gewicht von 81,400 kg, das er bei einem Fleischgroßhändler zu einem Kilonettopreis von 3,76 EUR eingekauft hat. Beim Auslösen fallen 15,800 kg wertlose Knochen und 2,050 kg Fett- und Sehnenabschnitte im Wert von 1,02 EUR an. Die anderen Materialien sind entsprechend dem Rezept zusammenzustellen. Weiter werden verwendet: je kg 22 g Nitritpökelsalz, 5 g Fertiggewürz und 2 g Farbstabilisator. Kosten insgesamt: 16,96 EUR. Es werden 3 ½ Bund Schweinedärme zu je 9,79 EUR verwendet, deren Gewicht vernachlässigt wird.

Die fertige Ware wird etwa 12 % weniger wiegen als das Füllgewicht.

a) Wie viel Paar Bockwürste kann der Fleischermeister aus der Sendung erwarten, wenn die Bockwurst automatisch so abgedreht wurde, dass ein Fertiggewicht von 105 g erreicht wird?

b) Auf welches Frischgewicht muss die Maschine eingestellt werden, wenn der o. a. Verlust berücksichtigt werden soll?

c) Welchen Preis haben 100 g der fertigen Ware, wenn auf das Material ein Aufschlag von 92,5 % für Kosten, Gewinn und Umsatzsteuer aufzurechnen ist?

d) Welchen Betrag weist die Rechnung aus, wenn ein Großabnehmer die gesamte Sendung nimmt und bei Barzahlung 3 % Skonto erhält?

69 Der Sportverein „Eintracht“ bestellt bei Fleischer Schmitt 250 Paar **Würstchen** (L. 2.221.03, geforderte Analysenwerte: BEFFE = 8 % = 75 % vom FE) mit einem Fertiggewicht von 200 g je Paar. Erfahrungsgemäß verlieren die Würstchen beim Räuchern und Anhängen 8 %.

Das Brät setzt sich zusammen aus 45 % magerem Rindfleisch, R II, je kg zu 4,96 EUR, und 55 % Schweinefleisch III zu 3,09 EUR je kg. Die Schüttung besteht aus 13,000 kg Eisschnee (je kg zu 0,08 EUR). Darm- und Gewürzkosten betragen 24,50 EUR.

Auf wie viel EUR lautet der Rechnungsbetrag bei

85 % Gemeinkosten,	10 % Rabatt (vom Nettopreis),
8 % Gewinn und Risiko,	2 % Skonto bei Barzahlung
gesetzliche Umsatzsteuer,	(vom Bruttopreis)?

70 Vincenz K., Erstgeselle der Fleischerei Bartmann, stellt **Debreziner Brühwürstchen** (L. 2.221.04, Analysenforderung: BEFFE = 8 % = 75 % vom FE) nach einem eigenen Spezialrezept her. Er nimmt dazu einen Bullenbug, 18,270 kg, je kg 3,86 EUR. Beim Auslösen fallen 18 % Knochen und 1,5 % Sehnen- und Fettabschnitte an, deren Wert insgesamt 2,15 EUR ausmacht. Weiterhin kommen dazu 2 Eimer entschwartete und klein geschnittene Bäuche, nicht zu mager, Gewicht 42,300 kg, je kg mit 2,32 EUR bewertet. 7,000 kg Eisschnee werden eingekuttert, bleiben aber ohne Bewertung. Je kg Material würzt K. mit 20 g Nitritpökelsalz, 4 g Paprika, 2 g Pfeffer und 3 g einer Spezialmischung (sein Geheimnis). Die Gesamtkosten der Würzung kommen auf 7,30 EUR. Die benötigten Schweinedärme kosten 17,90 EUR. Das Gewicht der Därme wiegt den Füllverlust auf. Nach dem Kalt- und Heißrauch sowie dem kurzen Abbrühen im Kessel wiegt die ausgekühlte Ware noch 55,000 kg.

a) Welchen Räucher- und Abbrühverlust in kg und % erleidet die Ware?

b) Zu welchem Preis kann ein Paar der Würstchen mit dem Fertiggewicht von 180 g angeboten werden, wenn neben dem Gemeinkostensatz von 74,5 % noch 11 % Gewinn und die Umsatzsteuer eingerechnet werden müssen?

71 **Gelbwurst,** (L. = 2.222.6, BEFFE-Gehaltsforderung = 7,5 % = 80 % vom FE) wird in einer Einführungsmenge hergestellt:

6,000 kg R I zu 5,42 EUR/kg und 3,000 kg R II zu 4,83 EUR/kg werden mit 7,000 kg Eisschnee im Wert von 0,51 EUR bindig ausgekuttert.

4,500 kg S II zu 3,50 EUR/kg und 8,500 kg Speck II, je kg zu 1,51 EUR, werden fein eingekuttert.

Die Zutaten wiegen 950 g und kosten 9,92 EUR. In gefärbten Hüllen gefüllt, Wert = 4,91 EUR, wiegt die Ware fertig ausgekühlt noch 28,350 kg.

a) Berechnen Sie den BEFFE- und BE-Gehalt.

b) Wie viel Prozent beträgt der Verlust vom Kuttergewicht?

c) Zu welchem Preis können 100 g angeboten werden, wenn 72 % Gemeinkosten, 12,5 % kalk. Gewinn und die gesetzliche Umsatzsteuer aufgeschlagen werden?

72 **Bayerische Bierwurst,** (L. 2.223.1, geforderte Analysenwerte: BEFFE = 9,5 % = 80 % vom FE) wird hergestellt aus:

27,500 kg R II,	je kg zu 4,96 EUR,
30,000 kg S II,	je kg zu 3,46 EUR,
7,500 kg S III,	je kg zu 3,04 EUR,
12,500 kg Speck I,	je kg zu 1,05 EUR,
10,000 kg Speck II,	je kg zu 1,51 EUR,

12,500 kg Eisschnee im Gesamtwert von 1,53 EUR.

Die Zutaten wiegen 3,640 kg und kosten 21,45 EUR. Das Darmmaterial kostet 15,08 EUR. Es muss mit einem Füll-, Räucher- und Auskühlverlust von 7,5 % gerechnet werden.

Zu welchem Preis können 100 g dieser Bierwurst angeboten werden, wenn nach einem Nettoaufschlag von 75 % noch die gesetzliche Umsatzsteuer zu berücksichtigen ist?

73 Wir stellen eine **Schinkenwurst-Variante** mit groben Schweinefleisch- und Pilzeinlagen her (L. 2.223.2, geforderte Analysenwerte: BEFFE = 8 % = 80 % vom FE).

Dazu werden benötigt:

22,500 kg Rindfleisch II, je kg zu 4,96 EUR, das mit 12,300 kg Eisschnee, Gesamtwert 0,77 EUR, ausgekuttert wird, dazu 5,600 kg S III, je kg zu 3,45 EUR, 19,200 kg Speck II, je kg 1,51 EUR und 16,150 kg S II, grob geschroten je kg mit 3,76 EUR zu bewerten.

Zutaten:

20 g/kg Nitritpökelsalz,	je kg 0,21 EUR,
8 g/kg Pistazien,	je kg 22,75 EUR,
120 g/kg Dosenchampignons, ohne Brühe,	je kg 4,58 EUR,
10 g/kg eines Spezialgewürzes,	je kg 11,25 EUR.

Die Darmkosten betragen je kg 0,21 EUR. Die Ware verliert bis zum ladenfertigen Zustand 8,3 %.

Bei der Kalkulation sind zu berücksichtigen:

84 % Nettoaufschlag für Kosten und Gewinn zuzüglich Umsatzsteuer.

Zu welchem Preis können nach dieser Rechnung 100 g der Ware angeboten werden?

74 Fleischer Bergmann stellt **Fleischwurst** (L. 2.222.2, geforderte Analysenwerte: BEFFE = 7,5 % = 75 % vom FE) her und verwendet dazu folgendes Rezept:

40 % Rindfleisch II,	je kg zu 4,88 EUR,
8 % Schweinefleisch II,	je kg zu 3,61 EUR,
20 % Eisschnee,	je kg zu 0,08 EUR,
32 % fettes Schweinefleisch,	je kg zu 1,46 EUR.

An Rindfleisch sollen 3 Eimer Abschnitte, Gewicht = 64,800 kg, verarbeitet werden. Die anderen Zutaten sind entsprechend zu bemessen. Weiter werden benötigt, jeweils je kg: 22 g Nitritpökelsalz, 5 g Gewürzmischung, 2 g Farbstabilisator, 3 g Kutterhilfe. Gesamtwert der Zutaten: 17,55 EUR. Die Wursthüllen kosten je kg 0,09 EUR, wobei das Gewicht der Hüllen vernachlässigt wird. Gemeinkosten sind zu 64,5 %, kalk. Gewinn zu 10,5 % und Umsatzsteuer einzurechnen. Das Gewicht der ladenfertigen Ware beträgt 151,300 kg.

a) Welchen Füll-, Räucher-, Brüh- und Auskühlverlust erfährt die Ware (in Prozent)?

b) Zu welchem Preis können 100 g der Ware ausgezeichnet werden, wenn 3 % weiterer Abhängeverlust mit eingerechnet werden soll?

75 Es soll **Bierschinken** (L. 2.224.1) nach folgendem Rezept hergestellt werden:
24,600 kg Schweinefleisch I, je kg zu 4,32 EUR, und 15,500 kg feines Aufschnittbrät.

Der Preis des Brätes muss zuvor berechnet werden.

Zur Herstellung des Aufschnittgrundbrätes (L. 2.222.4) werden verwendet:

8,500 kg Rindfleisch I,	je kg zu 5,45 EUR,
8,900 kg Schweinefleisch II,	je kg zu 3,65 EUR,
11,100 kg Speck II,	je kg zu 1,44 EUR,
7,800 kg Eisschnee, Gesamtwert 0,82 EUR.	

Die zur Herstellung des Grundbrätes notwendigen Zutaten wiegen 1,100 kg und haben einen Wert von 15,05 EUR.

Der eigentlichen Bierwurstmasse werden Salz, Gewürze, Pistazien und Rötungshilfen im Wert von 9,30 EUR zugegeben. Die gesamten Wursthüllen kosten 3,53 EUR. Das Gewicht der Zutaten wird vernachlässigt. Der Gewichtsverlust bis zum ladenfertigen Zustand beträgt dennoch 5,5 % vom Materialgewicht.

Berechnen Sie die Gewinnspanne in EUR und in Prozent vom Selbstkostenpreis, wenn auf den Brätwert 64 % für Gemeinkosten aufgeschlagen werden, in dem Verkaufspreis von 1,00 EUR je 100 g aber auch noch die Umsatzsteuer enthalten ist.

76 Heißer **Leberkäse** (L. 2.223.3, geforderte Analysenwerte: BEFFE = 8 % = 80 % vom FE) ist die Spezialität von Meister Michels.

Bei der Herstellung verwendet er 18,400 kg Bullenfleisch, (R II), je kg zu 4,88 EUR, 17,300 kg Schweinefleisch III zu 2,54 EUR/kg und 12,500 kg Eisschnee im Wert von 0,61 EUR. Dazu kommen noch 4,300 kg frische Schweineleber zu 2,63 EUR/kg und 9,200 kg Schweinefleisch II, die je kg mit 3,74 EUR eingesetzt werden. Das Material erhält 17 g Salz, 5 g Gewürze und 3 g Kutterhilfsmittel je kg. Wert der Zutaten: 12,12 EUR.

Fleischer Michels füllt die Brätmasse in kleine Folienschälchen, die je Stück 0,14 EUR kosten und genau 875 g fassen. Sie werden zum Teil gebacken, aber auch roh zum Verkauf angeboten. Bei vorsichtigem Backen wiegt die fertige Schale im Durchschnitt noch 735 g.
Bei der Kalkulation sind ein Gemeinkostenaufschlag von 72 %, der kalk. Gewinn von 11,5 % und die Umsatzsteuer zu berücksichtigen.

a) Wie viele Folienkästchen kann Meister Michels mit der Brätmasse füllen?
b) Welchen Preis haben 100 g der ungebackenen Ware?
c) Zu welchem Preis kann ein Kästchen in ungebackenem Zustand angeboten werden?
d) Mit welchem Betrag muss ein fertig gebackenes Schälchen mit Leberkäse ausgezeichnet werden, wenn für das Backen ein Kostenanteil in Höhe von 5 % zusätzlich aufgeschlagen werden soll?

---

77 Wir stellen ein **Aufschnitt-Grundbrät** (Leitsätzekennziffer 2.222.4) nach folgendem Rezept her, wobei folgende Analysenwerte zu beachten sind: BEFFE = 8 % = 82 % vom FE.

30,000 kg Bullenfleisch = R II,	je kg zu 4,83 EUR,
20,000 kg Schweinefleisch II,	je kg zu 3,50 EUR,
10,000 kg Schweinefleisch III,	je kg zu 2,88 EUR,
22,500 kg Speck II,	je kg zu 1,41 EUR,
17,500 kg Eisschnee,	Wert 1,53 EUR.

Zutaten:

20 g/kg Nitritpökelsalz 6 g/kg Spezialgewürz 2 g/kg Geschmackshilfen 5 g/kg Kutterhilfen	Wert insgesamt: 17,64 EUR.

Den Materialkosten soll ein Nettoaufschlag von 85,5 % zugeschlagen werden.

a) Berechnen Sie den Nettoverkaufspreis für 1 kg des Grundbrätes.
b) Prüfen Sie nach, ob die geforderten Analysenwerte nach den Leitsätzen eingehalten wurden.

---

78 Kesselfrische **Weißwurst nach Münchener Art** (L. 2.221.09, BEFFE-Gehalt mind. 6,5 % = mind. 70 % vom FE), täglich frisch in kleinen Mengen hergestellt, ist der „Renner" in „Müllers Fleischshop" geworden.

Die Tagesrezeptur lautet:

5,500 kg R II (Bullenfleisch),	je kg zu 5,04 EUR,
3,300 kg S III,	je kg zu 3,04 EUR,
3,500 kg Speck II,	je kg zu 1,46 EUR und
1,900 kg Eisschnee, ohne Wertansatz.	

Die Zutaten wiegen 390 g und kosten 3,91 EUR. Gefüllt wird die Masse in Schweinedärme 26/28, Wert 4,29 EUR; beim Abbrühen und Auskühlen verliert die Ware erfahrungsgemäß rd. 6,5 % vom Füllgewicht.

a) Berechnen Sie den Preis für 1 kg, wenn 64 % Gemeinkosten, 14 % kalk. Gewinn und die gesetzliche Umsatzsteuer zu berücksichtigen sind.
b) Mit welchem Bruttoaufschlagssatz kann Meister Müller rechnen, wenn er die Wurst für 7,41 EUR/kg im Laden anbietet?

79 **Knacker, einfach** (L. 2.221.06 bei BEFFE = 6,5 % = 60 % im FE), bestehen aus:

6,000 kg	R II,	je kg zu 4,93 EUR,
13,000 kg	R III,	je kg zu 3,63 EUR,
5,000 kg	S III,	je kg zu 3,04 EUR,
6,000 kg	Eisschnee im Wert von 0,41 EUR.	

An Zutaten werden insgesamt 950 g verwendet im Wert von 8,23 EUR. Außerdem werden für 6,39 EUR Schweinedärme verbraucht.

Wie viel Prozent vom Materialpreis beträgt der Gemeinkostensatz, wenn im Verkaufspreis von 6,85 EUR/kg neben der Umsatzsteuer in gesetzlicher Höhe noch ein kalk. Gewinnansatz von 12,5 % enthalten ist?

---

80 **Süddeutsche Jagdwurst** (Leitsätzekennziffer 2.223.1 mit den geforderten Analysewerten BEFFE = 9,5 % = 80 % vom FE) wird hergestellt aus:

24,000 kg Grundbrät, (BEFFE-Gehalt 8,63 % = 84,41 % vom FE)	je kg zu 3,69 EUR,
20,000 kg S II,	je kg zu 3,46 EUR,
16,000 kg S III,	je kg zu 4,66 EUR.

Je kg werden Zutaten im Gewicht von 29 g verwendet, geschätzter Gesamtwert: 13,80 EUR. Es wird ein Füll- und Abbrühverlust von 4,5 % angenommen.

a) Berechnen Sie den BEFFE-Gehalt der fertigen Jagdwurst.

b) Wie viel EUR kosten 1000 g der fertigen Jagdwurst, wenn für Gemeinkosten 75 %, für kalk. Gewinn 12,5 % und zudem die gesetzliche Umsatzsteuer aufgeschlagen werden?

---

81 **Frankfurter Rindswurst** (L. = 2.221.05, geforderte Analysenwerte: BEFFE = 7,5 % = 80 % vom FE) wird aus folgendem Material hergestellt:

22,500 kg R II	zu 4,83 EUR das kg,
20,000 kg R III	zu 4,03 EUR das kg,
14,000 kg Fleischfett im Gesamtwert von 5,10 EUR,	
12,000 kg Eisschnee im Wert von 1,02 EUR.	

Der Wert der Zutaten beträgt 14,22 EUR; gleich hoch sind die Darmkosten. Beim Räuchern, Brühen und Auskühlen muss mit einem Verlust von insgesamt 10,8 % gerechnet werden.

Berechnen Sie den Preis für 1 kg der Ware, wenn auf den Materialpreis 95 % Bruttoaufschlag erfolgen soll.

---

82 Bei Fleischer Bayer gibt es dienstags und donnerstags frischen, ofenwarmen **Fleischkäse** im Anschnitt.

Die Rezeptur entspricht der Leitsätzekennziffer 2.222.6 mit dem BEFFE-Mindestwerten 7,5 % = mind. 80 % vom FE.

Fleischer Bayer nimmt dazu:

14,000 kg R I,	je kg zu bewerten mit 5,32 EUR,
12,500 kg R II,	je kg zu bewerten mit 4,65 EUR,
8,500 kg S II,	je kg zu bewerten mit 3,67 EUR,
22,500 kg Speck II,	je kg zu bewerten mit 1,41 EUR,
12,500 kg Eisschnee im Wert von insgesamt 1,53 EUR.	

Die Zutaten wiegen 1,900 kg und kosten 7,54 EUR. Beim Backen verliert das Brät rd. 15 %. Aufzuschlagen sind 65 % Gemeinkosten, 15 % kalk. Gewinn und die gesetzliche Umsatzsteuer.

a) Berechnen Sie den Preis für 100 g des fertigen Fleischkäses.

b) Berechnen Sie mithilfe der „Feder'schen Zahl" und des zu errechnenden Eiweißgehalts den wahrscheinlichen Fremdwassergehalt, wobei Sie den Schlüssel 1 : 4 verwenden sollten.

83 Gemäß Leitsätzekennziffer 2.224.3 stellen wir **Roten Presskopf** her. Dazu werden genommen:

7,500 kg kräftiges Aufschnittbrät, zu bewerten mit 3,68 EUR/kg,
1,500 kg S II, grob geschrotet, je kg 3,68 EUR/kg und
6,750 kg Masken und Eisbeinfleisch, gepökelt und vorsichtig gegart, im Gesamtwert von 13,55 EUR.

Die Zutaten wiegen 0,500 kg und kosten 3,12 EUR. Gefüllt wird in Rinderbutten (natur), Darmkosten 2,81 EUR. Es entsteht ein Herstellverlust von 8,5 %. Aufzuschlagen sind 84 % Nettoaufschlag und die gesetzliche Umsatzsteuer.

Berechnen Sie den Verkaufspreis für 100 g der Wurst.

84 Zum Schützenfest erhält Meister Becker den Auftrag, **Schinkenwürstchen** zu liefern. Die Ware soll der Leitsätzegrundrezeptur 2.221.01 mit einem BEFFE-Gehalt von mind. 8 % = mind. 75 % vom FE entsprechen.

Es werden verwendet:

44,000 kg Sauenfleisch S II zu 4,06 EUR/kg,
18,500 kg S III zu 3,13 EUR/kg,
22,500 kg Speck II zu 1,57 EUR/kg,
22,500 kg Eisschnee, Gesamtwert 1,79 EUR.

Die Zutaten wiegen 3,300 kg und haben einen Wert von 10,66 EUR. Gefüllt werden die Würstchen in Schweinedärme 26/28 im Wert von 20,75 EUR. Die ausgekühlte Ware wiegt insgesamt 96,050 kg.

a) Berechnen Sie den Füll-, Räucher-, Abbrüh- und Auskühlverlust in kg und Prozent.
b) Zu welchem kg-Preis können die Würstchen angeboten werden, wenn Meister Becker mit einem Bruttoaufschlag von 95 % rechnet?
c) Auf welche Summe lautet der Scheck, den der Festwirt zur Bezahlung der gesamten Ware übergibt, nachdem er zuvor 2,5 % Skonto abgezogen hat?

9.5 Rohwurstkalkulation

Nach der Beschreibung der Leitsätze sind Rohwürste „umgerötete, ungekühlt (über + 10 °C) lagerfähige, in der Regel roh zum Verzehr gelangende Wurstwaren, die streichfähig oder nach einer mit Austrocknung verbundenen Reifung schnittfest geworden sind".

Für den fachrechnerischen Teil ergeben sich Eckdaten zunächst aus der Materialzusammenstellung, aber auch durch die z. T. erheblichen Gewichtsveränderungen im Verlauf von Reifung, Räuchern, Trocknen und Nachreifung (Lagerung).

Da hier, je nach Reifeverfahren, mit Verlusten bis zu 30 % gerechnet werden muss, entsteht ein erheblicher Kostenfaktor, der in der Kalkulation besonders berücksichtigt werden muss.

Zunächst sollen die verschiedenen Verlustmöglichkeiten rechnerisch erfasst werden. Danach erfolgt dann der Einbau dieser Erkenntnisse in die Gesamtkalkulation.

9.5.1 Reife-, Räucher-, Trocken- und Lagerverluste

85 Eine bestimmte Rohwurstmenge hat beim Naturreifeverfahren vom Füllen bis zum Räuchern 7,225 kg verloren, das sind 8,5 %.

Wie viel kg betrug das Gewicht unmittelbar nach dem Füllen?

86 Nach dem Räuchern wog eine Charge Cervelatwurst noch 57,725 kg. Beim Räuchern und Trocknen waren 10,5 % verloren gegangen.

Berechnen Sie das Gewicht beim Beginn des Räucherprozesses.

---

87 Geselle Peter F. hat eine einfache Plockwurst hergestellt, Füllgewicht 65,500 kg. Erfahrungsgemäß muss er mit 5,5 % Reifungsverlust und rd. 7 % Räucher- und Trockenverlust rechnen.

Wie viel kg Fertigware kann er erwarten?

---

88 Naturgereifte, trockene Salami wiegt ladenfertig 110,100 kg. Sie hat beim Reifen 11,5 % vom Füllgewicht und beim Räuchern und Nachreifen 14,2 % vom Gewicht nach dem Reifen verloren.

Berechnen Sie das Füllgewicht und die einzelnen Verluste.

---

89 Meister Peters hat nach dem Räuchern das Gewicht einer Charge Katenrauchwurst mit 134,000 kg festgestellt. Er hängt eine Hälfte in den Laden, die andere Hälfte in einen klimatisierten Reiferaum.

Nach 10 Tagen wiegt die erste Hälfte noch exakt 61,975 kg, die zweite Hälfte wiegt 64,725 kg.

a) Berechnen Sie die Verlustprozente beider Mengen.

b) Wie viel EUR beträgt der Mehrverdienst über die im Klimaraum nachgereifte Wurst, wenn für den Verkauf je 100 g mit 0,91 EUR ausgezeichnet wurden?

---

90 Das Füllgewicht von 84,500 kg Schlackwurst verringert sich bis zum verkaufsfertigen Zustand auf 68,150 kg.

Wie viel Prozent des Füllgewichtes ging verloren?

---

91 Alternativ werden 2-mal 65,000 kg Cervelatwurst hergestellt. Eine Menge wird im Schnellreifeverfahren fertig gestellt und verliert, bis sie verkaufsfertig ist, knapp 12 %. Der Ladenpreis dieser Ware ist auf 8,79 EUR je kg festgesetzt.

Die zweite Menge wird nach klassischem Naturreifeverfahren gereift und fertig gestellt Sie wiegt nach 28 Tagen noch 49,200 kg. Für diese Wurst werden im Verkauf 0,98 EUR je 100 g verlangt.

a) Berechnen Sie die Verlustmenge und die Verlustprozente der beiden Mengen.

b) Wie viel EUR Einnahmen sind von jeder der beiden Mengen zu erwarten?

c) Über welche Herstellart scheint der Erlös größer?

---

92 Weil die Rauchtemperatur zu hoch eingestellt worden war, hat eine bestimmte Menge Streichmettwurst 6,5 % mehr verloren als üblich.

Fleischer Sauer rechnet sich aus, dass der Mehrverlust 8,775 kg ausmacht.

a) Berechnen Sie das Füllgewicht der Streichmettwurst.

b) Auf wie viel EUR muss der Verlust veranschlagt werden, der durch die fahrlässige Handhabung entstanden ist, wenn die Wurst im Laden je kg 5,37 EUR kostet?

---

93 Rauchfrisch wiegen 40 Katenrauchwürste im Rinderschlackdarm genau 114 kg. Nach zwei Wochen sind 6,45 % verloren gegangen. Im rauchfrischen Zustand war der Ladenpreis mit 9,31 EUR/kg kalkuliert worden.

a) Berechnen Sie den Wert der Gesamtmenge **vor dem** Abhängen.

b) Wie viel EUR macht der Wert des Verlustes aus?

c) Auf welchen Preis müsste nach dem Abhängen der ursprüngliche Preis korrigiert werden, um den Verlust einzurechnen?

9.5.2 Gesamtkalkulationen bestimmter Rohwurstrezepturen

Das Schema der Rohwurstkalkulationen entspricht dem der vorausgegangenen Brühwurstkalkulation. Auch hier sind die Angaben so gewählt, dass sowohl die Kalkulation als auch die BEFFE-Berechnung darauf aufbauen können.

Die den Aufgaben zugrunde liegenden Rezepturen zielen primär auf den Rechengang; daher entspricht die Materialzusammenstellung nicht unbedingt Standardvorschlägen in abgesicherter Form.

Zum Beginn des Rechenbereiches zunächst folgendes

Beispiel: Cervelatwurst, Leitsatzkennziffer 2.211.07, geforderte Analysenwerte: BEFFE = 12 % = 85 % im FE.

Materialzusammenstellung:

30,000 kg Rindfleisch I,	je kg zu 5,09 EUR,
25,000 kg Schweinefleisch I,	je kg zu 4,47 EUR,
10,000 kg Schweinefleisch II,	je kg zu 3,76 EUR,
35,000 kg Speck II,	je kg zu 1,51 EUR.

Zutaten:

28 g/kg Pökelsalz
10 g/kg Schnellröte-Komplexmittel } Gesamtwert 15,26 EUR

Die Darmkosten betragen 22,5 Cents je kg Material; das Gewicht der Därme wird vernachlässigt.

Beim Reifen und Räuchern verliert die Wurst 9,4 %; beim weiteren Abhängen noch einmal 3,5 %.

Welcher kg-Preis ist als Bruttoverkaufspreis anzusetzen, wenn mit 74 % Gemeinkosten, 14 % kalk. Gewinn und der gesetzlichen Umsatzsteuer gerechnet werden muss?

Lösung:

Preis			Gewicht
152,70 EUR		(R I)	30,000 kg
111,75 EUR		(S I)	25,000 kg
37,60 EUR		(S II)	10,000 kg
52,85 EUR		(Speck II)	35,000 kg
354,90 EUR		Ausgangsmaterial	100,000 kg
15,26 EUR	+	Salz	2,800 kg
	+	Gewürz	1,000 kg
23,36 EUR		Därme	0,000 kg
393,52 EUR		Füllgewicht	103,800 kg
0,00 EUR	–	Reifungs- und Räucherverlust	9,757 kg
393,52 EUR		Rauchfertiggewicht	94,043 kg
0,00 EUR	–	Abhängeverlust	3,291 kg
393,52 EUR		Verkaufsgewicht	90,752 kg
219,20 EUR	+	Gemeinkosten	↓
684,72 EUR	=	Selbstkostenpreis	
95,86 EUR	+	kalk. Gewinn	
780,58 EUR	=	Nettoverkaufspreis	
54,64 EUR	+	Umsatzsteuer (7 %)	
835,22 EUR	=	Bruttoverkaufspreis	90,752 kg

Preis für 1 kg = Gesamtkosten : Gesamtgewicht

662,43 : 90,752 = 7,299 EUR

Der Kilopreis für die verkaufsfertige Ware beträgt 7,30 EUR.

Prüfen Sie anhand der in Kapitel 9.3.2 dargelegten BEFFE-Berechnung nach, wieweit die geforderten Analysewerte eingehalten wurden.

Wir merken uns:

Das System der Rohwurstkalkulation entspricht dem System der Brüh- und Kochwurstkalkulation!

Übungsaufgaben

94 Fleischermeister Reuter stellt **Salami** I a (L. 2.211.04) her:

Analysewerte: BEFFE = 14 % = 85 % im FE

Zusammengestellt werden:

55,200 kg gut entsehntes Sauenfleisch (S I), je kg zu 4,40 EUR;
30,400 kg fester kerniger Speck II, völlig schwartenfrei, je kg 1,48 EUR.

Würzmittel und Rötungsstoffe je kg:
30 g Nitritpökelsalz, je kg 0,23 EUR; 5 g Trockenstärkesirup, je kg 3,55 EUR; 6 g Gewürzmischung, je kg 11,15 EUR.

Außerdem 0,35 l Rumverschnitt zu 2,28 EUR und 50 Stück Fettenden, je 0,83 EUR, im Gesamtgewicht von 5 350 g.

Erfahrungsgemäß muss bei der Reifung und beim Räuchern mit einem Verlust von 17,5 % gerechnet werden. Dazu kommt ein Abhängeverlust von 6,5 % vom Rauchfertiggewicht für die nächsten 100 Stunden.

Dem errechneten Materialpreis sind 78,5 % Gemeinkosten, 13,5 % kalk. Gewinn und die Umsatzsteuer zuzuschlagen.

a) Zu welchem Preis können 100 g dieser Salami verkauft werden?

b) Ermitteln Sie rechnerisch die Analysenwerte.

95 Thomas G., Fleischergeselle, stellt **Teewurst, „Rügenwalder Art“** (L. 2.212.1), her und nimmt dazu:

13,200 kg mageres Rindfleisch (R I), je kg 5,34 EUR; 9,340 kg Schweinefleischabschnitte (S II) zu 3,55 EUR je kg und 19,550 kg fetten Schweinebauch (S III) ohne Schwarte, 2,53 EUR je kg.

Weiterhin werden zugegeben:

9 g/kg Spezialgewürz und 25 g/kg Nitritpökelsalz. Die Kosten aller Zutaten betragen 10,27 EUR.

Die ladenfertige Ware wiegt 38,750 kg.

a) Wie viel Prozent vom Frischgewicht beträgt der Räucherverlust?

b) Welcher Preis ist je Teewürstchen anzusetzen, wenn das Stück auf 220 g Frischgewicht automatisch abgeklippt wurde und dem Gesamtmaterialpreis 93 % für Gemeinkosten, Gewinn und Umsatzsteuer zuzuschlagen sind?

c) Prüfen Sie nach, ob die Rezeptur den aufgeführten Anforderungen entspricht: BEFFE 11 % = 85 % im FE.

96 125,00 kg Material sollen nach einem **Plockwurst**rezept (L.2.211.13) zusammengestellt werden, das aus 20 % magerem Kuhfleisch (R I), 45 % reichlich magerem Sauenfleisch (S II) und 35 % festem Speck (II) besteht.

Analysewerte: BEFFE = 11 % = 75 % im FE.

Folgende kg-Preise sind anzusetzen: Kuhfleisch 5,09 EUR, Sauenfleisch 4,01 EUR, Speck 0,98 EUR. Die Salz-, Darm- und Gewürzkosten betragen insgesamt 28,08 EUR. Das Gewicht der Zutaten wird vernachlässigt. Die fertige Ware wiegt nach 8 Tagen noch 104,375 kg.

Zu berücksichtigen sind im Rahmen der Kalkulation noch 82,5 % Gemeinkosten, 13,25 % kalk. Gewinn.

Welchen Nettopreis haben 100 g dieser Plockwurst, wenn ein Aufschneideverlust von 3,5 % noch mit eingerechnet werden soll?

---

97 Wir stellen luftgetrocknete **Bierknacker** (L. 2.211.17) her, die leicht nachgeräuchert werden. Analysenwerte: 12 % BEFFE = 75 % im FE.

Dazu werden verwendet: 4 magere Sauenschultern mit Nacken, Gewicht 40,400 kg, die zu einem Kilopreis von 2,11 EUR eingekauft wurden. Es fallen 17 % wertlose Knochen und 2,350 kg wertlose Schwarten an. Weiterhin werden 14,300 kg mittelfette Bäuche genommen, je kg zu 1,48 EUR. Die Salz- und Gewürzkosten betragen 6,47 EUR. 2 Bund Schweinedärme, mitteldickes Kaliber, zu 9,82 EUR werden benötigt. Zu berücksichtigen sind 77,5 % Gemeinkosten, 13,5 Gewinn und die gesetzliche Umsatzsteuer. Die auszuliefernde Ware wiegt 30,650 kg.

a) Welcher Trockenverlust in Prozent vom Frischgewicht ist eingetreten?

b) Welchen Kilopreis hat die verkaufsfertige Ware?

c) Errechnen Sie die Realsumme, wenn ein Großabnehmer den ganzen Posten unter der Bedingung abnimmt, 5 % Rabatt zu erhalten.

---

98 Zur Meisterprüfung erhält Udo Peters die Aufgabe, grobe **Streichmettwurst** (L. 2.212.2), Analysenwerte: 7,5 % BEFFE = 75 % im FE, mittlerer Qualität herzustellen und den Verkaufspreis für 100 g der verkaufsfertigen Ware zu berechnen.

Ihm stehen zur Verfügung: 8,500 kg Schweinefleischabschnitte (S II), deren Preis mit 30,68 EUR angegeben ist; 19,000 kg mittelfette Bäuche (S III) zum Preis von 1,66 EUR/kg. Vom Gewicht der Bäuche gehen 4,35 % für wertlose Knochen und Schwarten ab. Das Material wird mit 28 g/kg gesalzen und mit 10 g/kg eines Spezialgewürzes gewürzt. Beides zusammen hat einen Wert von 4,06 EUR. Zum Füllen werden 2 Bund Kunstdärme benötigt, deren Preis auf 6,85 EUR festgestellt wurde.

Als Kalkulationsunterlagen dienen weiter ein Gemeinkostenzuschlag von 69 % und ein Gewinnansatz von 14 %. Räucher und Abhängeverluste sollen zu 9,2 % berücksichtigt werden.

a) Zu welchem Nettopreis für je 100 g müsste Peters kommen?

b) Prüfen Sie nach, ob – rechnerisch – die BEFFE-Werte eingehalten wurden.

---

99 **Pusztastangen,** feurig, scharf und luftgetrocknet, entsprechen der Leitsätzekennziffer 2.211.11 mit den geforderten Werten: BEFFE = 12 % = 75 % vom FE. Meister Meier stellt zusammen:

48,300 kg S II (Abschnitte), je kg zu 3,90 EUR,

26,700 kg S III (mittelfetter Bauch), je kg zu 2,63 EUR,

12 g/kg Spezialgewürz und 28 g/kg Pökelsalz sind zu verwenden. Wert der Zutaten: 11,81 EUR. Gefüllt wird das Material in Saitlinge 22/24; Kosten 17,33 EUR. Die Würstchen wiegen frisch je 75 g. Es entsteht ein Verlust von 21,75 % bis zur verkaufsfertigen Ware. 93 % Bruttoaufschlag sind zu kalkulieren.

Zu welchem Preis kann ein Pärchen angeboten werden?

100 Fleischer Müller stellt **„Landjäger"** (L. 2.211.18, Analysenwerte: BEFFE = 10% = 65 % im FE) her und nimmt dazu 18,400 kg magere Sauenschultern (S I), gut entsehnt, deren Preis bei 3,76 EUR/kg liegt, und 13,100 kg Speckabschnitte (Speck I), nicht zu schmalzig, die mit 1,00 EUR/kg bewertet werden. Die Salz- und Gewürzzugaben kosten insgesamt 3,66 EUR, die verbrauchten Schweinedärme haben einen Wert von 8,39 EUR.

Welchen Nettopreis erreicht die verkaufsfertige Ware je kg, wenn neben den Gemeinkosten von 65 % und dem kalk. Gewinn von 13,1 % noch ein Verlust von 27 % des Füllgewichtes mit berücksichtigt werden muss?

---

101 Einfache **Plockwurst** (L. 2.211.14, BEFFE-Forderung 10 % = 65 % vom FE) wird aus folgendem Material hergestellt:

18,500 kg Kuhfleisch (R II),	je kg zu 4,73 EUR,
14,250 kg fettes Kuhfleisch (R III),	je kg zu 4,01 EUR,
8,750 kg Schweinefleischabschnitte (S III),	je kg zu 2,78 EUR,
18,500 kg Speck II,	je kg zu 1,53 EUR.

An Zutaten werden verwendet je kg:

28 g Nitritpökelsalz,
12 g Spezialgewürz und 2 g Rumverschnitt im Gesamtwert von 14,06 EUR.

Die Naturindärme kosten 7,26 EUR.

Bis zum ladenfertigen Zustand verliert die Wurst 9 % an Gewicht.

Im Rahmen der Kalkulation sind aufzuschlagen: 77,5 % Gemeinkosten, 13 % kalk. Gewinn und die gesetzliche Umsatzsteuer.

a) Berechnen Sie den Preis der Fertigware für 100 g.

b) Auf wie viel EUR je 100 g müsste der Preis heraufgesetzt werden, wenn die Wurst 20 Tage nach der Fertigstellung weitere 8,5 % an Gewicht verloren hat?

c) Prüfen Sie nach, wie weit die geforderten Analysenwerte eingehalten wurden: bei normalem und bei weiterem Verlust.

---

102 **Zwiebelwurst** (L. 2.212.3, geforderte Analysenwerte: BEFFE = 8,5 % = 75 % vom FE) besteht aus:

2,600 kg R II,	je kg zu 4,93 EUR,
4,250 kg S II,	je kg zu 3,92 EUR,
8,150 kg S III,	je kg zu 2,99 EUR.

Die Zutaten wiegen 550 g und kosten 6,84 EUR. In Naturindärme gefüllt, Wert 4,57 EUR, wiegt die Ware ladenfertig 13,850 kg.

a) Berechnen Sie den Verlust in kg und Prozent.

b) Wie teuer sind 100 g der Wurst auszuzeichnen, wenn mit einem Bruttoaufschlag von 95 % gerechnet werden muss?

---

103 Zum guten Bier bietet Meister Schmitt **Rauchenden** (L. 2.211.15, BEFFE mind. 10 % = 75 % vom FE) als eine über Jahre gepflegte Spezialität an. Er verwendet dazu:

11,500 kg Kuhfleisch R II,	zu 4,37 EUR/kg,
18,500 kg Sauenfleisch S II,	zu 3,66 EUR/kg,
17,000 kg Bäuche S III,	zu 2,58 EUR/kg,
3,000 kg Kammspeck, Speck II,	zu 1,97 EUR/kg.

Die Zutaten wiegen 1,400 kg und kosten 9,46 EUR. Gefüllt wird die Wurst in Schafsaitlinge 22/24 im Wert von 19,12 EUR. Die Ware verliert bis zur Auslieferung rd. 28,5 % vom Füllgewicht.

Meister Schmitt bietet die Rauchenden zum Preis von 10,12 EUR je kg an.

a) Berechnen Sie den Nettoaufschlag in EUR je kg und in Prozent.

b) Auf welche Summe lautet die Rechnung, wenn das Restaurant „Braustuben" die ganze Sendung unter der Bedingung abnimmt, dass auf den Bruttopreis 6,5 % Rabatt gewährt werden?

104 **Touristenwurst** (L. 2.211.15, BEFFE-Forderung 10 % = 75 % vom FE) wurde aus folgendem Material hergestellt:

8,650 kg R III,	je kg zu 4,32 EUR,
4,400 kg S II,	je kg zu 3,24 EUR (magere Bäuche),
14,250 kg S III,	je kg zu 2,58 EUR (fette Bäuche),
2,700 kg Speck II,	je kg zu 1,61 EUR.

Zutaten im Wert von 8,20 EUR und im Gewicht von 1 140 g werden zugegeben; die Darmkosten betragen 7,49 EUR. Die Ware verliert bis zum ladenfertigen Zustand 11,5 %.

Der Bruttoverkaufspreis beträgt je kg 9,41 EUR.

Berechnen Sie den Nettoaufschlag in Prozent.

105 **Peperoni,** knackig trocken, mit feiner Pfefferspitze, L. 2.211.18, bestehen aus:

13,500 kg R III (trockenes, etwas fettes Kuhfleisch), je kg zu 4,32 EUR,
4,150 kg S III (fette Bäuche), je kg zu 2,68 EUR und
2,350 kg Speck I, je kg zu 1,00 EUR.

28 g Pökelsalz, 10 g Schnellreifepräparat und 2 g gebrochener schwarzer Pfeffer je kg im Gesamtwert von 6,31 EUR werden als Zutaten verwendet.

Wir füllen in Schäldärme 22/24; es entsteht ein Reife- und Abhängeverlust von 21 %.

Gemeinkosten 68 %, kalk. Gewinn 13,5 % und die gesetzliche Umsatzsteuer.

Berechnen Sie den Preis für 1 Stück, 65 g Fertiggewicht, wenn für das Schälen und Verpacken in eine Folienpackung weitere 15 % vom Bruttoverkaufspreis aufgeschlagen werden.

106 Vor allem in der warmen Jahreszeit ist **Streichmettwurst,** fein gehackt (L. 2.212.2, BEFFE-Gehalt mind. 7,5 % = mind. 75 % vom FE), eine gefragte Fleischware. Eine Rezeptur sieht folgende Materialien vor:

8,500 kg R II (Kuhfleisch),	je kg zu 4,42 EUR,
9,500 kg S II (Abschnitte),	je kg zu 3,50 EUR,
13,500 kg S III (Bäuche),	je kg zu 2,33 EUR,
14,500 Speck I (Wammen),	je kg zu 1,00 EUR.

An Zutaten sind je kg zu rechnen: 28 g Pökelsalz und 7 g Gewürzmischung. Die Zutaten haben einen Gesamtwert von 4,93 EUR; die Cellophanhüllen kosten 9,59 EUR. Die Ware verliert bis zum verkaufsfertigen Zustand 9,75 %.

Zu kalkulieren ist mit 87,5 % Nettoaufschlag und der gesetzlichen Umsatzsteuer.

Zu welchem Preis kann ein „Halbmond" von rd. 350 g angeboten werden?

107 Altgeselle Bernhard M. stellt Material für eine **Salami 1a, ungarische Art** (L. 2.211.04), zusammen und muss dabei die geforderten Analysenwerte berücksichtigen: BEFFE mind. 14 % = mind. 85 % im FE.

Er benötigt:

13,500 kg trockenes Kuhfleisch, R I,	zu 5,55 EUR/kg,
18,500 kg Sauenschinkenfleisch, S I,	zu 4,32 EUR/kg,
6,500 kg Sauenfleischabschnitte S II,	zu 3,30 EUR/kg,
18,500 kg trockener fester Rückenspeck, Speck II,	zu 2,15 EUR/kg.

Er wiegt 1 550 g Pökelsalz und 450 g Mischgewürz ab; das Salz kostet je kg 0,16 EUR, das Gewürz 14,32 EUR/kg. Die Wursthüllen kosten 9,74 EUR.

Die Ware wiegt nach Fertigstellung 46,170 kg und wird je 100 g für 1,00 EUR verkauft.

a) Berechnen Sie den Herstellverlust in kg und %.

b) Mit welchem Bruttoaufschlagsatz kalkuliert das Geschäft den Verkaufspreis der Wurst?

c) Wie ändert sich der Satz, wenn mit weiteren 5 % Schwund vom Ladengewicht gerechnet werden soll?

108 **Schinkenplockwurst** (L. 2.211.03, BEFFE-Forderung: 13,5 % = 85 % vom FE) wird hergestellt aus:

8,000 kg mageres Kuhfleisch (R I),	je kg zu 5,13 EUR,
13,500 kg mageres Sauenfleisch (S I),	je kg zu 4,47 EUR,
7,500 kg Schweinefleischabschnitte (S III),	je kg zu 3,13 EUR und
14,500 kg Speck II, trocken,	je kg zu 1,97 EUR.

Die Zutaten wiegen 15,500 kg und kosten 12,32 EUR. Darmkosten entstehen über 6,85 EUR. Die ladenfertige Ware wiegt 40,050 kg.

a) Berechnen Sie den Reife- und Abhängeverlust in kg und Prozent.

b) Mit welchem Nettoaufschlag kann Meister Paulus rechnen, wenn die Wurst zu einem Ladenpreis von 1,18 EUR je 100 g angeboten wird?

c) Prüfen Sie über die BEFFE-Berechnung nach, ob die Leitsätzeforderung des BEFFE- und des FE-Gehaltes eingehalten wurde.

---

109 **Vesperwurst,** eine frische Rohwurst, Leitsätzekennziffer 2.212.3, Mindest-BEFFE-Gehalt 8,5 % = 75 % im Fleischeiweiß, soll von Geselle Willi hergestellt werden. Er nimmt dazu:

4,600 kg S II zu 3,33 EUR/kg und 5,400 kg S III zu 2,99 EUR/kg.

Zutaten: 25 g/kg Nitritpökelsalz und 6 g/kg Vesperwurstgewürz, spezial; der Wert der Zutaten wird mit 1,87 EUR angegeben; für 3,81 EUR werden gelochte Kunststoffhüllen verbraucht. Aufzuschlagen sind im Rahmen der Kalkulation 63 % Gemeinkosten, 14 % kalk. Gewinn und die gesetzliche Umsatzsteuer. Nach 36 Stunden wiegt die Ware verkaufsfertig 9,750 kg.

Berechnen Sie den Verkaufspreis für 100 g der verkaufsfertigen Ware.

---

110 Meister Fischer nimmt zur Herstellung von **Schlackwurst** (L. 2.211.06, BEFFE-Mindestwert 12 % = mind. 85 % vom FE):

23,500 kg Rindfleisch R I, zum Kilopreis von 5,32 EUR,
25,000 kg Sauenfleisch S I, zum Kilopreis von 4,47 EUR,
26,500 kg trockenen Rückenspeck, Speck II, zu 1,97 EUR/kg.

Die Fertiggewürzpackung wiegt – einschließlich der Salzgabe – 2,100 kg und kostet 15,08 EUR. Zum Füllen verwendet er Sauenschlacken, 32 Stück, besonders weit, 1,51 EUR/Stück. Die Wurst reift in einem „gezogenen" Schnellreifeverfahren. Die Fertigware wiegt am 7. Tag nach der Herstellung noch 66,375 kg; für die nächsten 10 Tage muss mit einem weiteren Schwund von 8,75 % vom o. a. Fertiggewicht gerechnet werden.

Meister Fischer rechnet mit 79 % Gemeinkosten, 15 % kalk. Gewinn und der gesetzlichen Umsatzsteuer.

Zu welchem Preis können 100 g der gut abgehangenen Schlackwurst angeboten werden?

9.6 Schlachtkalkulationen

9.6.1 Schlachtvieheinkauf

Der Vieheinkauf durch den Fleischer – dort, wo er überhaupt noch stattfindet – vollzieht sich heute weitgehend im ländlichen Bereich unmittelbar beim Bauern. Vielfach gibt es heute langjährige Zusammenarbeit zwischen Fleischer und Landwirt mit festliegenden Zulieferquoten. Im Bereich der klassischen Schlachthöfe findet praktisch keine Lebendvermarktung mehr statt; die Fleischvermarktung hat sich hier fast vollständig durchgesetzt.

111 13 Schweine der Klasse C_1 werden vom Bauer Landmann zum Schlachtviehmarkt transportiert. Beim Verladen wurde ein Gewicht von 1 417,000 kg festgestellt. Der Schlussschein als Abrechnungsgrundlage beim Verkauf weist aber nur 1 355,000 kg aus.

a) Wie viel Prozent des Stallgewichtes sind bis zum Verkauf am Markttag verloren gegangen?

b) Wie viel EUR beträgt der Verlust für den Bauern, wenn am Markttag je 100 kg für C_1 Schweine 196,00 EUR notiert wurden?

112 Ein Bulle wiegt am Markttag beim Verkauf 581,500 kg und hat beim Transport aus dem Stall 4,5 % verloren.

Wie viel kg betrug das Gewicht des Bullen beim Verlassen des Stalles?

113 Ein Kalb verlor bis zum Verkauf am Markttag 15,500 kg. Das waren 8 % des Stallgewichtes.

Berechnen Sie den Preis des Kalbes auf dem Viehmarkt einschließlich der Umsatzsteuer, wenn netto je 100 kg 306,00 EUR zuzüglich der gesetzlichen Umsatzsteuer gezahlt wurden.

114 Ein Viehhändler kauft beim Bauern 2 Jungbullen für insgesamt 2.521,45 EUR. Die Tiere wogen 1 195,000 kg. Zwei Tage später lässt der Händler die beiden Tiere durch einen Viehagenten auf dem Schlachtviehhof verkaufen. Der Händler rechnet mit einem Gewichtsverlust von 8 % vom Stallgewicht und er möchte zudem 5 % vom Einkaufspreis verdienen.

a) Zu welchem Kilopreis müssen die Tiere mindestens angeboten werden?

b) Wie viel EUR beträgt der erhoffte Gewinn?

115 Fleischer Müller kauft beim Bauern 12 Schweine mit einem Gesamtgewicht von 1 434,000 kg zum Preis von 2.538,18 EUR zuzüglich der Umsatzsteuer.

Am folgenden Tag werden die Tiere in zwei Fuhren mit dem Pkw und Anhänger vom Gesellen zum Schlachthof gebracht. Zeitaufwand: 80 Minuten. Als Gesellenlohn je Stunde müssen 22,50 EUR angesetzt werden. Einfache Entfernung Bauernhof zum Schlachthof 14 km. Je km müssen als Transportkosten 0,47 EUR angesetzt werden. Die Schweine werden beim Transport rd. 2,2 % verlieren.

Am gleichen Markttag kann der Fleischer auf dem Viehmarkt Schweine gleicher Klasse und Güte für 1,87 EUR je kg ohne Umsatzsteuer einkaufen.

Welche Schweine haben den günstigeren Preis für den Fleischer?

116 Beim Transport vom Bauern zum Schlachthof haben 9 Schweine genau 2,75 % des Stallgewichtes verloren, das waren 53,955 kg.

Berechnen Sie das Lebendgewicht der Schweine vor und nach dem Transport und den Gesamteinkaufswert, wenn ab Stall 1,70 EUR/kg gezahlt worden waren.

117

Tier	Stallgewicht	Marktgewicht	Preis je 100 kg
Kuh	537,500 kg	505,250 kg	172,00 EUR
Bulle	672,000 kg	635,500 kg	214,00 EUR
Färse	461,000 kg	428,750 kg	195,00 EUR
Sau	215,500 kg	208,600 kg	158,00 EUR
5 Schweine	585,000 kg	552,800 kg	194,00 EUR
Kalb	164,500 kg	149,700 kg	274,00 EUR

a) Berechnen Sie den Transport- und Nüchterungsverlust in Prozent.

b) Berechnen Sie den Verlust in EUR, bezogen auf das jeweilige Tier.

118 Ein Fleischer kauft eine Kuh mit einem Lebendgewicht von 638,000 kg zum Preis von insgesamt 1.059,08 EUR. Beim Schlachten wird eine weit fortgeschrittene Trächtigkeit festgestellt. Die Tracht wiegt 18,5 kg. Wegen zu hoher Gewebewässrigkeit ordnet der Tierarzt eine bakteriologische Untersuchung an, nach der das Tier als minderwertig beurteilt wird und zur Freibank gelangt. Der Freibankerlös beträgt 572,50 EUR. An Kosten sind dem Fleischer entstanden:

Schlachtkosten 19,85 EUR. Untersuchungsgebühr 28,90 EUR.

Die Haut wiegt 37,500 kg und bringt je kg 0,88 EUR.

Wie viel EUR beträgt die Summe, die der Fleischer von der Versicherung zum Freibankerlös erstattet bekommt?

119 Im Zuge der sog. „Totvermarktung" haben sich die Schlachtzahlen eines städtischen Schlachthofes erheblich verändert. Sie betrugen pro Woche im Durchschnitt für folgende Jahre:

	Rinder	Kälber	Schweine
1985	1 642 Tiere	409 Tiere	3 271 Tiere
1995	1 499 Tiere	266 Tiere	2 509 Tiere
2005	901 Tiere	88 Tiere	1 444 Tiere

a) Berechnen Sie den Rückgang pro Tierart in jeweils 10 Jahren.

b) Um wie viel Prozent haben die Schlachtungen je Tierart 2005 gegenüber 1985 abgenommen?

c) Wie viel Prozent beträgt der durchschnittliche Rückgang pro Jahr und Tierart von 1985 bis 1995 bzw. von 1995 bis 2005?

120 Zurzeit des Weideabtriebes stiegen die Auftriebszahlen an einem Schlachtviehhof von der 39. zur 40. Woche um 15,46 %, von der 40. zur 41. Woche um 18,95 % und von der 41. zur 42. Woche um weitere 20,02 % auf 1 055 Tiere in der 42. Woche.

Berechnen Sie die Auftriebszahlen für die 39., 40. und 41. Woche.

121 In einem süddeutschen Schlachthof wurden zurzeit des Weideabtriebs in einer Woche 516 Kühe angeliefert, 31 Stück in der Klasse A, 269 Stück Klasse B, 174 der Klasse C und der Rest in Klasse D.

Berechnen Sie die prozentuale Zuordnung zu den einzelnen Handelsklassen.

122 Händler Schneider hat folgende Tiere am Schlachtviehhof über die Agentur Petz verkauft:

Tiere			Gewicht	Preis 100 kg
4	Bullen	B	2 061,000 kg	209,00 EUR
2	Kühe	B	1 174,500 kg	179,00 EUR
1	Kuh	A	502,500 kg	189,00 EUR
1	Bulle	B	726,000 kg	203,00 EUR
2	Kälber	B	198,500 kg	284,00 EUR
1	Kalb	A	172,000 kg	309,00 EUR
41	Schweine	C	4 633,000 kg	169,00 EUR
9	Sauen	G1	1 499,500 kg	148,00 EUR

a) Berechnen Sie den Umsatz des Händlers an diesem Tag.

b) Wie viel EUR beträgt die Provision des Agenten, wenn dieser vom Umsatz einschließlich Umsatzsteuer ⅓ % erhält?

c) Wie hoch ist der Verdienst des Händlers, wenn dieser im Durchschnitt mit einem Gewinn von 2,75 % vom Bruttoumsatz rechnet?

123 In einem Schlachthof wurden in einem Monat 9 872 Tiere geschlachtet. Davon waren 6 902 Schweine, 198 Kälber, 124 Schafe und 13 Ziegen. Der Rest waren Rinder.

Berechnen Sie die anteiligen Prozentsätze je Tierart an der Gesamtschlachtung.

---

124 In dieser Woche betrug der Auftrieb auf einem Schlachtviehhof 492 Schweine. Das waren 9,58 % mehr als in der vorangegangenen Woche.

Wie viel Schweine wurden in der vorangegangenen Woche aufgetrieben?

---

125 Der Schlachthof meldete in der 50. Jahreswoche ein Rekordauftriebsergebnis bei Rindern: insgesamt 1 472 Tiere. Davon waren:

Ochsen	Bullen	Kühe	Färsen
rd. 0,55 %	rd. 27,45 %	rd. 53,20 %	rd.18,80 %

Berechnen Sie die Anzahl der Tiere in den einzelnen Gattungen.

---

126 Für eine beim Schlachten festgestellte weit fortgeschrittene Tracht bei einer Kuh wurden 40,56 EUR in Abzug gebracht. Für die Kuh waren lebend je kg 1,56 EUR und insgesamt 864,24 EUR gezahlt worden.

Berechnen Sie das Lebendgewicht der Kuh und das Gewicht der Tracht.

---

127 Eine Kuh wiegt lebend 561,000 kg und kostet 785,40 EUR netto. Beim Schlachten wird Trächtigkeit festgestellt. Der Fleischer bringt für die Tracht 20,30 EUR in Abzug.

Wie viel kg wog die Tracht.

---

128 Eine junge Kuh wiegt 492,000 kg und kostet 878,73 EUR einschl. gesetzlicher Umsatzsteuer. Nach dem Schlachten wird das Gewicht der Tracht vom Tierarzt auf 16,300 kg festgestellt.

Berechnen Sie den neuen Einkaufspreis für die Kuh unter Abzug der Tracht, einschließlich der Umsatzsteuer.

---

129 Beim Schlachten einer Sau mit einem Lebendgewicht von 221,500 kg wurde eine Tracht im Gewicht von 6,800 kg festgestellt. Das Schwein kostet je 100 kg 156,00 EUR.

Schlachtwarm wiegen die beiden Hälften 168,550 kg.

a) Berechnen Sie den Einkaufspreis der Sau unter Abzug der Tracht.

b) Wie viel Prozent vom Lebendgewicht beträgt das Trachtgewicht?

c) Welcher kg-Preis ist für die ausgekühlten Hälften anzusetzen, wenn mit einem Auskühlverlust von 2,5 % gerechnet werden muss?

---

130 Meister Müller schlachtet 6 Schweine mit einem Lebendgewicht von 681,000 kg. Da die Tiere überfüttert sind, lässt er das Gewicht der Mägen nebst Inhalt feststellen. Es beträgt 55,800 kg. Bei nüchternen Schweinen darf das Gewicht der Mägen einschl. Inhalt 6,5 % betragen.

a) Wie viel Prozent beträgt das Gewicht der offensichtlich überfütterten Mägen vom Lebendgewicht?

b) Wie viel kg darf Meister Müller über die zulässige Grenze hinaus bei diesen Schweinen vom Lebendgewicht abziehen?

---

131 6 Schweine wogen geschlachtet noch 578,760 kg und hatten insgesamt 22 % verloren.

a) Wie viel kg betrug das Lebendgewicht?

b) Wie viel EUR wurden als Einkaufspreis gezahlt, wenn je kg mit 1,90 EUR zuzüglich Umsatzsteuer bezahlt wurden?

---

132 Für 5 Schweine wurden folgende Lebend- und Schlachtgewichte ermittelt:

Lebendgewicht:	132,0 kg	104,5 kg	98,5 kg	116,0 kg	127,0 kg
Schlachtgewicht:	108,5 kg	80,7 kg	78,0 kg	87,5 kg	103,5 kg

a) Welche Schlachtverluste in Prozent haben die einzelnen Schweine?

b) Wie viel Prozent beträgt der durchschnittliche Schlachtverlust für alle fünf Schweine?

133 Ein Bulle wog im Stall 792 kg, zwei Tage später auf dem Markt noch 729 kg.

a) Wie hoch war der Verlust in kg und Prozent vom Stallgewicht?

b) Welche Einbuße erleidet der Bauer, wenn der Bulle einen Lebendpreis von 1.545,48 EUR aufgrund des Marktgewichtes erzielte?

134 Händler Füllbier hat für eine Kuh im Gewicht von 486,00 kg lebend je kg 1,52 EUR gezahlt. Für einen Bullen zahlt er je kg 2,03 EUR lebend. Insgesamt erhält der Bauer einen Scheck über den Betrag von 1.966,87 EUR. Berechnen Sie das Lebendgewicht des Bullen sowie den jeweiligen Gesamtkaufpreis für die Kuh und den Bullen.

135 Eine Kuh wog nach dem Schlachten 263,4 kg, nachdem sie beim Schlachten 45,2 % des Lebendgewichtes verloren hatte.

Wie viel kg betrug das Lebendgewicht und wie viel EUR sind dafür bezahlt worden, wenn je kg 1,84 EUR ausgehandelt wurden zuzüglich der gesetzlichen Umsatzsteuer?

136 Ein Bulle müsste bei einem geschätzten Schlachtverlust von 40 % noch 489 kg wiegen. Tatsächlich wiegt er 498 kg.

a) Wie viel kg beträgt der tasächliche Schlachtverlust?

b) Wie viel EUR hat der Fleischer zusätzlich verdient, wenn der Bulle je kg mit 2,02 EUR ausgehandelt worden war?

137 Meister M. kauft drei Schweine auf dem Hof des Bauern Landmann. Da keine Waage zur Verfügung steht, um das Lebendgewicht zu ermitteln, vereinbaren beide, das Lebendgewicht nach dem Schlachtgewicht und einem angenommenen Schlachtverlust von 21 % zu errechnen.

a) Welches Lebendgewicht hatten die Schweine, wenn ihr Schlachtgewicht 126,5 kg, 112,6 kg und 107 kg beträgt?

b) Welchen Betrag erhält Herr Landmann, wenn als Kaufpreis je kg Lebendgewicht 1,99 EUR und der Abzug eines Versicherungsanteils von 1,53 EUR je Schwein vereinbart worden waren?

138 Ein Fleischer kauft Schweine im Schlachthof zur Spitzennotiz von 1,90 EUR je kg. Er errechnet einen Schlachtverlust von 18,5 %. Sein Kollege kauft Schweine beim Bauern direkt aus dem Stall, normal gefüttert, 5 Cents unter Spitzennotiz. Diese Schweine halten 77 % des Lebendgewichtes beim Schlachten.

Wer hat preiswerter eingekauft?

139 Ein Bulle wiegt geschlachtet 421 kg und hat 42 % verloren. Die beiden Hälften kosten je kg 4,47 EUR, obwohl der Meister Hoffmann aufgrund eines geringeren Schlachtverlustes mit 4,40 EUR je kg kalkuliert hatte.

a) Wie viel Prozent hat das Tier mehr verloren als der Meister geschätzt hatte?

b) Um wie viel kg lag der Verlust höher als ursprünglich angenommen?

140 Die Lebendpreise für Schweine zogen von einer Woche zur anderen um 6,1% in der Spitzennotierung auf 187,52 EUR je 100 kg Lebendgewicht an.
Wie hoch war die Spitzennotierung in der Vorwoche?

141 Ein Bulle wiegt lebend 693 kg und kostet je kg 2,12 EUR. Nach dem Schlachten wird der Preis für die beiden Hälften, ohne die Unkosten, nur aufgrund des Schlachtverlustes, auf 2,87 EUR errechnet.

a) Wie viel Prozent beträgt der Schlachtverlust?
b) Wie viel kg beträgt das Kaltgewicht, wenn mit weiteren 1,8 % Auskühlverlust gerechnet werden muss?

142 Ein Schwein wiegt lebend 117,5 kg und kostet 318,25 EUR einschließlich 7 % Umsatzsteuer, abzüglich 2,00 EUR Versicherungsanteil.
Auf welchen Preis für 1 kg des Lebendgewichtes hatte man sich geeinigt?

143 Eine kräftige Kuh wog lebend 525,000 kg, erzielt ein Schlachtgewicht von 57 % des Lebendgewichtes und schlachtwarm wurde ein Kilopreis von 3,18 EUR errechnet.
Zu welchem Kilogrammpreis wurde das Tier lebend gekauft?

144 Der Azubi fragt seinen Meister nach dem Kilolebendpreis für einen Bullen. Der Meister antwortet ihm, dass das Tier bei 42 % Schlachtverlust jetzt noch 321 kg wiege. Da er mit 9 % Schlachtkosten rechne, koste ihn 1 kg Warmschlachtgewicht 3,99 EUR.
Welchen Kilopreis hatte der Meister für den Bullen lebend bezahlt?

9.6.2 Schlacht- und Auskühlverluste

145 Berechnen Sie die Schlachtverluste folgender Tiere in kg und %.

	Lebendgewicht	Schlachtgewicht
Bulle	765,000 kg	466,650 kg
Kuh	512,000 kg	289,300 kg
Kalb	147,500 kg	94,400 kg
Färse	361,000 kg	205,100 kg
Bulle	694,500 kg	413,500 kg

146 Schlachtwarm wiegen 32 Schweinehälften 1 400,000 kg. Nach 24 Stunden wird ein Gewicht von 1 369,800 kg festgestellt.
Berechnen Sie den Auskühlverlust in Prozent.

147 Bei einer Färse beträgt das Schlachtwarmgewicht 331,000 kg. Der Auskühlverlust wird voraussichtlich bei 2,75 % liegen.
Schlachtwarm war 1 kg auf 3,57 EUR kalkuliert worden.
Wie viel EUR kostet ein Kilogramm des ausgekühlten Fleisches?

148 Weil der Tierarzt Finnenverdacht hat, werden die beiden Hälften eines Bullen im Gesamtwert von 1.886,34 EUR eingefroren. Nach dem Auftauen stellt man einen Gewichtsverlust von exakt 8 % des Einfriergewichtes fest und das sind 33,760 kg.

a) Berechnen Sie das Gewicht vor dem Einfrieren.
b) Wie viel kg wiegen die beiden Hälften nach dem Auftauen?
c) Berechnen Sie den Kilopreis für die aufgetauten Hälften unter Berücksichtigung des Verlustes.

5808152

149 Das Lebendgewicht von 12 Schweinen beträgt 1 402,000 kg. Der Fleischer rechnet mit einem Schlachtverlust von 21 %. Frisch geschlachtet wiegen die 24 Hälften noch 1 075,000 kg.

a) Berechnen Sie das Schlachtgewicht beim angenommenen Schlachtverlust.

b) Wie viel Prozent beträgt der tatsächliche Schlachtverlust?

150 Ein fetter Ochse wog lebend 744,000 kg. Schlachtwarm, nicht entfettet und einschließlich der Fettnieren, wiegen die beiden Hälften noch 457,500 kg. Dann werden 31,300 kg Fettanteile entfernt. Beim anschließenden Auskühlen gehen 1,9 % verloren.

Berechnen Sie:

a) die Schlachtausbeute in Prozent einschließlich des Fettanteils;

b) die um das Fettgewicht bereinigte Schlachtausbeute in kg und Prozent;

c) das endgültige Kaltgewicht.

151 Das Schlachtwarmgewicht eines Bullen betrug exakt 58,50 % des Lebendgewichtes. Beim Auskühlen gingen 6,040 kg verloren.

Berechnen Sie das Lebendgewicht des Bullen und den Gesamteinkaufswert, wenn die ausgekühlten Hälften 359,00 kg wogen und lebend je kg 1,98 EUR bezahlt worden waren.

9.6.3 Schlachtfleischkalkulationen

9.6.3.1 Kalkulationsschema

Ausgangspunkt für die einfache Durchschnittskalkulation ist normalerweise der Einkaufspreis für lebendes Schlachtvieh. Mit zunehmender Totvermarktung entfällt die Schlachtviehpreiskalkulation, d. h. die Durchschnittskalkulation beginnt dann beim Hälften- oder Viertelpreis (Nettoeinkaufspreis).
Alle übrigen Teile des Kalkulationsschemas entsprechen denen für lebendes Schlachtvieh.

Die Gemeinkosten werden im Rahmen der „Kostenkalkulation" in einem Prozentsatz vom Nettoeinkaufspreis für 1 kg aufgeschlagen. Der Gewinn wird als sog. „kalkulatorischer Gewinn" angesetzt, weil nur in den wenigsten Fällen dieser Gewinnansatz tatsächlich erreicht wird. Er ist exakt nur über die Gewinn- und Verlustrechnung am Ende eines Zeitraumes (Monat, Jahr) zu ermitteln. Dieser Gewinnansatz dient gleichzeitig zur Abdeckung des Risikos.

Ehe wir uns dem Beispiel einer Durchschnittskalkulation zuwenden, wollen wir zunächst einmal das Schema dieser Kalkulation ansehen.

I. Einkaufspreiskalkulation

	Einkaufspreis	→ (Lebendgewicht · kg-Preis)
+	Schlachtkosten	→ (Lohn, Gebühren usw.)
=	**Bruttoeinkaufspreis**	
–	Vorerlös (Rückwerte)	→ (Vorwegerlös für Haut, Kopf, Innereien usw.)
=	**Nettoeinkaufspreis**	→ (Preis für 2 Hälften des geschlachteten Tieres)

II. Gewichtskalkulation

	Lebendgewicht	
–	Schlachtverlust	→ (Haut, Kopf, Blut, Innereien, Verdauungsgut)
=	**Schlachtwarmgewicht**	
–	Auskühlverlust	→ (Verlust in den ersten 24 Std.)
=	**Schlachtkaltgewicht**	
–	Zerlegeverlust	→ (Zerlegeverlust + Schwund)
=	**Zerlegegewicht**	
–	Knochen und Sehnen	→ (Knochen sind meist wertlos)
=	knochenfreies **Fleisch** – wie gewachsen –	

III. Ermittlung des Nettoeinkaufspreises für ein Kilogramm

$$\frac{\text{Nettoeinkaufspreis für das ganze Tier}}{\text{Gewicht des knochenfreien Fleisches}} = \text{1 kg Nettoeinkaufspreis}$$

IV. Eigentliche Kostenkalkulation

	1-kg-Nettoeinkaufspreis
+	Gemeinkosten
=	**Selbstkostenpreis**
+	kalkulierter Gewinn
=	**Nettoverkaufspreis**
+	gesetzliche Umsatzsteuer
=	**durchschnittlicher Bruttoverkaufspreis für 1 kg ohne Knochen**

Beispiel einer Berechnung des durchschnittlichen Bruttoverkaufspreises für 1 kg Rindfleisch ohne Knochen

Aufgabe:

Lebendgewicht einer Kuh	= 465,000 kg
Einkaufspreis je kg	= 01,60 EUR
Schlachtkosten	= 18,00 EUR
Vorerlös (Rückwerte)	= 48,50 EUR
Schlachtverlust = 45 %, Auskühlverlust	= 02 %
Zerlegeverlust = 3 %, Knochenabgänge	= 23 %
Gemeinkostenaufschlag	= 20 %
kalk. Gewinn	= 08 %
Umsatzsteuer	= 07 %

Welcher Durchschnittspreis muss für 1 kg knochenloses Fleisch angesetzt werden?

Lösung:

I. **Einkaufspreiskalkulation**

	Einkaufspreis (465,000 kg · 1,60 EUR)	= 744,00 EUR
+	Schlachtkosten	= 18,00 EUR
=	Bruttoeinkaufspreis	= 762,00 EUR
–	Vorerlös (Rückwerte)	= 49,50 EUR
=	Nettoeinkaufspreis für 2 Hälften	= 811,50 EUR

II. **Gewichtskalkulation**

	Lebendgewicht	= 465,000 kg
–	Schlachtverlust (45 %)	= 209,250 kg
=	Schlachtwarmgewicht	= 255,750 kg
–	Auskühlverlust (2 %)	= 5,115 kg
=	Kaltgewicht	= 250,635 kg
–	Zerlegeverlust (3 %)	= rd. 7,520 kg
=	Zerlegegewicht	= 243,115 kg
–	Knochen- und Sehnenabgänge (23 %)	= 55,915 kg
=	Fleischgewicht, wie gewachsen	= 187,200 kg

III. **Berechnung des Nettoeinkaufspreises für 1 kg**

Nettoeinkaufspreis für 2 Hälften: Fleischgewicht

811,50 EUR : 187,200 kg = 4,335 EUR

IV. **Kostenkalkulation**

	1 kg Nettoeinkaufspreis	= 4,335 EUR
+	Gemeinkostenaufschlag (20 %)	= 0,867 EUR
=	Selbstkostenpreis	= 5,202 EUR
+	kalkulatorischer Gewinn (8 %)	= 0,416 EUR
=	Nettoverkaufspreis für 1 kg	= 5,618 EUR
+	Umsatzsteuer (7 %)	= 0,393 EUR
=	Bruttoverkaufspreis für 1 kg (Durchschnittspreis)	= 6,011 EUR

9.6.3.2 Rindfleischkalkulationen

Übungsaufgaben

152 Berechnen Sie den durchschnittlichen Bruttoverkaufspreis für 1 kg des knochenfreien Fleisches, wie gewachsen (mit Fettanteil).

Schlachttier	Bulle	Kuh	Bulle	Färse
Lebendgewicht	634,000 kg	503,000 kg	712,000 kg	381,000 kg
Einkaufspreis je 100 kg	217,00 EUR	162,00 EUR	196,00 EUR	193,00 EUR
Schlachtkosten	16,60 EUR	13,90 EUR	20,75 EUR	14,85 EUR
Vorerlöse (Rückwerte)	42,75 EUR	32,15 EUR	46,60 EUR	32,45 EUR
Schlachtverlust	39,5 %	44,4 %	38,3 %	43,8 %
Auskühlverlust	1,6 %	2 %	1,7 %	2,1 %
Zerlegeverlust	2,4 %	3,5 %	3,9 %	3,8 %
Knochenabgänge	18,6 %	21,1 %	18,9 %	20,5 %

Für alle Tiere gelten folgende Aufschläge: Gemeinkosten 32,5%, kalkulatorischer Gewinn 8,5 % und die gesetzliche Umsatzsteuer.

153 Ein Ochse hat ein Lebendgewicht von 678,000 kg. Der Händler sichert dem Fleischer eine Schlachtausbeute von 60 % zu und fordert einen Preis von 2,22 EUR je kg Lebendgewicht. Da der Meister nicht an die angegebene Schlachtausbeute glaubt, sichert ihm der Händler zu, einen Preisnachlass von 0,02 EUR je kg Lebendgewicht nachträglich zurückzuerstatten, wenn der angesetzte Schlachtverlust überschritten werden sollte.

Nach dem Schlachten wiegt der Ochse genau 405,000 kg.

a) Wie viel Prozent beträgt die tatsächliche Schlachtausbeute bzw. der Schlachtverlust.

b) Welchen Betrag erhält der Fleischer, wie vereinbart, vom Händler zurückerstattet?

c) Wie viel EUR kostet 1 kg des schlachtwarmen Fleisches, wenn die Transport- und Schlachtkosten 19,10 EUR betragen und der Vorerlös mit 62,10 EUR anzusetzen ist?

154 Bei einer Schlachtausbeute von rd. 58,5 % wiegt eine Färse noch 197,500 kg. Das Tier war so ausgehandelt, dass per kg Schlachtgewicht 3,09 EUR bezahlt werden müssen.

Wäre das Tier auf dem Viehmarkt per Lebendgewicht verkauft worden, hätte es sicher je kg 1,85 EUR gebracht.

a) Welchen umgerechneten Lebendpreis erzielte der Fleischer, weil er auf Schlachtgewicht gekauft hat?

b) Wie viel EUR macht die Differenz vom tatsächlich gezahlten Preis für das ganze Tier zu dem Preis aus, der hätte gezahlt werden müssen, wenn die o. a. Marktnotiz wirksam geworden wäre?

155 Ein Bulle wiegt 554,000 kg lebend und wird für 2,31 EUR je kg verkauft. Die Schlachtausbeute beträgt 60,5 %, die Summe der Vorerlöse übersteigt die Schlachtkosten um 20,20 EUR. Allerdings muss das Tier wegen eines leichten Finnenbefalls eingefroren werden. Nach dem Auftauen wiegen die beiden Hälften noch 318,300 kg. Der Zerlegeverlust wird auf 4,5 %, der abgehende Knochen- und Sehnenanteil auf 21,5 % geschätzt.

a) Wie viel Prozent beträgt der Gefrierschwund vom Schlachtwarmgewicht?

b) Welcher durchschnittliche Bruttoverkaufspreis pro kg wird errechnet, wenn mit 34 % Gemeinkostenaufschlag, 7,5 % kalk. Gewinnaufschlag sowie der gesetzlichen Umsatzsteuer gerechnet werden muss?

c) Welcher Schaden ist durch das Frieren entstanden, wenn $\frac{2}{3}$ des Verlustgewichtes mit dem durchschnittlichen Bruttopreis je kg anzusetzen sind?

156 Die Schlachtkosten für ein Tier von 572,000 kg Lebendgewicht betragen 16,60 EUR, der Vorerlös kann erfahrungsgemäß mit 38,50 EUR angesetzt werden.

Wird eine Schlachtausbeute von 59 % angenommen und soll das kg des schlachtwarmen Fleisches nicht mehr als 3,65 EUR kosten – für welchen Lebendpreis per kg müsste dann das Tier eingekauft werden?

157 Berechnen Sie den durchschnittlichen Bruttoverkaufspreis für 1 kg der folgenden Tiere:

	Bulle	Kuh	Bulle	Färse
Lebendgewicht (in kg)	476,000	491,000	583,000	398,500
Einkaufspreis je kg (in EUR)	2,27	1,83	2,20	2,14
Schlachtkosten (in EUR):				
Lohn	11,25	8,95	11,25	7,65
Fracht	8,20	17,65	11,25	2,80
Gebühren	19,70	25,47	14,10	12,50
Vorerlöse (in EUR):				
Haut	21,56	26,85	19,66	15,83
Leber	17,50	10,70	15,55	12,19
Sonstige Innereien	11,25	9,97	13,30	12,50
Schlachtverlust (in %)	40,1	43,4	39,4	44,2
Auskühlverlust (in %)	1,8	1,6	1,5	1,8
Zerlegeverlust (in %)	3,5	3,1	2,8	3,0
Knochenabgänge (in %)	20,5	22,4	21,7	21,4

Die Gemeinkosten werden für alle Tiere auf 31%, der kalkulatorische Gewinn wird auf 7,5 % angesetzt. Hinzu kommt die gesetzliche Umsatzsteuer.

158 Eine Kuh wiegt lebend 526,000 kg und kostet per kg Lebendgewicht 1,75 EUR. Fleischermeister Peters schätzt die Kuh auf eine Schlachtausbeute von 290,000 kg. Tatsächlich wiegt die Kuh aber 303,500 kg.

a) Wie viel % beträgt die tatsächliche und die geschätzte Schlachtausbeute?

b) Wie viel EUR hat Meister Peters dadurch mehr verdient, dass die Kuh eine bessere Schlachtausbeute hatte als geschätzt?

c) Welchen Nettoeinkaufspreis hat das schlachtwarme Fleisch, wenn der Vorerlös (Rückwerte) genau 16,10 EUR mehr erbringt, als für Schlachtkosten gezahlt werden müssen?

159 Ein Bulle wiegt lebend 563,500 kg und wird für einen Preis von 238,00 EUR je 100 kg gekauft. Der Schlachtverlust beträgt 42 %, beim Auskühlen gehen 2 % verloren. An Kosten fallen an: Schlachtlohn: 11,00 EUR, Gebühren: 17,58 EUR, Kühlgebühr für die ersten drei Tage: 0,03 EUR je kg Schlachtwarmgewicht.

An Vorerlösen werden 41,64 EUR errechnet. Der Zerlegeverlust wird auf 4 %, die Knochenabgänge werden auf 20,5 % veranschlagt.

Die Gemeinkosten werden mit 34 % angesetzt, der kalkulatorische Gewinn mit 9,5 % und die Umsatzsteuer muss hinzugerechnet werden.

Berechnen Sie den durchschnittlichen Bruttoverkaufspreis für 1 kg des knochenlosen Fleisches.

160 Eine Kuh, Klasse B, 504,500 kg Stallgewicht, wird unter Abzug von 2,5 % für 185,00 EUR je 100 kg eingekauft. Der Hauterlös deckt die Schlachtkosten; Leber, Kopf und Innereien bringen 25,15 EUR. Das Schlachtwarmgewicht beträgt 54,75 % des revidierten Lebendgewichtes. Weiterhin muss mit 1,5 % Auskühlverlust und 3,5 % weiterem Schwund gerechnet werden. Der Knochenanteil wird auf 21,5 % geschätzt und ist wertlos. 10,000 kg zu erwartende Fettabschnitte sollen mit 6,15 EUR bewertet werden. Der Nettoaufschlag beträgt 44,5 %, zuzüglich der gesetzlichen Umsatzsteuer.
Berechnen Sie den Durchschnittspreis für 1 kg knochenfreies, mageres Kuhfleisch.

161 Ein Bulle mit einem Lebendgewicht von 694,000 kg verliert bis zum Viehmarkt und dem Verkauf 4,5 % seines Gewichtes. Er wird dann zu einem Preis von 2,39 EUR je kg verkauft, allerdings werden 2 % des Preises für besonders starke Kotbeschmutzung abgezogen. Die Schlachtkosten betragen 19,10 EUR, über den Vorerlös werden genau 25,50 EUR mehr als die Kosten eingenommen. Das Tier hat eine Schlachtausbeute von 60,1 % und verliert vom schlachtwarmen Gewicht bis zum 4. Tag 3,4 %. Beim Auslösen fallen 20,8 % Knochen und Sehnen an, der Zerlegeverlust beträgt 2,150 kg.

Welchen Bruttoverkaufspreis je kg im Durchschnitt muss man ansetzen, wenn für Gemeinkosten und kalk. Gewinn insgesamt 40 % aufgeschlagen werden und die gesetzliche Umsatzsteuer zu berücksichtigen ist?

162 Eine Färse verlor beim Schlachten 42,9 % und wiegt schlachtwarm noch 245,000 kg. Eingekauft wurde das Tier für 1,98 EUR/kg Lebendgewicht. An Schlachtkosten sind 17,75 EUR zu verrechnen, der Vorerlös bringt 41,90 EUR. Fertig ausgebeint ergibt sich ein Fleischgewicht von 183,600 kg. Knochen und Fettabschnitte bleiben ohne Bewertung.

Wie viel EUR sind als Nettodurchschnittspreis für 1 kg des Fleisches anzusetzen, wenn 33,5 % Gemeinkosten und 14,5 % kalkulatorischer Gewinn berücksichtigt werden sollen?

9.6.3.3 Schweinefleischkalkulationen

Übungsaufgaben

163 Berechnen Sie den durchschnittlichen Großhandels-kg-Bruttopreis für folgende Schweinehälften:

		5 Schweine	12 Schweine	42 Schweine
Lebendgewicht	(in kg)	504,500	1 082,000	3 972,500
Einkaufspreis je kg	(in EUR)	1,76	1,80	1,85
Schlachtkosten	(in EUR)	53,50	153,00	370,00
Vorerlöse	(in EUR)	41,45	99,70	292,00
Auskühlverlust	(in %)	1,8	1,9	1,9
Schlachtverlust	(in %)	20,4	20,1	19,2

Für alle Tiere gelten folgende Aufschläge: Gemeinkosten 33 %, kalkulatorischer Gewinn 12 % und die gesetzliche Umsatzsteuer.

164 Eine Sau wiegt lebend 237,500 kg und kostet je 100 kg 149,00 EUR. Schlachtkosten und Vorerlöse decken sich. Der Schlachtverlust beträgt 22,85 %, der Auskühlverlust 2,2 %.

a) Welcher durchschnittliche Hälftenpreis ergibt sich je kg, wenn 29,5 % Gemeinkosten, 14,4 % kalkulatorischer Gewinn und die gesetzliche Umsatzsteuer zu berücksichtigen sind?

b) Wie viel EUR kostet 1 kg des Magerfleisches ohne Knochen, wenn zunächst 23 % wertlose Knochen und Schwarten zu berücksichtigen sind und danach 43,800 kg Speck anfallen, der mit 0,92 EUR je kg zu bewerten ist?

165 4 Schweine wiegen schlachtwarm 361,400 kg und haben 21,75 % vom Lebendgewicht verloren. Der Auskühlverlust wird mit 1,8 %, der weitere Schwund und der Zerlegeverlust werden mit 4,25 % angenommen. Die Schweine waren lebend zu 163,50 EUR je 100 kg gekauft worden, verursachten 52,50 EUR an Schlachtkosten und erbrachten aus den Innereien einen Vorerlös von 35,50 EUR.

Wie viel EUR kostet 1 kg des fertig zerlegten Fleisches, wenn 48,5 % Bruttoaufschlag zu berücksichtigen sind.

166 3 Schweine wiegen 341,000 kg, kosten je kg 1,70 EUR, haben ein Schlachtverlust von 18,7 % und einen Auskühlverlust von 1,8 %. Die Schlachtkosten betragen 29,39 EUR, der Vorerlös bringt 1,50 EUR weniger als die Kosten. Der Betrieb hat einen Gemeinkostensatz von 33 %. Der kalkulatorische Gewinn wird mit 8,5 % angesetzt.

Wie teuer kommt ein kg im durchschnittlichen Bruttopreis der halben Tiere, wenn die gesetzliche Umsatzsteuer aufzuschlagen ist?

167 5 Schweine wiegen lebend 521,500 kg und sind je kg mit 1,65 EUR eingekauft worden. Die Schlachtausbeute beträgt 406,770 kg, obwohl mit einem Gewicht von 425,000 kg gerechnet worden war. Der Inhalt der wenig nüchternen Mägen und Därme wiegt 41,500 kg.

a) Wie viel % haben die Schweine mehr verloren als ursprünglich geschätzt?

b) Um wie viel Prozent waren die Schweine überfüttert, wenn für das Verdauungsgut in Magen und Darm allgemein 5 % vom Lebendgewicht noch als tragbar angesehen werden?

168 6 Schweine wiegen lebend 546,000 kg und kosten je 100 kg netto 168,00 EUR. Transportkosten: 25,00 EUR; Versicherung: 1,80 EUR/Stück; Schlachtkosten: 8,95 EUR/Stück + Schlachtlohn je 4,60 EUR. 22,400 kg Innereien kosten je kg 1,50 EUR. Es kann von einer Schlachtausbeute von 79,50 % ausgegangen werden. Für den Auskühlverlust sind 1,8 % und für den Schwund 4,5 % anzusetzen.

Gemeinkosten mit 30,5 %, kalkulatorischer Gewinn mit 14,5 % und die gesetzliche Umsatzsteuer sind aufzuschlagen.

Welchen Durchschnittspreis haben 100 kg der ausgekühlten und abgehangenen Schweinehälften?

169

	4 Schweine	5 Schweine	4 Sauen	2 Schweine
Lebendgewicht	454,000 kg	483,500 kg	719,000 kg	266,500 kg
Einkaufspreis je 100 kg	176,00 EUR	170,00 EUR	156,00 EUR	153,00 EUR
Schlachtkosten	39,10 EUR	43,70 EUR	39,60 EUR	19,95 EUR
Vorerlöse	33,80 EUR	39,05 EUR	31,60 EUR	16,25 EUR
Schlachtverlust	19,90 %	20,85 %	21,95 %	18,75 %
Auskühlverlust	1,9 %	2,0 %	1,75 %	1,9 %
Schwund	4,4 %	4,35 %	4,2 %	4,1 %
Gemeinkosten	30,5 %	32,0 %	32,0 %	30,0 %
kalk. Gewinn	13,5 %	14,75 %	15,75 %	15,5 %

Berechnen Sie den durchschnittlichen Bruttohälftenpreis für 1 kg, unter Berücksichtigung der gesetzlichen Umsatzsteuer.

170 Zwei Sauen haben nach einem Auskühlverlust von 2,2 % ein Kaltgewicht von 348,750 kg. Mit weiteren 3,5 % Schwund ist zu rechnen. Lebend waren die Schweine zum Preis von 142,00 EUR je 100 kg gekauft worden. Beim Schlachten hatten sie exakt 20 % des Lebendgewichtes verloren. Die Transport- und Schlachtkosten über 33,99 EUR werden zu $^2/_3$ vom Vorerlös gedeckt.

Wie viel EUR errechnen sich als Durchschnittskilopreis für die ausgekühlten Hälften, wenn mit einem Nettoaufschlag von 46 % kalkuliert worden ist?

171 Großhändler Schmitz schlachtet 64 Schweine der Klasse C1. Sie kosten lebend 171,00 EUR/100 kg. Die Schlachtkosten sind mit 6,5 % vom Lebendpreis anzusetzen, die Vorerlöse sollen mit 7,5 % vom Bruttoeinkaufspreis berücksichtigt werden. Ausgekühlt und abgehangen wiegen die Schweine noch 74,5 % des Lebendgewichtes. Aufzuschlagen sind im Rahmen der Kalkulation 12 % Gemeinkosten, 6 % kalk. Gewinn und die gesetzliche Umsatzsteuer.

Welchen kg-Preis in EUR haben die ausgekühlten Hälften im Durchschnitt?

9.6.3.4 Kalb- und Hammelfleischkalkulation

Übungsaufgaben

172 Fleischer L. kauft ein Kalb von 141,000 kg Lebendgewicht für 265,00 EUR je 100 kg. Schlachtkosten entstehen in Höhe von 12,65 EUR. Die unbeschädigte Haut wiegt 9,200 kg und bringt je kg 1,85 EUR, die Leber wiegt 2,350 kg und bringt je kg 4,85 EUR. Der Wert der übrigen Innereien wird auf 4,10 EUR veranschlagt.

Das Kalb verliert beim Schlachten 32,7 %, Auskühlverlust entsteht in Höhe von 2,1 %. In den folgenden Tagen entsteht ein weiterer Schwund von 3,1 %.

Welcher durchschnittliche Kilobruttopreis mit Knochen muss für das Kalb angesetzt werden, wenn 30 % Gemeinkostenaufschlag, 8,2 % kalk. Gewinn und die gesetzliche Umsatzsteuer zu berücksichtigen sind?

---

173 Ein Fleischer kauft ein Kalb von 117,000 kg Lebendgewicht zum Preis von 2,78 EUR/kg. Die Schlachtkosten betragen 10,00 EUR, die Innereien bringen 21,10 EUR und die Haut 13,50 EUR. Die Schlachtausbeute beträgt 67,75 %, der Auskühlverlust muss mit 2,2 % und der Schwund mit 4,5 % angesetzt werden. Zu berücksichtigen sind im Rahmen der Preiskalkulation 33 % Gemeinkosten, 14 % kalkulatorischer Gewinn und die gesetzliche Umsatzsteuer.

a) Berechnen Sie das Zerlegegewicht.

b) Wie viel EUR kostet 1 kg der abgehangenen Hälften im Durchschnitt?

c) Wie schwer sind die beiden Keulen, wenn von einem Anteil von 33,75 % vom Abhängegewicht ausgegangen werden kann?

---

174 Ein Kalb wiegt 89,500 kg lebend, verliert beim Schlachten 36 % und bis zum Verkauf weitere 5,5 %.

Der Einkaufspreis betrug 272,28 EUR netto. Die Schlachtkosten betragen 7,16 EUR, der Vorerlös bringt 20,20 EUR.

Auszugehen ist von einem Knochenanteil von 28 %, einem Gemeinkostensatz von 29 %, dem kalk. Gewinn über 9 % und der Umsatzsteuer in gesetzlicher Höhe.

a) Wie viel EUR kostet 1 kg des zerlegten, knochenfreien Fleisches im Durchschnitt, wenn die Knochen als wertlos gelten sollen?

b) Wie viel EUR muss im Durchschnitt für Schnitzelfleisch je kg angesetzt werden, wenn dieses mit 175 % vom Durchschnittspreis bewertet werden soll?

---

175 Fleischer Alt kauft 6 Hammel vom Schäfer für 623,80 EUR netto. Schlachtwarm wiegen die Tiere 176,500 kg. Die Schlacht- und Transportkosten übersteigen den Vorerlös um 3,50 EUR. Einzurechnen sind 2,2 % Auskühlverlust und 4 % Schwund und Zerlegeverlust. Der wertlose Knochen- und Fettanteil beträgt 28,5 % vom Zerlegegewicht. Der Bruttoaufschlag wird auf 48,5 % festgesetzt.

a) Wie viel EUR kostet 1 kg des knochen- und fettfreien Hammelfleisches?

b) Zu welchem Preis muss das magere Keulenfleisch ohne Knochen je kg angeboten werden, wenn es mit 140 % des Durchschnittspreises bewertet wird?

9.7 Fleischwarenkalkulationen

Unter dem Begriff FLEISCHWAREN werden lt. Rahmenlehrplan verstanden: Pökelwaren, Rohpökelwaren, Kochpökelwaren und getrocknete Fleischwaren. Kalkulationen zu diesem Themenbereich berücksichtigen primär Gewichtveränderungen und Bearbeitungskosten. Teilweise wurde die Thematik bereits im Kapitel 8 (Fleischkonservierung) angesprochen. Hier soll sie aber in umfassender Kalkulation behandelt werden.

Übungsaufgaben

176 Schweinekämme, 164,700 kg, werden mit 12 % des Gewichtes gespritzt und nach 12 Stunden warm herausgeräuchert. Es entsteht ein Räucherverlust von 5,5 % des Spritzgewichtes. Im Laufe der nächsten 24 Stunden gehen weitere 3 % verloren. Aufzuschlagen sind 22 % Gemeinkosten, 15 % kalkulatorischer Gewinn und die gesetzliche Umsatzsteuer.

Zu welchem Preis können die Kasselerstücke angeboten werden, wenn der Einkaufspreis netto 4,01 EUR/kg betrug?

---

177 Eine Charge frischer Schweinebäuche, 76,400 kg, Preis je kg 2,02 EUR, werden knochenfrei gemacht und zurechtgeschnitten. Es fallen 5,850 kg Wammenabschnitte an, die mit 1,07 EUR/kg bewertet werden, und 900 g wertlose Knochen. Beim Salzen verlieren die Bäuche 8,5% des Zuschnittgewichtes. Die Bearbeitung nimmt rd. 70 Minuten in Anspruch, bei einem Werkstattsatz von 21,50 EUR/Std.

Berechnen Sie den Preis für dieses Dörrfleisch, wenn mit einem Bruttoaufschlag von 45% gerechnet werden soll.

---

178 Frischer, fetter Rückenspeck wird für 1,71 EUR/kg (netto) eingekauft und entschwartet. Dabei fällt ein Schwartenanteil von 8 % an. Weitere 15% des Speckes werden als Verarbeitungsspeck abgeschnitten und mit 0,77 EUR/kg bewertet. Beim Salzen verlieren die Speckstücke etwa 7%, der Räucherverlust muss mit 5,5 % angenommen werden.

Aufzuschlagen sind 30 % Gemeinkosten, 8 % kalkulatorischer Gewinn und die gesetzliche Umsatzsteuer.

Zu welchem kg-Preis kann dieser Räucherspeck im Verkauf angeboten werden?

---

179 Fleischer Bartmann salzt 34,700 kg fertig beschnittene Schweinehüften, deren Materialwert er auf 2,99 EUR/kg berechnet hat. Drei Wochen später nach der Fertigstellung wiegen die Stücke noch 25,450 kg. Der Gemeinkostensatz wird mit 32 %, der kalkulatorische Gewinn mit 14,5 % festgelegt.

Berechnen Sie den Preis für 100 g Schinkenspeck, einschließlich der gesetzlichen Umsatzsteuer.

---

180 74,900 kg fertig beschnittene Sauenrohschneider sind mit 3,30 EUR/kg (netto) eingekauft worden. Zum Salzen wird ein Eimer Spezialpökelsalz benötigt, Preis 3,78 EUR. Der Arbeitsaufwand bis zur Fertigstellung beträgt rd. 1½ Stunden, bei einem Stundensatz von 18,50 EUR. Erfahrungsgemäß verliert die Ware bis zum verkaufsfertigen Zustand rd. 18 %. Alle übrigen Kosten werden über einen Nettoaufschlag von 35 % abgegolten.

Wie viel EUR beträgt der Netto-Verkaufspreis der Schinken für je 100 g?

---

181 Fleischer Peters erklärt sich bereit dem Koch einer Gaststätte drei Kotelettreihen als Pökelrippchen herzurichten. Frischgewicht 16,340 kg; Spritzzunahme 8,5 %; Kochverlust 7 % vom Spritzgewicht.

a) Welches Gewicht haben die verzehrfertigen Rippchen?

b) Wie viel EUR kostet 1 kg der Pökelrippchen, wenn die Kotelettreihen je kg 5,03 EUR kosteten und die Kosten für die Mehrarbeit unberücksichtigt bleiben sollen?

---

182 Schweinekämme kosten je kg 3,30 EUR. Beim Entbeinen fallen 14% wertlose Knochen an; beim anschließenden Pökeln gehen 7 % verloren. Nach langem Rauch verbleiben vom Pökelfertiggewicht noch 81,5 %.

Berechnen Sie den Preis für 100 g dieses Nackenschinkens, wenn neben 40 % Gemeinkosten und 14 % kalkulatorischer Gewinn noch die gesetzliche Umsatzsteuer zu berücksichtigen ist.

---

183 Vier kräftige Kuhschwanzrollen, Gesamtgewicht 8,050 kg, werden zunächst einige Tage trocken gesalzen, dann mit einer guten Aufgusslake übergossen. Im Laufe von 4 Wochen werden sie fertig gestellt zu Rinderrauchfleisch. Am 30. Tag haben die Fleischstücke genau 24,85 % des Frischgewichtes verloren.

Berechnen Sie den Ladenpreis je 100 g, wenn das frische Fleisch im Laden zu 8,79 EUR/kg angeboten wird, für die Herrichtung aber noch zusätzlich 40 % aufzuschlagen sind.

184 Eine Rinderbrust, entbeint und fettfrei gemacht, wiegt 6,435 kg und kostet je kg 5,55 EUR. Sie wird gespritzt und 3 Tage in Pökel eingelegt. Dann wird das Gewicht auf 6,620 kg festgestellt. Verpackt in einem Sterilkochbeutel wird das Fleischstück vorsichtig gegart. Nach dem Auskühlen sind noch 5,650 kg verkaufsfertig vorhanden. Es muss mit rd. 7% Einwiegeverlust gerechnet werden.

Zu welchem Preis können 100 g dieser Pökelrinderbrust angeboten werden, wenn mit einem Nettoaufschlag von 45% und der gesetzlichen Umsatzsteuer gerechnet werden muss?

186 Schweinekoteletts kosten im Verkauf 5,54 EUR/kg netto. Sie werden mit 9 % Lake gespritzt, 24 Stunden gepökelt und danach vorsichtig auf eine Kerntemperatur von 70 °C erhitzt. Dabei gehen rund 7,5 % des Pökelgewichtes verloren.

Zur Bestreitung des Aufwandes schlägt Meister Burger 16 % auf den so errechneten Preis auf, zuzüglich der Umsatzsteuer. Mit welchem kg-Preis können die Pökelrippchen angeboten werden?

186 Vierzehn Schweineschinken, ohne Spitzbein, 169,000 kg, werden je kg zu 3,45 EUR (netto) eingekauft und sollen zu Kochschinken hergerichtet werden. Zunächst fallen 10,400 kg Schweinehaxen an, die mit 1,61 EUR bewertet werden. Vom verbleibenden Gewicht gehen 11,3 % wertlose Knochen ab und 14,200 kg Speckdeckel, je kg mit 0,46 EUR zu bewerten. Vom verbleibenden Gewicht werden 35% als Bratenstücke abgetrennt und zum Preis von 4,09 EUR/kg bewertet. Der Rest wird mit 14 % Lake gespritzt und gepökelt, anschließend auf eine Kerntemperatur von 72 °C gegart.

Dabei gehen 6% des Pökelgewichtes verloren.

Berechnen Sie:

a) Das Gewicht der Abgänge und das Fertiggewicht der Kochschinken;

b) den Nettopreis für 1 kg der Fertigware, wenn 42 % Gemeinkosten und 15 % kalkulatorischer Gewinn aufzuschlagen sind.

187 Zehn Rinderzungen, wenig geputzt, im Gewicht von 34,800 kg, werden zu 3,24 EUR/kg (netto) gekauft. Beim Nachputzen fallen 400 g wertloser Fett- und Zungenbartabschnitte an. Die Zungen werden mit 8 % Lake gespritzt und nach 2 Tagen vorsichtig gegart. Bis zum Auskühlen hat die Ware rd. 11 % verloren.

Wie viel EUR kosten 100 g der aufschnittfähigen Zungen, wenn mit 8 % Aufschneideverlust, 44 % Nettoaufschlag und der gesetzlichen Umsatzsteuer kalkuliert werden muss?

188 Schinkenkernstücke (Ober- und Unterschale) im Gewicht von 17,850 kg, wurden zu 5,37 EUR je kg gekauft. Die Stücke werden mit 14 % Lake gespritzt, behutsam gepoltert, kurz heiß geräuchert, in Formen eingespannt und auf eine Kerntemperatur von 72 °C gegart. Nach dem Auskühlen wiegen die 5 Kochschinken noch 16,600 kg. Im Verkauf können rd. 15 % des Fertiggewichtes als Reststücke nur zu einem Preis von 6,14 EUR/kg abgesetzt werden.

a) Berechnen Sie die eingespritzte Lakemenge und den Herstellverlust.

b) Wie viel Prozent Nettoaufschlag verbleiben dem Fleischer, wenn der gekochte Schinken je 100 g mit 1,25 EUR verkauft wird?

5808162

9.8 Konservenkalkulationen

9.8.1 Material- und Herstellkalkulationen

189 Ein Meister stellt Hausmacher-Leberwurst her, die er in 200-g-Ringpull-Dosen 73/58 verkaufen möchte. Er stellt 48 kg Brät zu 2,66 EUR je kg her. Für wie viel EUR kann er eine Dose verkaufen, wenn 200 Dosen dieser Größe 31,69 EUR plus Umsatzsteuer kosten und der Bruttoaufschlag 54% betragen soll?

190 Die Fleischerei Müller möchte zur Campingzeit ff Jagdwurst in Dosen anbieten. Der Meister rechnet mit einem Umsatz von 380 Normaldosen 73/58 mit je 200 g Inhalt. 400 Dosen kosten im Einkauf 52,92 EUR plus Umsatzsteuer.

Für wie viel EUR kann er eine Dose anbieten, wenn ihn das Jagdwurstbrät 3,17 EUR je kg kostet und der Nettoaufschlag 48 % betragen soll?

191 Die Fleischerei Maxein bietet die 400-g-Normaldose 99/63 mit Gulasch für 3,55 EUR an. 100 Dosen dieser Größe kosten 17,84 EUR plus Umsatzsteuer. Wie viel EUR dürfen die Materialkosten betragen bei 58 % Gemeinkosten, 12 % Gewinn und der üblichen Umsatzsteuer?

192 Der Selbstkostenpreis für 1 kg Bierwurstbrät beträgt 4,01 EUR je kg. Der Meister will 250 Normaldosen 99/33 mit je 200 g füllen. 150 Dosen dieser Größe kosten 26,64 EUR plus Umsatzsteuer.

a) Wie viel kg Brät muss der Meister kuttern?

b) Für wie viel EUR kann er 1 Dose anbieten bei 55 % Nettoaufschlag und der üblichen Umsatzsteuer?

193 Meister Friedrich stellt Gulasch in Dosen her. Er benutzt 400-g-Normaldosen 99/63, die je 100 Stück 18,60 EUR plus Umsatzsteuer kosten. Er bietet 1 Dose für 4,01 EUR an.

Wie viel Prozent betragen die Gemeinkosten, wenn der Materialwert je kg 5,52 EUR beträgt, der Gewinn 9 % und die übliche Umsatzsteuer berücksichtigt werden muss?

194 Der Meister stellt 180 Dosen à 400 g „Spagetti mit Gulasch" her. Er nimmt dazu in kleine Würfel geschnittenen Rinderbug, der je kg mit 5,52 EUR angesetzt wird. Das Fleisch wird unter Zusatz von Zwiebeln, Salz und Gewürzen gebraten.

a) Wie viel Frischfleisch muss er braten, wenn die gegarte Fleischeinwaage je Dose 110 g betragen soll und der Bratverlust 19 % beträgt?

b) Zu welchem Preis kann er eine Dose anbieten, wenn der Wert der übrigen Zutaten je Dose 0,66 EUR beträgt und als Nettoaufschlag 55 % berechnet werden?

195 Gut gereifte Rinderoberschalen werden als Rouladen für 10,02 EUR im Laden angeboten. Zu Beginn der Hauptreisezeit möchte der Meister Rouladen in 200-g-Dosen anbieten. Er nimmt je Dose eine Rouladenscheibe von 110 g Rohgewicht und füllt sie mit Zwiebeln, Gurkenstreifen und durchwachsenem Bauchspeck. Der Wert der Zutaten einschließlich der gezogenen Soße beträgt je Dose 0,65 EUR.

a) Wie viel EUR beträgt der Materialwert je Dose?

b) Für wie viel EUR kann er die Dose im Laden anbieten bei einem Bruttoaufschlag von 75 %?

196 Schwartenmagenmasse, 44,800 kg im Gesamtwert von 153,00 EUR, wird in 400-g-Dosen abgefüllt. Die Dosen kosten 1,35 EUR; die Etikettenausstattung wird mit 1,15 EUR angesetzt.

Berechnen Sie den Verkaufspreis für eine Dose, wenn mit einem Bruttoaufschlag von 75 % kalkuliert werden soll.

9.8.2 F-Wertberechnungen

Der Verderb von Konserven wird hauptsächlich durch Mikroben hervorgerufen. Diese müssen durch Erhitzung (Sterilisation) abgetötet werden.

Für die optimale Erhitzung ist eine genaue Ansteuerung der gewünschten Temperatur unbedingt notwendig, denn dadurch entfallen unnötige Energiekosten, die durch ein zu langes Erhitzen auftreten. Zugleich werden die geschmacklichen Nachteile der Überhitzung vermieden, aber auch die Gefahr der Unterhitzung, die unweigerlich Fehlfabrikate (Bombagen) nach sich ziehen würde.

Der F-Wert ist eine Zahl, die angibt, welche Hitzebehandlung eine Konserve erfahren hat und welche Haltbarkeit daraus resultiert.

Jede Temperatur über 100 °C hat einen bestimmten Abtötungseffekt auf Bakteriensporen, der mit steigender Temperatur größer wird.

So muss man etwa

100 Minuten bei + 101 °C	1 Minute bei + 121,1 °C
10 Minuten bei + 111 °C	0,1 Minute bei + 131 °C

erhitzen, um zum gleichen Abtötungseffekt zu gelangen.

Als Bezugseinheit der F-Wertberechnung wurde der Abtötungseffekt von 1 Minute bei + 121,1 °C (= 250 °Fahrenheit) gewählt und F = 1,000 gesetzt.

Tabelle der F-Werte

°C	F-Wert	°C	F-Wert
100	0,0077	118	0,4885
101	0,0097	119	0,6150
102	0,0123	120	0,7746
103	0,0154	121,1	= 1,000
104	0,0194	122	1,2270
105	0,0245	123	1,5446
106	0,0308	124	1,9444
107	0,0388	125	2,4480
108	0,0489	126	3,0817
109	0,0615	127	3,8805
110	0,0775	128	4,8852
111	0,0975	129	6,1501
112	0,1227	130	7,7459
113	0,1545	131	9,7466
114	0,1945	132	12,2699
115	0,2449	133	15,4560
116	0,3083	134	19,4553
117	0,3880	135	24,5098

Wir merken uns: Je größer der F-Wert, desto größer ist der Abtötungseffekt.

Liest man bei der Sterilisation der Konserven jede Minute die Kerntemperatur der Dose ab, so ist es möglich, durch die Addition der einzelnen F-Werte den Gesamt-F-Wert zu ermitteln.

Wichtig sind dabei nur die Werte von 100 °C bis zur höchsten Kerntemperatur und bei der Abkühlphase die Temperatur bis 100 °C.

Benutzt man nun die F-Werttabelle, kann man den erwünschten Erhitzungseffekt auf Dreiviertel- oder Vollkonserven genau ausrechnen.

Berechnungsbeispiel für den Gesamt-F-Wert (Vollkonserve)

Sterilisationsphase	Zeit in Min.	Kerntemp.	F-Wert
Erhitzung	1	100 °C	0,008
	2	103,5 °C	0,017
	3	107 °C	0,039
	4	108,5 °C	0,055
	5	110 °C	0,077
	6	111 °C	0,097
	7	112 °C	0,123
	8	113 °C	0,154
	9	114 °C	0,194
	10	115 °C	0,245
	11	116 °C	0,308
	12	117,5 °C	0,435
	13	118 °C	0,489
Kühlphasen	14	118,5 °C	0,548
	15	118,5 °C	0,548
	16	118,5 °C	0,548
	17	119 °C	0,615
	18	117,5 °C	0,435
	19	116 °C	0,308
	20	114,5 °C	0,218
	21	113 °C	0,154
	22	108 °C	0,049
	23	105 °C	0,024
	24	100,5 °C	0,009
	25	094 °C	–
Gesamt-F-Wert			5,7

(Tabelle entnommen aus „Die Fleischerei", November 1978)

Übungsaufgaben zur F-Wertberechnung

197 Fleischer Neumeister erhitzt Bierwurstkonserven 60 Minuten lang bei konstant 110 °C. In der Anheizphase wird ein F-Wert von 0,055 erreicht. Gefordert wird für diese Konserve ein F-Wert von 5,00.
Reicht dazu das Erhitzungsvolumen aus?

198 Meister Valentin stellt Jagdwurst in Dosen als Vollkonserve her. Nachdem die Temperatur von 100 °C im Kern erreicht ist, steigt sie alle 2 Minuten um 3 °C bis zur Höchsttemperatur von 121 °C an und fällt auch wieder mit den gleichen Werten. Welcher F-Wert wurde erreicht?

199 Feine Leberwurst wird als Vollkonserve in Dosen hergestellt. Der geforderte F-Wert liegt bei 4,2. Nachdem 100 °C im Kern erreicht sind, steigt die Temperatur alle 3 Minuten um 5 °C bis zur Höchsttemperatur von 122 °C. Die Abkühlung erfolgt mit der gleichen Geschwindigkeit. Welcher F-Wert wurde erreicht?

200 Zur Sterilisation von Dosenwürstchen wird ein F-Wert von 4,0 angestrebt. Während des Konservierungsvorganges werden folgende Kerntemperaturen abgelesen:

	Zeit (Min.)	Kerntemp. in °C
Erhitzungsphase	5	99
	6	106
	7	110
	8	116
	9	119
	10	121
Abkühlungsphase	11	120
	12	118
	13	113
	14	118
	15	105
	16	100

Wird bei dieser Sterilisation der geforderte F-Wert erreicht?

Die aus der jeweiligen Kerntemperatur resultierenden F-Werte können der Tabelle entnommen werden.

201 Landleberwurst wird als Vollkonserve hergestellt. Von 100 °C Kerntemperatur ansteigt die Innentemperatur alle 2 Minuten um 4 °C bis zur Höchsttemperatur von 119 °C. Diese Temperatur wird für 4 Minuten gehalten. Danach fällt die Temperatur im gleichen Maße, wie sie gestiegen ist. Welcher Gesamt-F-Wert wurde erreicht?

202 Für Gulasch in Dosen werden folgende Haltezeiten ermittelt:

40 Min. bei 105 °C
20 Min. bei 110 °C
12 Min. bei 115 °C

Welcher F-Wert wurde erreicht?

203 Für eine Mischkonserve werden 12 F verlangt. Die Scheitelhitze soll bei 114 °C gehalten werden. Erhitzungs- und Abkühlphase bis bzw. vom Scheitelpunkt bringen insgesamt 2,00 F.
Wie viel Minuten muss die Hitzeeinwirkung von 114 °C einwirken, damit die F-Wertforderung erfüllt wird?

9.9 Fleischfeinkostkalkulationen

9.9.1 Kalkulation tafelfertiger Fleischfeinkosterzeugnisse

Mit Fleischfeinkost werden Artikel bezeichnet, die weder Wurst noch Salate sind; sie zählen zum gehobenen bis hohen Anspruch im Bereich der Fleischwaren und rangieren in der Preisskala meist an der Spitze. Der Bereich Fleischfeinkost hat sich in den vergangenen Jahren immer stärker ausgeweitet.

Zum Bereich Fleischfeinkost gehören: Schweinebraten, Roastbeef, Kalbsbraten, gefüllte Schweine- oder Kalbsbrust, gepökelte und gegarte Rinderbrust, Kasseler Braten, Lachsschinken, Schwarzwälder, Schinken aller Art, aber auch Kochrippchen und Sülzkoteletts.

Beispiel: Eine Reihe Sauenkotelett, 8,400 kg schwer, wird zu Kasseler Grillbraten hergerichtet. Preis je kg frisch 3,80 EUR netto. Knochenanteil (wertlos) 18 %; Parierverlust 5 %, Wert: 1,55 EUR; Spritzpökelgewinn 12 %; Räucherverlust 5 %; Grillverlust 12 %; Aufschneideverlust 3 %.

Gemeinkosten 32 %, kalk. Gewinn 12 % und die gesetzliche Umsatzsteuer.

Zu welchem Preis können 100 g dieses Kasseler Aufschnitts angeboten werden?

Lösung:

Preis		Gewicht	
31,92 EUR	(je 3,80 EUR)	8,400 kg	
0,00 EUR	(– 18 %)	1,512 kg	
31,92 EUR		6,888 kg	(knochenfrei)
1,55 EUR	(– 5 %)	0,344 kg	
30,37 EUR		6,544 kg	(pariert)
0,00 EUR	(+ 12 %)	0,785 kg	
30,37 EUR		7,329 kg	(gepökelt)
0,00 EUR	(– 5 %)	0,366 kg	
30,37 EUR		6,963 kg	(geräuchert)
0,00 EUR	(– 28 %)	1,949 kg	
30,37 EUR		5,014 kg	(gegrillt)
0,00 EUR	(– 3 %)	0,150 kg	
30,37 EUR		4,864 kg	(Verkaufsgewicht)
9,72 EUR	(+ 32 %)	0,000 kg	
40,09 EUR		4,864 kg	
4,81 EUR	(+ 12 %)	0,000 kg	
44,90 EUR		4,864 kg	
3,14 EUR	(+ 7 %)	0,000 kg	
48,04 EUR		4,864 kg	

1 kg kostet: 48,04 : 4,864 – 9,876 EUR

100 g kosten rd. 0,99 EUR

Übungsaufgaben

204 Vier kräftige **Kotelettreihen** wiegen 29,550 kg und sind zum Einkaufspreis von 3,91 EUR/kg bezogen worden. Beim Ausknochen fallen 18 % wertlose Knochen an. Der Zuschnitt bringt 2,600 kg Abschnitte, die mit 2,56 EUR/kg bewertet werden. Das magere Rückenfleisch wird zu Schmetterlingssteaks geschnitten, wobei insgesamt 89 Stück anfallen.

Kalkulieren Sie 55 % Nettoaufschlag und die gesetzliche Umsatzsteuer.

Wie viel EUR beträgt der Kundenpreis für ein „Schmetterlingssteak"?

205 **Knochenfreies Roastbeef** ist zu einem Preis von 10,20 EUR/kg netto, ohne Kosten, kalkuliert.

Wir grillen das Fleisch und bieten es als gegrilltes Roastbeef an, wobei folgende Kalkulationsdaten zu berücksichtigen sind:

Grill- und Auskühlverlust = 28 %, Aufschneideverlust = 4 %,
Gemeinkosten = 40 %, kalk. Gewinn = 15 % und die gesetzliche Umsatzsteuer.

Berechnen Sie den Ladenpreis für 100 g.

206 Eine **Kalbsnuss** wird im Laden zu 10,12 EUR/kg angeboten und soll gebraten werden. Wir müssen mit rd. 1/4 Gewichtsverlust und weiteren 5 % Aufschneideverlust rechnen. Die Kosten für die Sonderbehandlung werden über einen Zuschlag von 22 % abgegolten. Hinzu kommt die gesetzliche Umsatzsteuer.

Berechnen Sie den Preis für 100 g des fertigen Bratens.

207 16 Stück **Schweinenuss,** Gewicht 29,600 kg frisch, Materialpreis je kg 5,51 EUR, werden zu „Schwarzwälder" bearbeitet. Es entsteht ein Pökelgewinn von 6 %, ein Räucherverlust von 4 % und ein Verlust beim Dampfgaren von 9 %. Für Gemeinkosten sind 36 % zu berücksichtigen, der kalkulatorische Gewinn beträgt 12 % und hinzukommt die gesetzliche Umsatzsteuer.

a) Wie viel EUR sind aus den Einnahmen zu erwarten?

b) Wie viel EUR kosten 100 g der Fleischware?

208 Der Kern eines **Schinkens** wiegt 9,870 kg. Beim Zuschneiden zu Kochschinken fallen 1,050 kg Abschnitte an. Durch Spritzpökelung wird das Gewicht des zugeschnittenen Schinkens um 9,5% erhöht, im Rauch entsteht ein Verlust von 3% des Salzgewichtes. Beim Kochen und Auskühlen gehen dann wiederum 5,9% verloren.

Wie viel kg beträgt das verkaufsfähige Gewicht, wenn ein Rest von etwa 200 g des fertigen Schinkens unverkäuflich ist?

209 Meister L. verkauft **gebratenes Schweinefleisch,** aus Kotelettstücken hergestellt, für 1,25 EUR je 100 g. Die Koteletts kosteten ihn frisch 3,88 EUR je kg, hatten einen Knochenanteil von 18 % und das schiere Fleisch verlor beim Braten 32 % seines Gewichtes.

Wie viel Prozent des Materialpreises bleiben dem Fleischer als Bruttoaufschlag zur Bestreitung der Kosten und als kalkulatorischer Gewinn sowie der Umsatzsteuer?

210 Meister D. bezieht 6 **Knochenschinken** im Gewicht von 31,340 kg von einem Großhändler und zahlt je kg 10,05 EUR netto. (Die Umsatzsteuer bleibt als Vorsteuer in der Kalkulation unberücksichtigt.) 5 % Rabatt werden gewährt. Schwarten, Knochen, Einwiegeverlust und Verlust aus Reststücken bewertet der Meister mit 13 %, für die allgemeinen Betriebskosten schlägt er 34 % und als kalkulatorischen Gewinn 15 % auf.

Hinzu rechnet er die gesetzliche Umsatzsteuer.

Zu welchem Preis kann er 100 g dieses Knochenschinkens verkaufen?

211 **Ochsenbrust,** frisch und gut pariert, wird im Laden angeboten zu 8,64 EUR je kg. Beim Spritzpökeln wird das Gewicht um 8 % erhöht. Beim Garen im Kochschrank verliert das Fleisch rd. 1/5 des Pökelgewichtes. Bis zum Aufschneiden als kalte Delikatesse gehen weitere 8 % verloren.

Kalkulieren Sie den Kundenpreis für je 100 g, wenn der Gewichtsverlust in der Rechnung über den Preis ausgeglichen werden soll.

212 Eine Filialleiterin wog einen Posten **Dauerwurst,** den sie rauchfrisch in den Laden bekam, nach einer Woche noch einmal. Frischgewicht: 62,0 kg; nach einer Woche: 59,370 kg.

a) Wie viel Prozent beträgt der Schwund?

b) Welche Einbuße erleidet die Verkäuferin, wenn 100 g dieser Dauerwurst im Verkauf mit 1,00 EUR angeboten werden?

213 Ein ganzer **Schinken** ohne Spitzbein und Haxe, aber mit Mittelröhre und Schwarten, wiegt 6,750 kg und kostet im Einkauf 3,30 EUR/kg (netto). Beim Spritzpökeln werden 10 % des Gewichtes eingespritzt; dann wird der Schinken im Kochschrank auf eine Kerntemperatur von 74 °C gegart und als Backschinken ausgeliefert. Die Rechnung weist – einschließlich Umsatzsteuer – 40,90 EUR aus.

Mit welchem Nettoaufschlagsatz hat der Fleischer kalkuliert?

214 2 **Schweinekeulen** mit Spitzbein, Gewicht 16,050 kg, kosten im Einkauf 3,27 EUR/kg netto. Es fallen an:

650 g wertloses Spitzbein, 1 290 g Haxe, je kg zu 1,51 EUR, 2 160 g wertlose Knochen und 2 075 g Schwarten und Speck, Wert 1,02 EUR.

2/3 des verbleibenden Gewichtes werden zu Kochschinken verarbeitet, das restliche Drittel wird mit 5,60 EUR/kg bewertet.

Beim Spritzpökeln kommt es zu einer Gewichtserhöhung um 14 %; im Rauch gehen 5 % vom Pökelgewicht und beim anschließenden Garen im Kochschrank 6,5 % verloren.

Berechnen Sie den kg-Preis des verkaufsfertigen Kochschinkens, wenn mit einem Bruttoaufschlag von 85 % kalkuliert werden soll.

215 28 **Schweinehüften** wiegen knochen- und fettfrei 74,500 kg und sind mit 5,20 EUR je kg kalkuliert. Beim Pökeln gehen 6 % und beim anschließenden Kalträuchern 9,5 % verloren. Die schlechter zu verkaufenden Reststücke werden auf 8 % vom Fertiggewicht veranschlagt und mit 4,30 EUR/kg bewertet. Aufzuschlagen sind 28 % Gemeinkosten.

Auf welchen Gewinnsatz kommt der Fleischer, wenn die Stücke aufgeschnitten einschließlich der Umsatzsteuer zu 10,65 EUR/kg abgesetzt werden?

216 Für 1 000 g **Kotelett** zahlt der Meister beim Großhändler 4,27 EUR (netto). Beim Auslösen ergibt sich ein Knochenanteil von 18 %, dazu ein Zuschneideverlust von weiteren 4 %. Bei der anschließenden Spritzpökelung wird eine Gewichtszunahme von 8 % erzielt. Beim Räuchern gehen wiederum 6 % vom Pökelgewicht verloren. Danach werden die Kasselerstücke im Infrarotofen gebraten. Das Gewicht der fertigen Stücke beträgt 76 % des in den Ofen eingelegten Gewichtes. Auf den so ermittelten Materialpreis werden 45 % Gemeinkostenanteil aufgeschlagen.

Wie viel EUR beträgt der Selbstkostenpreis je 100 g?

217 Ein Stück **Schweinebraten** hat im Ofen 21% des Frischgewichtes verloren und wiegt noch 2 630 g.

a) Welches Gewicht hatte das frische Stück?

b) Wie viel EUR wären für das frische Stück erlöst worden, wenn je 1 000 g zu 6,34 EUR verkauft worden wären?

c) Wie viel EUR werden nun für das Stück erlöst, wenn für je 100 g 1,12 EUR verlangt werden, aber mit einem Aufschneideverlust von 5 % gerechnet werden muss?

218 Zwei **Kotelettreihen,** Gewicht 12,450 kg, werden knochenfrei gemacht und zu Grillkasseler hergerichtet. Knochenanteil (wertlos) 18 %, Spritzpökelgewinn 12 %; die fertig gegrillten und ausgekühlten Stücke wiegen noch 71 % des Pökelgewichtes. Weiterhin müssen 3 % Aufschneideverlust eingerechnet werden. Kalkuliert wird mit einem Bruttoaufschlag von 75 %.

Zu welchem Preis können 100 g des Aufschnittkasselers ausgezeichnet werden, wenn der Kotelettfrischpreis mit 4,32 EUR/kg anzusetzen ist?

219 Zur Herstellung klassischer **„Schwarzwälder Schinken"** werden 5 Unterschalen mit Nuss und Hüfte verwendet. Gewicht 23,650 kg; Gestehungspreis 5,26 EUR je kg, netto. Nach rd. 4 Wochen wiegen die Stücke insgesamt noch 13,790 kg. Für den Verkauf ist von 3 % Einwiegeverlust auszugehen.

Die Preisberechnung soll 38 % Gemeinkosten, 15 % kalkulatorischer Gewinn und die gesetzliche Umsatzsteuer berücksichtigen.

a) Berechnen Sie den Verlust in kg und Prozent vom Frischgewicht.

b) Wie viel EUR kosten 100 g der auskalkulierten Ware?

c) Wie verändert sich der Gewinnansatz, wenn wir 100 g des Schinkens zum Preis von 1,56 EUR anbieten?

220 Eine Kalbsbrust, 3,650 kg schwer, wird für 18,60 EUR netto eingekauft und zu gefüllter und gebratener Kalbsbrust zum Aufschneiden bearbeitet. Dabei fallen 720 g wertloser Knochen an; 1 250 g Brät im Wert von 5,20 EUR werden eingefüllt.

Beim Braten tritt ein Verlust von 19 % auf. Beim Aufschneiden können nur 2 900 g verwendet werden. Der Rest wird pauschal mit 1,55 EUR bewertet. 34% Gemeinkosten, 14% kalk. Gewinn und die Umsatzsteuer sind aufzuschlagen.

Berechnen Sie:

a) den Aufschneideverlust in Prozent;

b) den Preis für 100 g der Kalbsbrust im Aufschnitt.

221 Drei kräftige Schweinebruststücke werden knochenfrei gemacht. Der Knochenanteil beträgt 19 % von 7,100 kg und ist wertlos. 2,450 kg Schweinebrät, je kg zu 4,58 EUR, werden eingefüllt. Der Bratverlust wird auf 26 % geschätzt; ein Aufschneideverlust von 3 % wird einkalkuliert. Für Gemeinkosten sind 34 %, für kalkulatorischen Gewinn 14,5 % anzusetzen zuzüglich Umsatzsteuer.

Berechnen Sie die Gesamteinnahme aus dieser Fleischfeinkost und den Preis für jeweils 100 g Fertigware, wenn der Frischpreis mit 3,04 EUR/kg anzusetzen war.

222 Magerer Schweinenacken ohne Knochen ist zum Kundenpreis von 6,62 EUR/kg kalkuliert. Fünf Rückenstücke wiegen 14,200 kg. Sie werden mit 3,650 kg Schweinemett, je kg zu 5,09 EUR, gefüllt, portioniert auf ca. 750 g und in Folien verpackt angeboten.

Zu welchem Preis je 100 g kann diese ofenfertige Delikatesse angeboten werden, wenn für die zusätzliche Arbeit 10 % auf den Materialwert aufgeschlagen werden soll?

9.9.2 Salatkalkulationen

Salate gehören heute zum festen Bestandteil des Fleischereisortimentes und gelten als Geheimtipp für die Steigerung des Umsatzes und des Erlöses.

Die Variantenbreite ist sehr groß; sie reicht vom Kartoffelsalat bis zum „echten" Fleischsalat, bei dem ausschließlich gegartes Fleisch verwendet wird.

Die in den Aufgaben wiedergegebenen Mengenangaben und Rezepturzusammenstellungen entsprechen gängigen Rezepten, sind aber nicht unbedingt als Standards anzusehen. Primär geht es um die Rechenübung.

Zur Erläuterung des Schemas zunächst wieder ein

Beispiel: Die Verkäuferin Elfriede M. wird beauftragt Fleischsalat von Fleischbrätblock herzustellen. Die Angaben der Rezeptur weisen folgende Materialzusammenstellung auf:

1 Eimer Majonäse (10 kg netto), Preis (netto) 12,70 EUR;
5,750 kg Brühwurstbrätblock, je 3,76 EUR/kg;
5,200 kg geschnittene Gurken, je kg zu 1,49 EUR.

Für Gemeinkosten werden 38 %, für kalk. Gewinn 13,5 % und die Umsatzsteuer in gesetzlicher Höhe aufgeschlagen.

Zu welchem Preis können 100 g, verpackt in einer Plastikschale, angeboten werden, wenn die Schale zum Selbstkostenpreis von rd. 2 Cents mitgeliefert wird?

Lösung:

Preis		Gewicht
12,70 EUR	(Majonäse, 1 Eimer)	10,000 kg
21,62 EUR	(+ Brätblockmasse)	5,750 kg
7,75 EUR	(+ Gurken)	5,200 kg
42,07 EUR	= Materialpreis	20,950 kg
15,99 EUR	+ Gemeinkosten	0,000 kg
58,06 EUR	= Selbstkosten	0,000 kg
7,84 EUR	+ kalk. Gewinn	0,000 kg
65,90 EUR	= Nettoverkaufspreis	0,000 kg
4,61 EUR	+ Umsatzsteuer (7 %)	0,000 kg
70,51 EUR		20,950 kg

1 kg kostet 70,51 : 20,950 = 3,366 EUR
100 g kosten rd. 0,34 EUR
zuzüglich Schale 0,02 EUR
0,36 EUR

Antwort: 100 g Fleischsalat in der Plastikschale können zu 0,36 EUR angeboten werden.

Übungsaufgaben

223 Hausmacher **Wurstsalat** wird nach folgendem Rezept hergestellt:
45 % Brühwurst, je kg zu 8,44 EUR, 35 % magere Blutwurst zu 4,91 EUR/kg, 12 % Zwiebeln, frisch, geschnitten, zu 2,05 EUR/kg und 8 % Gurken, je kg zu 2,99 EUR. Je kg Material kommen 80 g feine Marinade im Wert von 0,95 EUR. Es sollen 8,000 kg hergestellt werden.

Berechnen Sie die Mengen der Zutaten und den Kundenpreis je 100 g, wenn mit 60 % Gemeinkosten, 25 % Gewinn und der gesetzlichen Umsatzsteuer kalkuliert werden soll.

224 Monika B. soll **Fleischsalat** nach folgender Zusammenstellung herstellen:
45 % Majonäse (Preis 2,48 EUR/kg), 30 % Brätblock für Fleischsalat (Preis 5,60 EUR/kg) und 25 % Gurken (Preis 2,05 EUR/kg).

Monika B. soll den Restbestand von 12,650 kg Majonäse ganz aufbrauchen und entsprechend diesem Gewicht die anderen Materialien zusammenstellen. Zur Vervollständigung der Kalkulation sollen 32,5 % Gemeinkosten, 8,5 % kalkulatorischer Gewinn und die Umsatzsteuer berücksichtigt werden.

a) Welche Materialmengen sind erforderlich?

b) Welches Gesamtfertiggewicht hat der Fleischsalat?

c) Welchen Bruttoverkaufspreis weist die Kalkulation je 100 g aus?

225 Barbara N. stellt **„Dänischen Salat"** zusammen und nimmt dazu:
6,800 kg fertig gekochte Makkaroni, Wert 2,63 EUR; 1 große Dose Erbsen, Einwaage 3,950 kg, zu 6,58 EUR; 4,250 kg Schinkenenden vom gekochten Schinken, je kg mit 10,12 EUR zu bewerten.

Die Gemeinkosten werden mit 36,5 %, der kalkulatorische Gewinn mit 14 % und die Umsatzsteuer in gesetzlicher Höhe angesetzt.

Wie viel EUR kosten 100 g dieses Salates zum Bruttoverkaufspreis?

226 Um sein Angebot zu erweitern, stellt Fleischer Franz K. einen **Geflügelsalat** nach folgendem Rezept her:

3 schwere Hühner, Gewicht 8,150 kg, Kilopreis 1,73 EUR; Gewicht des gekochten knochenfreien Fleisches = 5,650 kg;

1 Dose = 320 g Ananas, 0,92 EUR; 1 Dose = 345 g Champignons, 2,53 EUR; 1 Dose = 610 g Spargel, 2,17 EUR; 1 Apfel, 90 g, im Wert von 0,19 EUR; 5,000 kg Salatmajonäse, je kg 2,50 EUR.

a) Welches Gewicht hat die fertige Menge?

b) Wie viel EUR kosten 100 g dieses Salates, wenn bei der Kalkulation ein Bruttoaufschlag von 54 % berücksichtigt werden muss?

c) Auf welchen Prozentsatz erhöht sich der Bruttoaufschlag, wenn 100 g des Salates zu 0,59 EUR ausgezeichnet und verkauft werden?

227 Fleischerei Reuter hat **„Italienischen Salat"** neu ins Sortiment aufgenommen. Die Kalkulation weist folgende Daten aus:

14,200 kg feines Brühwurstbrät, je kg 5,83 EUR; 1 750 g Gurken, je kg 2,45 EUR; 2 Dosen Sellerie, je 1,55 EUR, Gesamteinwaage 1,520 kg; Tomatenpaprika 1,200 kg, je kg 1,51 EUR; je 1 Dose gewürfelte Karotten und Erbsen, je 1,85 EUR, Gesamteinwaage 1,610 kg; ein kleiner Eimer Majonäse (5,000 kg) zu 9,97 EUR; 1/4 l Speiseöl, Wert = 0,40 EUR und Spezialgewürz zu 2,11 EUR in 3 l Wasser aufgelöst.

Berechnen Sie den Preis für 100 g dieses Salates.

228 Feiner **Herrensalat,** eine „feudale" Delikatesse, wird nach folgendem Rezept hergestellt:

5,000 kg Rinderhals, je kg zu 5,93 EUR (frisch), wird vorsichtig gegart, wobei 18 % verloren gehen. Ausgekühlt wird er in Streifchen geschnitten.

1,000 kg magere Kochschinkenabschnitte kommen hinzu; Wert 8,18 EUR. Ein großes Glas Silberzwiebeln, 640 g Einwaage, zu 2,52 EUR; 400 g roter, marinierter Paprika in Streifen, Wert 1,51 EUR; eine Dose besonders kleiner Champignons, Einwaage 585 g, zu 2,64 EUR; 600 g gestreifter Sellerie, Wert 1,53 EUR.

Salz, Pfeffer, ein Tupfer Kardamon und $\frac{1}{4}$ l Öl im Gesamtwert von 1,02 EUR bringen die geschmackliche Basis; zum Schluss werden der Zwiebelessig (560 ml) und 100 ml „Schwarzwälder Kirschwasser" (Wert 1,12 EUR) zugegeben und so der Salat geschmacklich abgerundet.

Berechnen Sie den Preis für eine 200-g-Schale, wenn auf den Materialwert 60 % Gemeinkosten, 15 % kalk. Gewinn und die gesetzliche Umsatzsteuer aufzuschlagen sind.

229 Die Verkäuferin Ursula M. stellt die Salatspezialität **„Appenzeller Vesperli"** nach folgender Rezeptur her:

45 % Brätblock, je kg 4,93 EUR netto; 17,5 % Appenzeller Käse, kräftig, würzig, in Streifchen geschnitten, je kg zu 6,34 EUR; 10 % Gurken in Streifchen, je kg zu 1,51 EUR; 3 % Silberzwiebeln, gehackt, je kg zu 2,45 EUR und 24,5 % Salatmajonäse, je kg zu 1,51 EUR.

Die Verkäuferin soll einen Rest von 3,150 kg Käse ganz aufbrauchen und alle anderen Zutatenmengen danach berechnen.

a) Welche Materialmengen sind im Einzelnen erforderlich?

b) Berechnen Sie das Fertiggewicht der Mischung.

c) Welcher Angebotspreis je 100 g ergibt sich, wenn mit einem Nettoaufschlag von 75 % zuzüglich der gesetzlichen Umsatzsteuer kalkuliert werden soll?

5808172

230 Pikanter Salat **„HAWAII"** besteht aus 650 g hauchdünn geschnittenen Kochschinkenstreifchen, je kg zu 12,50 EUR, 220 g körnigem, trockenen Reis und 130 g frischer Ananas in Stückchen zum Gesamtwert von 3,07 EUR. Die Marinade wiegt 120 g im Wert von 0,76 EUR.

Kalkulieren Sie mit 75 % Bruttoaufschlag. Wie viel EUR kosten 100 g dieser erfrischenden Spezialität?

231 Die Verkäuferin Bärbel S. stellt einen **Schinkensalat** nach folgender Rezeptur her:

1 000 g	gekochte Schinkenabschnitte,	je kg	11,25 EUR,
500 g	geschnittene Äpfel,	je kg	0,35 EUR,
500 g	Champignons, ohne Brühe,	je kg	4,81 EUR,
200 g	extra feine Erbsen,	je kg	1,87 EUR,
500 g	Ananas, Dosenware, geschnitten,	je kg	2,07 EUR,
1 300 g	Majonäse, fertig gewürzt,	je kg	2,48 EUR.

Es sollen insgesamt 16,000 kg hergestellt werden.

In der Kalkulation sind zu berücksichtigen: Gemeinkosten 47,5 %, kalkulatorischer Gewinn 12,5 %, Umsatzsteuer.

a) Für wie viel EUR müssen 100 g des Salates ausgezeichnet werden, wenn dieser in kleine Plastikbecher verpackt wird, diese Becher aber je Stück 0,02 EUR kosten und der Preis berücksichtigt werden muss.

b) Auf welchen Betrag lautet die Rechnung für einen Großabnehmer, der 7,500 kg unverpackte Ware mit einem Sonderrabatt von 7,5 % bezieht?

232 Wir stellen **„Frühlingssalat"** her. Grundrezeptur: 4,400 kg feine Brühwurst, je kg zu 5,52 EUR, 0,650 kg Gurken, je kg zu 1,79 EUR, 0,500 kg Eiklar, im Darm gegart, geschnitten, Wert 2,25 EUR, 1,250 kg Maiskörner im Wert von 4,47 EUR und 0,500 kg Zwiebeln, Möhren und Petersilie im Wert von 1,53 EUR. Die Aufgussmarinade wiegt 1,100 kg und kostet 3,58 EUR. Kalkulieren Sie 60 % Gemeinkosten, 20 % Gewinn und die gesetzliche Umsatzsteuer.

Wie viel EUR kostet eine Schale von 220 g Inhalt netto?

233 **Teufelsalat,** extra scharf, wird nach folgendem Rezept hergestellt:

4,500 kg Braten- und Schinkenabschnitte, in Streifen geschnitten, je kg zu 9,61 EUR,
3,300 kg Gurken, je kg zu 1,66 EUR,
1,800 kg marinierter Paprika, ebenfalls geschnitten, zu 1,56 EUR je kg und
4,400 kg einer Spezialsoße, deren Gesamtwert 3,27 EUR beträgt.

Dem Materialwert werden 47 % Gemeinkostendeckung und kalk. Gewinn aufgeschlagen.

Zu welchem Nettoverkaufspreis werden 100 g kalkuliert?

234 Als Souvenir aus Colmar im **Elsass** hat Fleischer A. ein **Salat**rezept aus dem Urlaub mitgebracht und will es sofort – zunächst in kleineren Mengen – in sein Sortiment einführen.

Die Verkäuferin stellt zusammen:

2 ¼ kg feiner Brätblock, geschnitten je kg 5,52 EUR;
550 g feiner Emmentaler Käse, in kleinen Würfeln, Wert 3,48 EUR;
1 Glas Silberzwiebeln, Einwaage 205 g, zu 1,12 EUR;
1 Glas Senfgurkenscheiben, Einwaage 720 g, im Wert von 2,26 EUR und ¼ l feinstes Salatöl zu 0,48 EUR.

Das Ganze wird pikant abgeschmeckt, wozu Gewürze und Soßen im Wert von rd. 1,28 EUR benötigt werden.

Welcher Prozentsatz verbleibt Fleischer A. als Aufschlag vom Materialwert, wenn er den Salat zu 0,56 EUR je 100 g anbietet?

235 **„Ochsenmaulsalat"** ist die besondere Spezialität von Meister Werner.

8 Stück Rindermaulhäute (sog. Flotzmaul) im Wert von 2,56 EUR werden, sauber enthaart, reichlich gargekocht und erkalten lassen. Dann schneidet man sie in hauchdünne, lange Streifchen. Das ergibt 4,150 kg. Vier dicke Zwiebeln, Wert 0,60 EUR, werden in dünne Scheiben geschnitten und mit reichlich heißem Wasser übergossen. Vier Orangen, Wert 0,92 EUR, werden geschält und in kleine Stücke geteilt; ebenso ein dicker saurer Apfel im Wert von 0,38 EUR. Zur Verbesserung des Aussehens werden ca. 200 g gestreifte Paprika aus Gläsern im Wert von 0,61 EUR hinzugegeben. Mit Pfeffer, etwas gehackter Petersilie und ein wenig Salz, dazu reichlich Öl und mäßig Essig wird abgeschmeckt. Wert der Zutaten: 1,28 EUR. Einen Tag muss die Mischung „beizen", dann können 4,800 kg angeboten werden.

Zu welchem Preis kann die 250-g-Schale verkauft werden, wenn – wegen der lohnintensiven Bearbeitung – mit einem Bruttoaufschlag von 100 % auf den Materialwert gerechnet werden muss?

---

236 **„Gouda-Stip"** wird bei Fleischer Müller hergestellt aus

380 g Brätblock, je kg zu 6,14 EUR,
240 g Gouda, jung, je kg zu 4,91 EUR,
80 g Gurken, geschnitten, je kg zu 3,17 EUR und
300 g Majonäse I a, je kg zu 2,68 EUR.

Es sollen 7,500 kg hergestellt werden.

Berechnen Sie:

a) die notwendigen Materialmengen;

b) den Kundenpreis je 100 g, wenn mit einem Nettoaufschlag von 75 % und der gesetzlichen Umsatzsteuer kalkuliert wird.

9.9.3 Plattenkalkulationen

Die Plattendekoration ist oft das „Stiefkind" bezüglich der exakten Aufwandsberechnung in der Fleischerei. Dabei ist eine solche Arbeit in der Regel zeitraubend und daher lohnintensiv. Nur die genaue Berechnung aller Kleinigkeiten schützt vor Verlusten in tatsächlicher und rechnerischer Hinsicht. Mancher Fleischer hat für viel Geld „Kleinkram" verwendet und bekommt dafür oft sein Geld nicht wieder, ganz zu schweigen vom gerechten Lohn für die geleistete Arbeit.

Hier zunächst wieder ein

Beispiel: Eine Kundin bestellt eine gemischte **Schinkenplatte.** Die Platte enthält:

18 Scheiben gek. Schinken, 680 g, je kg zu 12,53 EUR,
7 Scheiben Hüftschinken, 315 g, je kg zu 9,82 EUR,
9 Scheiben Landschinken, 460 g, je kg zu 15,13 EUR,
1 Dose Spargel, Einwaage 620 g, Preis 2,63 EUR,
4 Gürkchen, 80 g, je 0,08 EUR, ein Glas Cocktailkirschen, 130 g, zu 1,42 EUR, 340 g Gemüsesalat, 500-g-Preis 1,43 EUR, Petersilie zu 0,20 EUR.

Für die Arbeit und „Plattenmiete" müssen auf den angesetzten Materialpreis, der dem Verkaufswert der Fleischwaren entspricht, 25 % aufgeschlagen werden.

a) Welches Materialgewicht hat die Platte?
b) Welchen Gesamtpreis weist die Rechnung aus?
c) Welchen Durchschnittspreis haben 100 g des fertig dekorierten Plattenbelages?

Lösung:

Preis		Gewicht
8,52 EUR	gekochter Schinken (12,53 EUR/kg)	0,680 kg
3,09 EUR	+ Hüftschinken (9,82 EUR/kg)	0,315 kg
6,96 EUR	+ Landschinken (15,13 EUR/kg)	0,460 kg
18,57 EUR	= Materialpreis für Fleischwaren	1,455 kg
2,63 EUR	+ Spargel	0,620 kg
0,32 EUR	+ Gürkchen	0,080 kg
1,42 EUR	+ Cocktailkirschen	0,130 kg
0,97 EUR	+ Gemüsesalat	0,340 kg
0,20 EUR	+ Petersilie	0,000 kg
24,11 EUR	= Gesamtwert der Plattenauflage	2,625 kg
6,03 EUR	+ Arbeitspreis und Plattenmiete (25 %)	0,000 kg
30,14 EUR	= Rechnungsbetrag der gesamten Platte	2,625 kg

Antwort: a) Das Materialgesamtgewicht beträgt 2,625 kg.
b) Die Rechnung weist einen Gesamtpreis von 30,14 EUR aus.
c) 100 g des Plattenbelages kosten:
30,14 : 2,625 = 11,482 EUR; 11,482 EUR : 10 = 1,1482 EUR.

Wir merken uns:

a) Wiegen Sie exakt die Mengen aus und rechnen Sie bis zum Schluss in den Gesamtmengen durch.

b) Ermitteln Sie bei Dosenwaren (Zutaten) das Nettogewicht und errechnen Sie daraus den Kilopreis für die Nettoware.

c) Die Feinkostkalkulation folgt im Übrigen dem Schema der vorangegangenen Kalkulationen.

237 Berechnen Sie den Preis für folgende Platte:

180 g Roastbeef,	18,66 EUR,
225 g gekochten Schinken,	13,70 EUR,
130 g Leberpastete,	9,71 EUR,
210 g Bierschinken,	9,61 EUR,
150 g rohen Schinken,	14,32 EUR,
140 g Salami,	11,25 EUR,
270 g Schweinekopfsülze,	7,13 EUR.

Dazu an Dekorationsmaterial:

1 Ei, 0,11 EUR; Weintrauben, 0,54 EUR; 100 g Fleischsalat zu 0,59 EUR.

Die Garnierarbeit und die Plattenmiete werden mit 28 % vom Wert der Plattenauflage berechnet.

a) Welche Aufschnittmenge erhält die Kundin?
b) Welchen Preis weist die Rechnung aus?
c) Welchen Durchschnittspreis haben 100 g der fertig dekorierten Platte einschließlich Arbeitspreis?

238 Vier **dekorative Platten** für eine Familienfeier sollen berechnet und zusammengestellt werden. Es werden verwendet:

440 g Roastbeef, je kg zu 16,62 EUR,

350 g Rohschinken, je kg zu 14,62 EUR,

390 g div. Dauerwurstsorten, je kg zu 10,48 EUR,

420 g Bierschinken, je kg zu 9,41 EUR und

410 g verschiedene Sülzen, je kg zu 6,34 EUR.

Weiter werden benötigt:

4 Hahnenbrüstchen, gesamter Wert 5,01 EUR, Weintrauben zu 1,76 EUR und 200 g feiner Geflügelsalat, je kg zu 5,73 EUR.

Welchen Preis haben die 4 Platten, wenn für die Garnierarbeit 22,5 % des Materialwertes aufgeschlagen werden?

---

239 Eine **„Bunte Happenplatte"** für ca. 20 Personen, anlässlich einer Einweihungsfeier bestellt, besteht aus:

700 g Schweinemett, je kg 6,44 EUR, 350 g Tatar, je kg zu 10,12 EUR, angemacht mit 2 Eiern, je 0,12 EUR, 600 g gemischten Aufschnitt im Wert von 5,32 EUR, 1 Dose Sardellen zu 1,75 EUR und 1 Glas Kaviar zu 3,65 EUR.

Weiterhin werden benötigt: Tomaten, Petersilie, Gurken, Zitronen und Eier zur Dekoration zum Selbstkostenpreis von 4,54 EUR.

Plattenmiete und Arbeitslohn: 25 % vom Materialwert.

Stellen Sie die Rechnung auf.

---

240 Eine große **Zungenplatte** wird mit 2 050 g gekochter Rinderzunge belegt. Ladenpreis 15,08 EUR/kg. Ein Glas Remoulade zu 1,48 EUR und Dekorationsmaterial im Wert von 2,35 EUR werden verwendet. Zeitaufwand: 40 Minuten bei einem Stundensatz von 20,20 EUR. Die Plattenmiete beträgt 0,77 EUR.

Stellen Sie die Rechnung auf.

---

241 Zur Jahreshauptversammlung des Radclubs werden für ca. 85 Personen **Schnittchen** geliefert, wozu folgende Materialien benötigt werden:

3,650 kg Kasseler Braten, je kg zu 13,50 EUR,

2,450 kg Bierschinken, je kg zu 9,41 EUR,

1,300 kg Zungenwurst, je kg zu 8,59 EUR,

4,200 kg Schweinemett, je kg zu 6,54 EUR,

1,950 kg Landschinken, je kg zu 16,82 EUR und

2,050 kg Lachsschinken, je kg zu 14,32 EUR.

10 Stück Baguettesbrote, à 1,15 EUR, 3 Päckchen Butter à 1,08 EUR und Dekorationsmaterial zu 2,05 EUR werden verbraucht.

Arbeitskosten: 2 x 75 Minuten zum Stundensatz von 25,00 EUR. Zustellkosten 3 % des Materialwertes.

Stellen Sie bitte die Rechnung auf.

---

242 Eine **Bratenplatte** mit großem Blickfang in der Mitte besteht aus:

400 g Schweinebraten, je kg 13,50 EUR,
570 g Roastbeef begr., je kg 17,59 EUR,
460 g Kasseler, gegrillt, je 100 g zu 1,20 EUR,
blaue Trauben im Wert von 1,66 EUR,
Garniermaterial zu 0,89 EUR.
} Nettopreise

Die Plattenmiete wird mit 1,12 EUR angesetzt; der Arbeitsaufwand berechnet sich aus der Zeit = 35 Minuten bei einem Stundensatz von 22,50 EUR netto. Am Schluss ist die gesetzliche Umsatzsteuer aufzuschlagen.

Stellen Sie die Rechnung auf.

5808176

243 Eine **große gemischte Aufschnittplatte** für 9 Personen besteht aus:

9 Scheiben Bierschinken,	240 g	je kg zu 9,82 EUR,
9 Scheiben Schinkenwurst,	225 g	je kg zu 9,10 EUR,
9 Scheiben Zungenwurst,	275 g	
9 Scheiben Mortadella,	255 g	je kg zu 8,59 EUR,
9 Scheiben Lyoner,	195 g	
15 Scheiben Schinkenplockwurst,	330 g	je kg zu 12,27 EUR,
9 Scheiben Kümmelsülze I,	420 g	je kg zu 7,11 EUR.

Zur Garnierung werden benötigt:

1 großes Glas Mixedpickles, Preis 2,17 EUR; ein Salatkopf, 0,43 EUR und weiteres Dekomaterial im Wert von 1,65 EUR. Lohnkosten und Plattenmiete werden über einen Aufschlag von 27,5 % abgegolten.

Berechnen Sie den Abgabepreis für die Platte.

---

244 1,640 kg feiner, trockener Landschinken, kg-Preis 20,20 EUR netto, werden aufgeschnitten und als **Jagdimbiss** auf einem großen Holzbrett ausgelegt. Zur Dekoration werden verwendet:

2 Glas Oliven, je 0,97 EUR; 1 Glas Silberzwiebeln, 1,09 EUR; 1 Glas kleine Gurken, 1,64 EUR; 3 Stück saure Äpfel, je 0,30 EUR; Petersilie, Radieschen und Bierradi im Wert von 1,00 EUR.

Zeitaufwand bei einem Stundensatz von 24,30 EUR: zur Dekoration 32 Minuten, zum Transport in den Wald: 45 Minuten. Die Brettmiete beträgt 1,53 EUR.

Berechnen Sie den Selbstkosten-Kundenabgabepreis einschließlich der gesetzlichen Umsatzsteuer.

---

245 Eine gemischte Braten- und Schinkenplatte enthält:

450 g Lachsschinken,	zu 15,24 EUR/kg,
550 g Landschinken,	zu 19,63 EUR/kg,
280 g Schweinebraten,	zu 13,29 EUR/kg,
340 g Kasseler Aufschnitt,	zu 12,68 EUR/kg und
360 g Roastbeef, geschnitten,	zu 17,65 EUR/kg.

Dekorationsmaterial im Wert von 9,60 EUR wird verwendet. Die Lohnkosten berechnen sich für 75 Minuten aus einem Stundensatz von 24,50 EUR. Die Plattenmiete beträgt 3 % des Auflagenwertes. Stellen Sie die Rechnung auf.

---

246 Zur Geburtstagsfeier bestellt eine Kundin eine **große Kochschinkenplatte** mit reicher Dekoration. Dazu werden verwendet:

36 Scheiben gekochter Hinterschinken, 2 940 g, je kg zu 13,55 EUR;
1 große Dose Spargel, I. Qualität, Stück 4,01 EUR;
1 Glas Cornichons zu 1,42 EUR; 1 Glas Oliven zu 1,25 EUR;
250 g blaue Trauben zu 0,50 EUR und Dekomaterial zu 1,00 EUR.

Plattenmiete: 1,12 EUR; Zeitaufwand: 38 Minuten bei einem Stundensatz von 21,50 EUR.

Kalkulieren Sie mit 15 % Gewinn und zuzüglich der gesetzlichen Umsatzsteuer.

Welchen Abgabepreis hat die Platte?

---

247 Eine große **ovale** Platte wird ausschließlich mit **Roastbeef** belegt.

Auflagegewicht: 1 840 g, je kg 18,82 EUR;
3 Butterrosen, Gesamtgewicht 135 g, je kg zu 4,32 EUR;
Tomaten, Petersilie und weiteres Kleinmaterial im Wert von 1,12 EUR.

Gemeinkostenaufschlag 40 %; kalkulatorischer Gewinn 12,5 %; zuzüglich die gesetzliche Umsatzsteuer.

Berechnen Sie den Kundenabgabepreis für dieses Arrangement.

---

248 Eine reichlich belegte **Aufschnittplatte** besteht aus:

12 Scheiben Bierwurst,	315 g,	je kg zu 9,51 EUR,
12 Scheiben Schinkenwurst,	330 g,	je kg zu 9,10 EUR,
12 Scheiben Bierschinken,	375 g,	je kg zu 9,71 EUR,
12 Scheiben Zungenwurst,	440 g,	je kg zu 8,59 EUR,
9 Scheiben Gelbwurst,	280 g,	je kg zu 8,79 EUR.

Die Dekoration hat einen Wert von 5,78 EUR.

Kalkulieren Sie mit einem Bruttoaufschlag von 40 % zur Abdeckung der Lohn- und Plattenkosten und der Umsatzsteuer.

Zu welchem Preis kann die Platte abgegeben werden?

249 Ein **Konferenzimbiss** besteht aus:

a) Rustikalem Wurstbrett, belegt mit:
650 g Rheinischer Hausmacher-Leberwurst in Scheiben, je kg zu 4,70 EUR;
580 g Hausmacher-Blutwurst, je kg zu 4,50 EUR;
720 g Rheinischer Schwartenmagen, je kg zu 6,14 EUR;
12 Mettbällchen, 920 g, je kg zu 6,54 EUR;
Dekorationsmaterial: 3,34 EUR (Tomaten, Gürkchen, Perlzwiebeln).

b) Butterrosen aus 650 g Butter, je kg zu 4,27 EUR;
20 Brötchen, je 0,19 EUR und ein rustikales Brot, aufgeschnitten, im Wert von 3,20 EUR.

Zusammenstellung, Dekoration und Aufbau verursachen einen Zeitaufwand von 75 Minuten bei einem Stundensatz von 22,50 EUR.

Für die Plattenmiete werden 5 % des Belegwertes aufgeschlagen. Der kalkulatorische Gewinn wird mit 15 % eingerechnet, die Umsatzsteuer in der gesetzlichen Höhe.

Welchen Betrag weist die Kundenrechnung aus?

250 Mittelpunkt einer großen Rechteckplatte ist eine Blume aus Ananasscheiben. Sie wird umlegt mit Scheiben aufgeschnittener, **gepökelter Ochsenzunge.** Dazu benötigen wir 48 ziemlich gleichmäßige Scheiben, Gewicht 1 275 g, mit einem kg-Preis von 17,64 EUR; die frische Ananas kostet 1,97 EUR; weiter werden verwendet: 3 Kiwi-Früchte, Stückpreis 0,74 EUR; 1 Glas Cocktailkirschen zu 1,10 EUR.

Die Plattenmiete beträgt 1,02 EUR; der Zeitaufwand wird mit 27 Minuten bei einem Stundensatz von 21,25 EUR netto angesetzt.

15 % kalk. Gewinn und die gesetzliche Umsatzsteuer sind in den Abgabepreis einzurechnen.

Stellen Sie die Rechnung auf.

251 Eine große runde Platte wird mit 2,650 kg aufgeschnittener Rinderpökelbrust belegt. Der Ladenpreis für diese Fleischware beträgt 17,80 EUR/kg. Zur Dekoration wurden Materialien im Wert von 4,30 EUR verwendet. In 40 Minuten „steht“ die Platte. Der Werkstattfachkräftelohn wird mit 21,50 EUR/Stunde kalkuliert. Die Platte wird für 71,60 EUR verkauft.

Wie viel % vom Materialwert (ohne Dekorationsmaterial) beträgt der Aufschlagsatz?

252 Eine Kundin bestellt eine **Kochschinkenplatte,** die 23,00 EUR kosten soll. Der Betrieb rechnet dabei mit 3,17 EUR für Garniermittel. Für die Legearbeit werden 12 % des Schinkenpreises berechnet.

Wie viel kg Kochschinken müssen für die Platte abgewogen werden, wenn 1 kg mit 12,27 EUR berechnet wird?

9.10 Fleischteilstückkalkulationen

9.10.1 Zielkalkulationen einzelner Teilstücke

In zunehmendem Maße kauft der Fleischer nicht mehr ausschließlich ganze Tiere, um sie dann zu verwerten, sondern größere Fleischteilstücke, die aber noch zerlegt oder zugeschnitten werden müssen.

Dies wird oft getan, um das Anfallen von weniger gut verwertbaren Stücken zu vermeiden.

Die so zugekauften Stücke werden gesondert kalkuliert in einer so genannten Zielkalkulation, d. h., das Kernstück ist das Ziel der Kalkulation; alle anderen Zerlegeabgänge werden mit ihrem Bruttoverkaufspreis bewertet und abgerechnet. Zum Schluss bleibt das „Zielstück" übrig, dessen Preis dann durch Aufschläge im Sinne der Aufschlagskalkulation errechnet wird.

Übungsaufgaben

253 Ein Roastbeef im Gewicht von 15,800 kg kostet je kg im Einkauf 7,62 EUR netto. Beim Zerlegen fallen 23 % wertlose Knochen, 675 g Abschnitte und 1 940 g geputztes Filet an. Die Abschnitte werden je kg mit 3,17 EUR bewertet, Filet wird für einen Nettopreis von 20,20 EUR/kg im Laden verkauft. Der Zerlegeverlust wird auf 5 % festgestellt.

a) Berechnen Sie das Gewicht des verkaufsfertigen Roastbeeffleisches.

b) Zu welchem Bruttoverkaufspreis je 100 g muss das knochenfreie Roastbeef im Laden angeboten werden, wenn auf den Materialwert noch ein Gemeinkostensatz von 45 %, der kalkulatorische Gewinn von 15 % sowie die gesetzliche Umsatzsteuer aufgeschlagen werden?

254 18,200 kg frische Schinken ohne Pfoten kosten je kg im Einkauf 4,91 EUR. Bei der Zerlegung fallen 2,100 kg Eisbein an, die zu einem Kilopreis von 2,53 EUR verkauft werden. 18 % Knochen und Schwartenabfälle werden als wertlos eingesetzt, 2,050 kg Abfallspeck wird insgesamt mit 1,53 EUR bewertet.

Zu welchem Pfundpreis müssen die Schnitzel angeboten werden, wenn ein Viertel des verbleibenden schieren, knochenfreien Fleisches als Braten je kg 6,75 EUR kostet?

255 Wir schneiden Rouladen aus einer Oberschale, die 6 840 g wiegt. Der Fettanteil beträgt 3,5 %, das Reststück von 710 g bewerten wir als Verarbeitungsfleisch mit 4,45 EUR je kg. Hätten wir das ganze Stück als Bratenfleisch ohne Abschnitte verkaufen können, hätten wir 9,41 EUR je kg erzielen können.

a) Für welchen Kilopreis müssen die Rouladen abgegeben werden, wenn keine Einbuße gegenüber der anderen Verkaufsart entstehen soll?

b) Wie viel EUR je kg beträgt der Verkaufspreis, wenn auf den ermittelten Preis (a) noch 5 % Aufschneideverlust und danach 10 % Aufschlag für Mehrarbeit berechnet werden?

256 Der Großabnehmerpreis für frisches Roastbeef ohne Knochen beträgt bei Fleischer W. je kg 15,08 EUR. Das Hotel „Zum Löwen" bestellt 14,000 kg besonders gut abgehangenes, sauber pariertes Roastbeef. Der Fleischer rechnet mit einem Abhängeverlust von 5 % und einem Parierverlust von 8 % vom abgehangenen Fleisch. Diese Abschnitte werden je kg mit 3,58 EUR eingesetzt.

a) Wie viel kg knochenfreies, aber frisches Roastbeef sind bereitzulegen, um das geforderte Gewicht des abgehangenen Roastbeefs zu erreichen?

b) Welcher Preis für je 1 kg muss für das abgehangene, parierte Fleisch angesetzt werden?

257 Für eine Familienfeier bestellt eine Kundin für 50,00 EUR Rinderbugfleisch zum Schmoren. Die Kundin besteht darauf, dass das Fleisch noch eine weitere Woche abhängen soll. Der Rindfleischpreis für normales Bratenfleisch beträgt je kg 9,30 EUR.

Es wird ein Abhängeverlust von rd. 7 % erwartet.

a) Wie viel Gramm Fleisch bekommt die Kundin für den bereitgestellten Geldbetrag?

b) Welcher Kilopreis muss für das besonders abgehangene Fleisch berechnet werden, damit der Fleischer keinen Verlust erleidet?

258 3,200 kg Kalbsbrust enthalten 22 % Knochen und kosten wie gewachsen je kg 6,60 EUR. Wir entfernen die Knochen, die wertlos sind, und füllen die Brust mit 875 g Gehacktem, das je kg 4,91 EUR kostet. Zum Füllen benötigen wir weiter 2 Eier, je 50 g schwer und 0,11 EUR je Stück wert, Gewürze zu insgesamt 0,43 EUR und schlagen für die Herrichtung 11 % Kostenanteil auf.

a) Wie teuer sind 1 000 g gefüllte, knochenlose Kalbsbrust auszuzeichnen, wenn die gesetzliche Umsatzsteuer noch berücksichtigt werden muss?

b) Welchen Betrag wird die gesamte gefüllte Kalbsbrust kosten?

259 Wir kaufen ein Roastbeef, auf 7 Rippen zugeschnitten, mit einem Gewicht von 13,150 kg zu 6,88 EUR je kg netto ein. Beim Ausknochen ergeben sich folgende Gewichte:

2,375 kg Filet, Verkaufspreis je kg 17,13 EUR, 650 g Abschnitte, Gesamtbewertung 2,56 EUR und 3,050 kg wertlose Knochen. Das Roastbeeffleisch wird gebraten und verliert dabei ⅙ seines Gewichtes.

a) Welches Fertiggewicht hat das gebratene Roastbeef?

b) Zu welchem Preis können 100 g des Bratens abgegeben werden, wenn auf den Bratenpreis 33 % Gemeinkosten, 8 % kalk. Gewinn und die gesetzliche Umsatzsteuer aufgeschlagen werden und mit einem Verlust beim Aufschneiden von 5 % gerechnet werden muss?

260 Wir zerlegen einen Rinderbug im Gewicht von 22,400 kg, der im Einkauf je kg netto 5,09 EUR gekostet hat. Der Gemeinkostenaufschlag beträgt 45 %. Die Zerlegung ergibt folgende Gewichte:

8,100 kg Bratenfleisch, je kg mit 9,15 EUR angesetzt. 6,350 kg Knochen, die mit 1,02 EUR insgesamt bewertet werden. Die weiterhin anfallenden Sehnen und Fleischabschnitte werden bei einem Gewicht von 850 g mit insgesamt 3,07 EUR bewertet.

Wie teuer müssen 1 000 g des verbleibenden Suppenfleisches ausgezeichnet werden, wenn die Gesamteinnahme ausgeglichen bleiben soll?

261 Beim Aufschneiden von 6,475 kg Oberschale zu Rouladen gehen 3 % des Gewichtes verloren. Das Reststück von 840 g wird als Hackfleisch zu 5,42 EUR je kg verkauft.

a) Zu welchem Kilopreis müssen die Rouladen berechnet werden, wenn die Oberschale im ganzen Stück als Bratenfleisch je kg 8,90 EUR gekostet hätte?

b) Wie viele Rouladen je 165 g/Stück können aus der Oberschale geschnitten werden?

262 Ein Rinderstumpf (Hinterviertel ohne Roastbeef und Filet) wiegt 58,000 kg und kostet beim Großhändler 4,14 EUR je kg. Der Meister rechnet mit einem Kostenaufschlag von 35 %. Bis zum Verkauf entstehen noch 6,5 % Austrocknungs- und Zerlegeverlust. 9 % des Verkaufsgewichtes entfallen auf Fett, das mit 0,10 EUR/kg berechnet wird. Der Knochenanteil des verbleibenden Fleisches beträgt 19 % und erbringt je kg 0,15 EUR. 70 % des restlichen Fleischgewichtes werden als Bratenstücke für 9,51 EUR/kg verkauft, das übrige Fleisch als Gulasch und Gehacktes.

Zu welchem Kilopreis kann der Meister diesen Artikel anbieten?

263 5 Schweinehälften, Gewicht: 227,500 kg, werden zu 2,53 EUR/kg eingekauft. Der Gemeinkostensatz beträgt 40 %, für kalk. Gewinn werden 15 % aufgeschlagen. Die Zerlegung ergibt:

22 % wertlose Knochen; 6,5 % Fettabschnitte, je kg mit 1,20 EUR bewertet; Rücken- und Nackenspeck 6,9 %, je kg 1,84 EUR; Bäuche, 7,5 % und einer Bewertung von 3,14 EUR/kg; Kotelette und Kämme bringen 21,3 % des Gesamtgewichtes und kosten je kg 5,73 EUR; die 10,9 % Schulterbraten werden zu einem Preis von 6,03 EUR/kg abgesetzt. Das Gewicht des fett- und knochenfreien Schinkenfleisches macht 20,1 % des Gesamtgewichtes aus. Die Gewichtsdifferenz resultiert aus Schwund und Zerlegeverlust.

a) Stellen Sie die Teilstückgewichte fest.

b) Berechnen Sie den Verkaufswert der Teilstücke.

c) Zu welchem Preis kann das Schinken- und Schnitzelfleisch je 100 g angeboten werden?

---

264 Eine Kalbskeule im Gewicht von 13,200 kg, das kg zu 9,10 EUR eingekauft, wird zerlegt und bringt folgende Gewichtsanteile:

22,4 % Knochen, Gesamtwert = 1,79 EUR; 7,4 % Haxe, je kg 6,14 EUR; 640 g Abschnitte, Gesamtwert = 2,81 EUR; 3 % Schwund und Zerlegeverlust. Der Rest ist Braten- und Schnitzelfleisch.

a) Wie viel kg stehen als Braten- und Schnitzelfleisch zur Verfügung?

b) Wie teuer können 1 000 g dieses Fleisches angeboten werden, wenn ein Gemeinkostensatz, einschl. kalk. Gewinn, von 42 % und die Umsatzsteuer berücksichtigt werden müssen?

---

265 Fleischer Peter W. kauft 12 Schweinehälften mit einem Gesamtgewicht von 505,000 kg zu einem kg-Preis von 2,50 EUR. Er rechnet mit einem Zerlegeverlust von insgesamt 6 %. Sein Betrieb rechnet zz. mit einem Gemeinkostenaufschlag von 45 %. Bei der Zerlegung fallen an:

20 % Schinken,
22 % Kotelette, je kg 5,93 EUR,
8,2 % Bauchfleisch, je kg 2,51 EUR,
13 % Schultern, ohne Nacken, je kg 5,52 EUR,
7,4 % dicker Speck, je kg zu 1,99 EUR,
3,4 % Eisbeine, je kg 1,74 EUR und
6,5 % Abschnitte, fett und mager, je kg mit 1,53 EUR bewertet.

a) Stellen sie die Gewichtsmengen für die einzelnen Fleischstücke fest.

b) Wie teuer kommt 1 kg der Schinken im Durchschnitt?

c) Welchen kg-Preis müssen Schnitzel haben, wenn auf den Durchschnittspreis der Schinken noch ein Zuschneideverlust von 4 % verrechnet werden muss?

---

266 Der Meister kauft ein Roastbeef einschließlich Filet von insgesamt 22,000 kg zu einem Kilopreis von 6,44 EUR ein. Das Gewicht des Filets beträgt 11,3 % vom Gesamtgewicht und wird für den Verkauf mit 210 % des zu ermittelnden Verkaufspreises berechnet.

Der wertlose Knochenanteil des verbleibenden Fleisches beträgt 16 %.

a) Zu welchem Preis kann 1 kg Filet angeboten werden bei einem Bruttoaufschlag von 38 %?

b) Wie viel % beträgt der Erlös des Filets vom Einkaufspreis des Roastbeefs mit Filet?

---

267 In einer Fleischerei werden pro Woche 63,000 kg Schweinehackfleisch zu 6,39 EUR/kg verkauft. Würde man die Hälfte davon als zubereitetes Hackfleisch herstellen, so könnte man auf 100 g noch 4 g zerkleinerte Zwiebeln zugeben.

Wie viel EUR beträgt dann die jährliche Mehreinnahme, wenn 1 kg rohe Zwiebeln 0,27 EUR kostet und beim Schälen 7 % Verlust entstehen?

---

268 Der Meister kauft ein Bullenvorderviertel von 72,000 kg für 3,63 EUR/kg ein. Nach dem Auslösen fallen an:

38,000 kg Suppenfleisch, je kg 6,24 EUR,
12,000 kg Schmorbratenfleisch, je kg 9,51 EUR,
6,000 kg wertlose Knochen.

Der Zerlegeverlust beträgt 4 % vom Einkaufsgewicht. Gleichzeitig fallen 3,500 kg Abschnitte an, die mit 3,48 EUR/kg bewertet werden. Das verbleibende Fleisch wird für Hackfleisch hergerichtet und bringt je kg 6,39 EUR.

a) Wie viel EUR beträgt die Gesamteinnahme?
b) Wie viel EUR beträgt der Gewinn bezogen auf den Selbstkostenpreis?
c) Wie viel % beträgt der Gewinn bezogen auf den Einkaufspreis?

---

269 Meister Müller kauft ein Roastbeef von 17,800 kg zu 6,60 EUR/kg. Bis zum Auslösen treten 3,5 % Gewichtsverlust ein. Der wertlose Knochenanteil beträgt 22 %; der Gemeinkostensatz 52 % vom Einkaufspreis. Das Filet wiegt 3,800 kg und wird mit 19,43 EUR/kg verkauft.

Zu welchem Kilopreis können Rumpsteaks angeboten werden, wenn beim Parieren 18 % Abschnitte anfallen, die mit 3,68 EUR/kg bewertet werden?

---

270 Ein ausgelöstes Roastbeef verlor beim Braten 14 % und wiegt danach noch 7,200 kg. Der wertlose Knochenanteil betrug 19 % vom Frischgewicht. 1,000 kg frisches Roastbeef m. Kn. wurde mit 7,06 EUR/kg auskalkuliert. Zur Deckung der Kosten wurden 38 % vom Gestehungspreis aufgeschlagen.

Wie viel EUR kosten 100 g gebratenes Roastbeef?

---

271 Ein Fleischerfachgeschäft verkauft pro Woche ca. 220,000 kg Koteletts zu 6,34 EUR/kg. Als die Konkurrenz den Kotelettpreis auf 5,93 EUR senkt, wird der Preis ebenso reduziert. Die dadurch entstehende Mindereinnahme soll nun über eine Preisanhebung beim Brühwurstaufschnitt ausgeglichen werden. Davon werden jede Woche ca. 185,000 kg verkauft.
Um wie viel EUR je kg muss dieser Aufschnitt nun teurer verkauft werden?

---

272 Eine Jungbullenkeule (ohne Bauch und Roastbeef) wiegt 48,450 kg. Sie wurde zum Preis von 5,45 EUR/kg (netto) eingekauft. Bei der Zerlegung fallen an:

3,050 kg Schwanzrolle,	Ladenpreis je kg 9,41 EUR,
6,800 kg Kugel, geputzt,	Ladenpreis je kg 9,13 EUR,
4,750 kg Hüftkern,	Ladenpreis je kg 9,41 EUR,
5,400 kg Unterschale,	Ladenpreis je kg 9,00 EUR,
2,650 kg Tafelspitze,	Ladenpreis je kg 9,46 EUR,
2,550 kg Hessenfleisch,	Ladenpreis je kg 6,90 EUR,
2,650 kg Gänsehals (Innenbein),	Ladenpreis je kg 6,65 EUR,

1,900 kg Abschnitte, mit je 5,11 EUR/kg zu bewerten,
8,300 kg Knochen im Gesamtwert von 1,28 EUR und
10,300 kg gut geputzte Oberschale.

a) Berechnen Sie die Prozentanteile der einzelnen Teilstücke.
b) Berechnen Sie die Teilstückwerte, einzeln und insgesamt.
c) Zu welchem kg-Preis kann die Oberschale angeboten werden, wenn auf den Einkaufspreis der Keule 32,5 % Nettoaufschlag und die übliche Umsatzsteuer aufzuschlagen sind und der um den Gesamtwert der Teilstücke verminderte Kalkulationswert von dem Gewicht der Oberschale getragen werden muss?

---

273 Fleischer Burger kauft 85,300 kg Schweinekämme zu 3,81 EUR/kg (netto). Es fallen an: 12,150 kg Knochen, je kg zu 0,26 EUR und 1,450 kg Putz, mit 4,09 EUR/kg zu bewerten.

Zu welchem kg-Preis kann das verbleibende Nackenfleisch angeboten werden, wenn mit einem Bruttoaufschlag von 42,5 % gerechnet werden soll?

274 Sechs kräftige Schweinerücken wiegen 54,650 kg und kosten im Einkauf 3,81 EUR/kg (netto). Beim Entknochen fallen an:

4,150 kg gut geputzte Lummer, je kg mit 13,29 EUR zu bewerten,
2,250 kg Abschnitte und Putz, je kg mit 4,19 EUR zu bewerten und
8,050 kg Knochen im Gesamtwert von 2,56 EUR.

Die verbleibenden knochenfreien Rückenstücke werden mit folgenden Werten kalkuliert: 42 % Gemeinkosten, 12,5 % kalkulatorischer Gewinn und die gesetzliche Umsatzsteuer.

Zu welchem Preis je kg können diese Fleischstücke angeboten werden?

275 Ein Bullennacken kostet im Einkauf – wie gewachsen – 4,52 EUR/kg.

Bei 23,400 kg Einkaufsgewicht fallen 3,450 kg wertlose Knochen an und 2,650 kg mittelfette Abschnitte, die mit 3,83 EUR zu bewerten sind. Das restliche Fleisch wird der Naht nach in verkaufsfähige Stücke zerlegt, in eine Essigbeize eingelegt und als Sauerbraten angeboten zu 9,69 EUR/kg.

Berechnen Sie den Bruttoaufschlagsatz.

9.10.2 Kalkulationen küchenfertiger Fleischspezialitäten

In zunehmendem Maße wird vor allem in Stadtfleischereien das Angebot an küchenfertigen Fleischgerichten ausgeweitet. Über Würzvarianten oder pikante Fleischfüllungen werden Fleischstücke gehobener Erwartung zusätzlich verfeinert. Nicht selten ist der Arbeitsaufwand dazu erheblich. Ihn sauber in der Kalkulation zu erfassen, dazu will dieses Kapitel anregen. Die Rezepturzusammenstellung entspricht nicht einem gesicherten Standard, wiewohl in dieser Form die vorgestellten Fleischwaren hergestellt wurden. Der geschickte Fleischer wird meist sein eigenes „Rezept" anwenden, um Individualität deutlich werden zu lassen.

Übungsaufgaben

276 Fleischer Geier lässt aus 5 Rinderschwanzrollen im Gewicht von 13,150 kg, Ladenpeis 9,31 EUR/kg, Sternbraten herstellen. Dazu werden 900 g geräucherter Rückenspeck benötigt, der je kg mit 4,09 EUR verkauft wird. Eingezogen werden die Stücke in ein Baumwollnetz, Wert 0,61 EUR. Die Arbeitskosten sind zu errechnen aus dem Zeitaufwand von 35 Minuten und dem Stundensatz von 22,75 EUR.

Zu welchem kg-Preis müssen diese Bratenstücke angeboten werden?

277 Sechs Stück Rindergänsehälschen (Innenbein), Gewicht 12,250 kg, je kg zu 6,85 EUR, werden entsehnt und verlieren dabei an Gewicht um 15 %. Dann werden die Fleischstücke mit 1,100 kg geräuchertem, fetten Speck umlegt und gerollt. Der Bauch kostet je kg 4,35 EUR. Arbeitsaufwand 5,11 EUR; übrige Materialkosten 0,51 EUR.

Wie viel EUR verbleiben dem Fleischer zur Bestreitung der Sonderleistung, wenn diese Stücke zu 7,66 EUR/kg angeboten werden?

278 Aus einem kräftigen Schweinerückenstück, ausgebeint, 4,150 kg schwer, Ladenpreis 6,62 EUR/kg, werden 20 Doppelsteaks geschnitten und zu „Cordon bleu" hergerichtet. Benötigt werden: 1,150 kg alter Gouda, je kg zu 7,72 EUR, 1,340 kg Schinken, je kg zu 12,53 EUR, Gewürze und Spieße im Gesamtwert zu 0,51 EUR. Die Verkäuferin benötigt 35 Minuten, bei einem Stundensatz von 22,50 EUR.

Berechnen Sie den durchschnittlichen Abgabepreis für ein Stück „Cordon bleu".

279 Fleischer Müller stellt Blätterteig-Schinkenrollen her. Für eine Rolle benötigt er: 350 g Blätterteig, Materialpreis 3,99 EUR/kg, 160 g gekochten Schinken in kleinen Stückchen, je kg 10,23 EUR, 150 g Tilsiterkäse, je kg zu 7,36 EUR und 700 g feines Aufschnittbrät zu 5,52 EUR/kg. Aufzuschlagen sind 40 % Nettoaufschlag und die gesetzliche Umsatzsteuer.

Zu welchem Preis können 100 g dieser Fleischware angeboten werden?

---

280 Magerer Schweinebauch, im Laden zu 4,58 EUR/kg angeboten, wird in Scheiben geschnitten und als „Rustikale Zigeunersteaks" angeboten. Auf 5,350 kg Bauchscheiben werden 110 g Spezialgewürz, je kg zu 12,52 EUR, und 1/4 Liter Öl zu 0,61 EUR benötigt. Der Arbeitsaufwand muss mit 6,15 EUR berechnet werden.

Um wie viel EUR je kg konnte die Fleischware „veredelt" werden, wenn der Verkaufspreis auf 5,62 EUR festgelegt wurde?

---

281 Zur Herstellung von „Zigeunerspießchen" werden verwendet pro Stück: 120 g Schweinefleisch, je kg zu 4,29 EUR, 110 g Rindfleischwürfel, je kg zu 5,42 EUR und 50 g Paprika und Zwiebeln im Gesamtwert von 0,10 EUR.

Wie viel % vom Materialwert beträgt der Bruttoaufschlagssatz bei einem Abgabepreis von 1,66 EUR/Stück?

---

282 Zwölf Schweinefilets, Fleischgewicht 8,160 kg, Ladenpreis 12,53 EUR/kg, werden mit insgesamt 2,750 kg feinem Schweinebrät, Verkaufspreis 6,34 EUR/kg, gefüllt. Arbeitsaufwand: 20 Minuten bei 21,50 EUR/Stunde.

Zu welchem Preis können 100 g dieser Fleischware angeboten werden?

---

283 Fleischer Schneider schnetzelt 5,650 kg Schweinenüsschen, Ladenpreis 7,58 EUR/kg. Dazu kommen 600 g Zwiebelringe, fein gehobelt, 125 g Öl und 180 g Spezialwürzessenz. Wert der Zutaten: 2,10 EUR.

Wie viel Prozent Aufschlag verbleiben Meister Schneider, wenn er dieses „Gyros" zu 0,80 EUR/100 g anbietet?

---

284 Zur Herstellung von gefüllten Maultaschen nimmt Meister S. 3,300 kg Nudelteigmasse, je kg zu 4,29 EUR, 4,100 kg halbgrobes, feines Schweinebrät, je kg zu 4,70 EUR, 800 g Schinkenwürfel, Wert 5,11 EUR, 5 Eier à 50 g und je 0,12 EUR und Gartengrün, 250 g im Wert von 0,51 EUR.

Zu welchem Preis können 100 g der Maultaschen angeboten werden, wenn mit einem Nettoaufschlag von 40 % und der üblichen Umsatzsteuer kalkuliert wurde?

---

285 Schweinekamm, ohne Knochen, wird im Laden zu 7,13 EUR/kg angeboten. Die Kämme werden im Verhältnis 7 : 4 mit feinem Aufschnittbrät gefüllt, kg-Preis zu 6,03 EUR.

Berechnen Sie den Abgabepreis je kg, wenn für den Arbeitsaufwand zusätzlich 0,51 EUR/kg angesetzt werden muss.

---

286 7,450 kg Schweinekämme, ohne Knochen, je kg 5,32 EUR, werden in 850 g Gewürzbeize eingelegt. Hinzu kommen 400 g Zwiebeln. Wert der Zutaten 7,41 EUR.

Schlagen Sie 45 % Nettoaufschlag und die gesetzliche Umsatzsteuer auf und errechnen Sie so den Preis für 100 g.

---

287 Für „Kasseler Käsetaschen" nehmen wir 2 Scheiben Kasseler ohne Knochen im Gesamtgewicht von 160 g. 1 kg kostet im Laden 7,58 EUR. Als Füllung dienen 25 g Scheiblettenkäse und 25 g rohe, klein gehackte Zwiebeln im Gesamtwert von 0,38 EUR.

Für 5 Portionen rechnen wir eine Arbeitszeit von 16 Minuten bei einem Stundensatz von 21,50 EUR.

Für wie viel EUR kann eine Portion angeboten werden bei einem Gewinnsatz von 12 % und der üblichen Umsatzsteuer?

---

288 Auf 1 650 g Blätterteigmasse, kg zu 4,29 EUR, werden aufgestrichen und eingerollt: 2,200 kg Schweinehackfleisch, je kg zu 4,19 EUR, 4 Eier, je 50 g und jeweils 0,14 EUR, 5 Brötchen, Salz und Gewürze im Gewicht von 250 g und im Wert von 1,02 EUR.

Berechnen Sie den Verkaufspreis je 100 g, wenn 35 % Gemeinkosten, 15 % kalkulatorischer Gewinn und die gesetzliche Umsatzsteuer zu berücksichtigen sind.

289 „Schweinerücken im Brotteig" ist der Renner bei Fleischer Hammer. Fleisch vom Schweinelendenstück, ohne Knochen, je kg zu 6,34 EUR kalkuliert, wird in Portionen zu 700 g geschnitten. Dieses Fleisch wird mit 250 g Brotteig umlegt, der je kg zu 1,84 EUR bezogen wurde. Die Halbfertigware wird im Laden zu 7,64 EUR je Portion angeboten.

Berechnen Sie den Nettoaufschlagsatz bei dieser Preisgestaltung.

290 Die Verkäuferin stellt „Zigeunerragout" her. Sie nimmt dazu:

3 Teile magere Schweinebrust/Bauch,	je kg 4,29 EUR,
2 Teile Schweineschulter,	je kg 5,52 EUR,
1 Teil Zwiebelringe, 1 Teil grüner und roter Paprika in Streifen, 2 Teile Karotten (frisch) in 3–4 mm dicke Scheiben,	} Gesamtwert 0,77 EUR.

Das Fleisch wird in Gulaschgröße geschnitten.

a) Wie viel kg Zutaten müssen jeweils abgewogen werden, wenn insgesamt 9 kg hergestellt werden sollen?

b) Für wie viel EUR kann 1 kg angeboten werden bei 48 % Gemeinkosten, 12 % Gewinn und der üblichen Umsatzsteuer?

291 „Jägerragout" kann nach folgender Rezeptur hergestellt werden:

1,000 kg Schweinebauch (gewürfelt),	je kg 3,89 EUR
3,000 kg Schweineschulter (gewürfelt),	je kg 4,83 EUR
1,000 kg Champignons III. Wahl, 1,000 kg geschnittene Zwiebeln,	} Gesamtwert 2,91 EUR.

Abgewürzt wird je kg Material mit 8 g Grill- und Schwenkbratengewürz sowie gehackter Petersilie im Gesamtwert von 0,11 EUR.

Für wie viel EUR kann 1 kg dieses Ragouts angeboten werden bei einem Nettoaufschlag von 45 % und der gesetzlichen Umsatzsteuer?

292 1,000 kg Kalbsbrust mit Knochen wird im Laden für 6,03 EUR angeboten. Der Knochenanteil beträgt 11 %. 1 450 g vorbereitete Kalbsbrust ohne Knochen werden mit folgender Farce gefüllt:

180 g Bratwurstbrät,	je kg 6,03 EUR,
150 g Champignons II, 80 g Karotten, 60 g Paprikaschoten, 50 g Eier, 60 g Petersilie, 80 g gekochter Schinken.	} Gesamtwert der Zutaten 2,02 EUR.

Für wie viel EUR kann 1 kg gefüllte Kalbsbrust angeboten werden bei einem Bruttoaufschlag von 68 %?

293 Brätmasse für Fleischkäse ist mit 4,30 EUR/kg kalkuliert.

Zu 650 g dieser Masse werden 150 g Gouda, in Würfeln geschnitten, zugegeben, je kg zu 6,25 EUR. Eingemengt werden noch 80 g Champignons im Wert von 0,26 EUR. Die Masse wird in eine Aluschale gefüllt, die das Stück 6 Cents kostet. Die Spezialität wird zum Preis von 7,15 EUR je Schale angeboten.

Berechnen Sie den Nettoaufschlag in EUR je Schale und in %.

294 Zwecks Ausweitung des Sortiments stellt die Verkäuferin „Pfefferspießchen" her. Sie nimmt je Spieß

130 g gut abgehangene Rinderhüfte,	je kg 10,12 EUR,
40 g Dörrfleisch ohne Knorpel und Schwarte,	je kg 5,52 EUR,
20 g Zwiebeln, 20 g Maiskölbchen, 10 g Paprika,	Gesamtwert 0,26 EUR.

Die fertig gesteckten Spieße werden mit grobem schwarzen Pfeffer im Gesamtwert von 0,08 EUR bestreut.

Für 5 Spieße wird eine Arbeitszeit von 20 Minuten angesetzt bei einem Kostensatz von 21,90 EUR je Stunde.

Für wie viel EUR kann ein Spieß im Laden angeboten werden bei 15 % Gewinn und der üblichen Umsatzsteuer?

9.10.3 Rückkalkulationen

Neben der Kalkulation bei der Zerlegung von Teilstücken im Hinblick auf den Preis eines besonderen Stückes (sog. „Vorwärtskalkulation") wird in vielen Fleischereien zumindest von Zeit zu Zeit eine Kontrollkalkulation (sog. Rückkalkulation) vorgenommen. Dabei wird vom ganzen Tier (zwei Hälften) ausgegangen, die Prozentsätze nach dem normalen DFV-Schnitt zugrunde gelegt und deren Gewicht mit dem tatsächlichen Ladenpreis multipliziert. Die Addition der Einzelergebnisse ergibt den Gesamtbruttoerlös; aus ihm ist die Umsatzsteuer herauszurechnen. In der Gegenrechnung zum Nettoeinkaufspreis für die beiden Hälften kann dann der Nettoaufschlag in Prozent ermittelt werden.

Wird nur ein Viertel kalkuliert, können die Werte leicht unrealistisch werden, da Zuschnitt des Viertels und Wuchs unterschiedlich sind. Im folgenden Schema sind zudem die Anteile für die Knochen, die Sehnen, die Abschnitte und das Beinfleisch auf das halbe bzw. ganze Tier bezogen.

Deutliche Unterschiede ergeben sich hinsichtlich der Prozentanteile der Einzelstücke bei unterschiedlichem Geschlecht und Ausmästungsgrad. Die günstigste Verteilung wird bei mageren, schweren, jüngeren Bullen erzielt. Hier ist nicht nur die Fleischfülle erheblich größer und das Fleisch-Knochen-Verhältnis günstiger, auch die Anteile der „teuren" Teilstücke verschieben sich zu günstigeren Werten. Zudem werden bei der konsequenten Feinzerlegung verkaufsgünstigere Stückgrößen erzielt. Dies wirkt sich auch auf die Abschnittemenge aus.

Um die Unterschiede etwas deutlich zu machen, werden nachfolgend zwei Musterkalkulationen vorgestellt: die Kalkulation eines kräftigen, aber etwas fetteren, jungen Bullen (Klasse U) und die Kalkulation einer etwas fleischärmeren Färse (Klasse R).

Die Prozentwerte sind keine Einzelwerte; sie sind vielmehr durch Reihenzerlegungen bestätigt und gefestigt.

Der über die Rückkalkulation ermittelte Brutto- und Nettoaufschlag gibt Auskunft über die allgemeine Erlöslage eines Geschäftes in dieser Produktsparte. Der Fleischer muss bei negativer Bilanz selbst, am Marktgeschehen sich orientierend, entscheiden, wie er über die Anhebung der Preise die Ertragslage verbessern kann.

Es empfiehlt sich in jedem Falle, eine solche Rückkalkulation von Zeit zu Zeit durchzuführen und dabei nüchtern und realistisch vorzugehen bzw. die Teilstücke zuzuschneiden.

Modell einer Teilstückrückkalkulation

Einkaufspreiskalkulation:		Einkaufsgewicht	177,500 kg
Schlachttierhälfte: Jungbulle	·	Einkaufspreis je kg	3,32 EUR (netto)
	=	Einkaufspreis (total)	589,30 EUR (netto)
	+	Kosten (Transport)	33,25 EUR (netto)
ZERLEGEGEWICHT:	./.	Vorerlöse	33,25 EUR (netto)
175,000 kg	=	Nettoeinkaufspreis	589,30 EUR (netto)

Teilstück-gewichte	Teilstücke	Teilstück-%-Anteile	Ladenpreis je kg	Teilstück-wert (ganz)
5,700 kg	Brust o. K.	3,25 %	8,13 EUR	46,34 EUR
10,800 kg	Querrippe/Spannr.	6,17 %	5,73 EUR	61,88 EUR
1,350 kg	Falschfilet	0,77 %	9,46 EUR	12,77 EUR
3,050 kg	Mittelbug	1,74 %	8,79 EUR	26,80 EUR
4,350 kg	Dicker Bug	2,48 %	9,46 EUR	41,15 EUR
2,150 kg	T-Stück/Hessenfilet	1,23 %	8,79 EUR	18,90 EUR
2,650 kg	Filet, pariert	1,51 %	22,50 EUR	59,63 EUR
7,750 kg	Roastbeef	4,43 %	14,57 EUR	112,92 EUR
4,850 kg	Halsfleisch	2,77 %	8,79 EUR	42,63 EUR
5,400 kg	Zungenstück	3,08 %	8,79 EUR	47,47 EUR
3,400 kg	Hohe Rippe o. K.	1,94 %	8,44 EUR	28,70 EUR
2,400 kg	Beinscheiben	1,37 %	6,03 EUR	14,47 EUR
1,200 kg	Beinfleisch	0,69 %	8,79 EUR	10,55 EUR
2,400 kg	Wade/Gänsehals	1,37 %	8,79 EUR	21,10 EUR
7,350 kg	Oberschalekern	4,20 %	10,12 EUR	74,38 EUR
1,350 kg	Oberschaledeckel	0,77 %	7,62 EUR	10,29 EUR
3,800 kg	Hüfte	2,17 %	9,61 EUR	36,52 EUR
3,150 kg	Tafelspitz	1,80 %	9,46 EUR	29,80 EUR
4,250 kg	Kugel (Kern + Deckel)	2,43 %	9,46 EUR	40,21 EUR
4,500 kg	Schwanzstück	2,57 %	9,46 EUR	42,57 EUR
3,050 kg	Schwanzrolle	1,74 %	9,61 EUR	29,31 EUR
1,050 kg	Bürgermeisterstück	0,60 %	8,95 EUR	9,40 EUR
7,050 kg	Gulaschfleisch	4,03 %	8,39 EUR	59,15 EUR
11,050 kg	Sortierung RI	6,32 %	6,75 EUR	74,59 EUR
30,500 kg	Sortierung RII	17,43 %	3,07 EUR	93,64 EUR
8,100 kg	Sehnen/Fett	4,63 %	0,00 EUR	0,00 EUR
30,600 kg	Knochen	17,48 %	0,00 EUR	0,00 EUR

173,250 kg	– Gesamtteilstückgewichte		Bruttoerlöse	1.045,17 EUR
1,750 kg	= Zerlegeverlust = 1,00 %	./.	USt (7 %)	73,16 EUR
		=	Nettoerlöse	972,01 EUR
		./.	Nettoeinkaufspreis	589,30 EUR
		=	Nettoaufschlag (EUR)	382,71 EUR
		=	Nettoaufschlag (%)	64,943 %

Zur Bewältigung weiterer Übungsaufgaben und anderer Rechenbeispiele kann man das Modell des Berechnungsbogens selbst anlegen oder anlegen lassen. Hier sollten dann die jeweiligen, ganz individuellen Ladenpreise eingesetzt werden. Diese „kritische Selbstprüfung" kann durch eine Musterzerlegung mit genauer Gewichtsanalyse abgerundet werden. Dazu werden die einzelnen Stücke eines halben Tieres genau gewogen und das Teilstückgewicht auf das Gesamtgewicht (= 100 %) bezogen.
Die folgende Modellrechnung geht vom Einkauf einer halben mageren Färse aus und legt das entsprechende Anteilmodell zugrunde, wie es sich bei der Zerlegung mit streng ladengerechtem Zuschnitt ergab. Die Preise sind Tagespreise im Mittel aus mehreren Fleischereien zum gleichen Zeitpunkt.

Modell einer Teilstückrückkalkulation

Einkaufspreis-Kalkulation:		Einkaufsgewicht	156,000 kg
½ Färse	·	Einkaufspreis je kg	3,83 EUR (netto)
	=	Einkaufspreis (total)	597,48 EUR (netto)
ZERLEGEGEWICHT:	+	Kosten (Transport)	33,25 EUR (netto)
156,000 kg	=	Nettoeinkaufspreis	589,30 EUR (netto)

Teilstück-gewichte	Teilstücke	Teilstück-%-Anteile	Ladenpreis je kg	Teilstück-wert (total)
8,850 kg	Brust o. K.	5,67 %	8,13 EUR	71,95 EUR
8,050 kg	Querrippe/Spannr.	5,16 %	5,73 EUR	46,13 EUR
1,150 kg	Falsch-Filet	0,74 %	9,46 EUR	10,88 EUR
1,850 kg	Mittelbug	1,18 %	8,79 EUR	16,26 EUR
4,950 kg	Dicker Bug	3,17 %	9,46 EUR	46,82 EUR
1,050 kg	T-Stück/Hessenfilet	0,67 %	8,79 EUR	9,23 EUR
1,750 kg	Filet, pariert	1,12 %	22,50 EUR	39,38 EUR
4,650 kg	Roastbeef	2,98 %	14,57 EUR	67,75 EUR
5,850 kg	Halsfleisch	3,75 %	8,79 EUR	51,42 EUR
3,850 kg	Zungenstück	2,47 %	8,79 EUR	33,84 EUR
3,050 kg	Hohe Rippe o. K.	1,95 %	8,44 EUR	25,74 EUR
2,550 kg	Beinscheiben	1,63 %	6,03 EUR	15,38 EUR
1,700 kg	Beinfleisch	1,09 %	8,79 EUR	14,94 EUR
1,900 kg	Wade/Gänsehals	1,22 %	8,79 EUR	16,70 EUR
4,350 kg	Oberschalekern	2,79 %	10,12 EUR	44,02 EUR
1,850 kg	Oberschaledeckel	1,18 %	7,62 EUR	14,10 EUR
5,750 kg	Hüfte	3,68 %	9,61 EUR	55,26 EUR
1,850 kg	Tafelspitz	1,18 %	9,61 EUR	17,78 EUR
4,950 kg	Kugel (Kern + Deckel)	3,17 %	9,46 EUR	46,82 EUR
4,050 kg	Schwanzstück	2,60 %	9,46 EUR	38,31 EUR
2,100 kg	Schwanzrolle	1,34 %	9,61 EUR	20,18 EUR
1,250 kg	Bürgermeisterstück	0,80 %	8,95 EUR	11,19 EUR
11,450 kg	Gulaschfleisch	7,34 %	8,39 EUR	96,07 EUR
4,850 kg	Sortierung R_I	3,11 %	6,75 EUR	32,74 EUR
21,750 kg	Sortierung R_{II}	13,94 %	3,07 EUR	66,77 EUR
13,650 kg	Sehnen/Fett	8,75 %	0,00 EUR	0,00 EUR
24,850 kg	Knochen	15,93 %	0,00 EUR	0,00 EUR

153,900 kg	Gesamtteilstückgewichte		Bruttoerlöse	909,66 EUR
2,100 kg	Zerlegeverlust = 1,35 %	./.	USt (7 %)	63,68 EUR
		=	Nettoerlöse	845,98 EUR
		./.	Nettoeinkaufspreis	630,73 EUR
		=	Nettoaufschlag (EUR)	215,25 EUR
		=	Nettoaufschlag (%)	34,13 %

295 Wir kaufen einen mageren halben Bullen, Klasse U, Gewicht 191,000 kg zum Preis von 4,06 EUR/kg (netto).

Das vorgegebene Schema I ist so zu verändern, dass der Anteil von Hals/Zungenstück um 2,5 %, der Anteil der Querrippe sich um 1,4 %, der Anteil der Oberschale sich um 0,7 % und die Fettanteile um 1,9 % verringern, die mageren Abschnitte auf 10,95 % und der Knochenanteil auf 17,97 % ansteigen.

296 Eine Färse wiegt lebend 413,500 kg und kostet 2,07 EUR/kg netto.

Schlachtverlust	42 %	Schlachtkosten	16,23 EUR
Auskühlverlust	2,2 %	Vorerlöse	40,47 EUR
weiterer Schwund	3,75 %		

Berechnen Sie den Bruttoaufschlag in EUR und Prozent unter Verwendung des II. Schemas. Berechnen Sie den Nettoeinkaufspreis nach dem Schema der Schlachtfleischkalkulation (Kap. 9.7.4.1) Teil I und das Zerlegegewicht nach dem II. Teil des Schemas.

297 Berechnen Sie den Nettoaufschlag in EUR und Prozent für einen schweren mageren Bullen (Klasse U), Hälftengewicht 224,000 kg, gekauft zum Preis von 4,01 EUR/kg.

Verwenden Sie das Schema I, wobei sie den Anteil der mageren Abschnitte auf 10 % steigern und den Anteil der Fettabschnitte um den gleichen Wert senken.

298 Ein kräftiger, nicht ganz magerer Bulle, wiegt lebend 661,000 kg und kostet je 100 kg 225,00 EUR. Der Vorerlös übersteigt die Schlachtkosten um 33,25 EUR. Die Schlachtausbeute beträgt 60 %, der Auskühlverlust wird auf 1,75 % und der weitere Schwund auf 3,5 % festgelegt.
Berechnen Sie den Nettoaufschlag auf der Basis des I. Schemas.

299 Eine junge Kuh im Gewicht von 439,000 kg wird für 182,00 EUR/100 kg lebend gekauft und geschlachtet. Die Schlachtkosten betragen 17,15 EUR, der Vorerlös bringt 46,80 EUR.

Das Zerlegegewicht beträgt 222,000 kg.

Berechnen Sie den Nettoaufschlag nach dem II. Schema, indem Sie alle kg-Preise um jeweils 0,26 EUR anheben.

300 Die zwei Hälften einer voll ausgemästeten Färse wiegen ausgekühlt 285,000 kg. Der Einkaufspreis beträgt 4,12 EUR/kg netto.

Führen Sie die Rückkalkulation durch auf der Basis des II. Schemas, wobei Sie aber die Werte für Dicker Bug, Hals, Zungenstück, Roastbeef, Oberschale (Kern), Hüfte, Kugel und Schwanzstück jeweils um 1 % erhöhen, dafür aber den Anteil des Hackfleisch-Fleisches um 6 % und den der Abschnitte um 2 % senken. Der Knochenanteil bleibt gleich.

301 Ein mittelschwerer Bulle im Gewicht von 642,000 kg wird lebend zu einem Gesamtpreis von 1.174,00 EUR gekauft. Die ausgekühlten Hälften wiegen am dritten Tag noch genau 58 % des Lebendgewichtes. Der Vorerlös übersteigt die Schlachtkosten um 11,25 EUR.

Berechnen Sie die Teilstückgewichte, Teilstückwerte, den Brutto- und den Nettoaufschlagsatz auf der Basis des Schema I.

9.11 Handelswarenkalkulation

9.11.1 Kalkulationsschema

Unter dem Begriff Handelswaren fassen wir alle Güter zusammen, die wir als Fertigprodukte beziehen, z. B. Suppen, Saucen, Konserven, fertig verpackte Lebensmittel, aber auch Dauerwurst, Schinken und Geflügel.

Im Zuge der Ausweitung des Warensortiments steigt der Anteil des reinen Warenhandelsumsatzes gemessen am Gesamtumsatz auch in den Fleischereibetrieben ständig. Daher ist eine genaue Kalkulation dieser Waren besonders wichtig.

Ausgangspunkt einer solchen Kalkulation ist der Rechnungspreis; das ist in der Regel der sog. Listenpreis. Von ihm müssen ggf. Rabatte und Skonti abgezogen werden und wir erhalten den Einkaufspreis.

Die Bezugskosten (Verpackung, Transport, Verladen usw.) werden anhand der Rechnungen genau erfasst und dem Einkaufspreis zugeschlagen. Dann erhalten wir den Bezugspreis oder Einstandspreis.

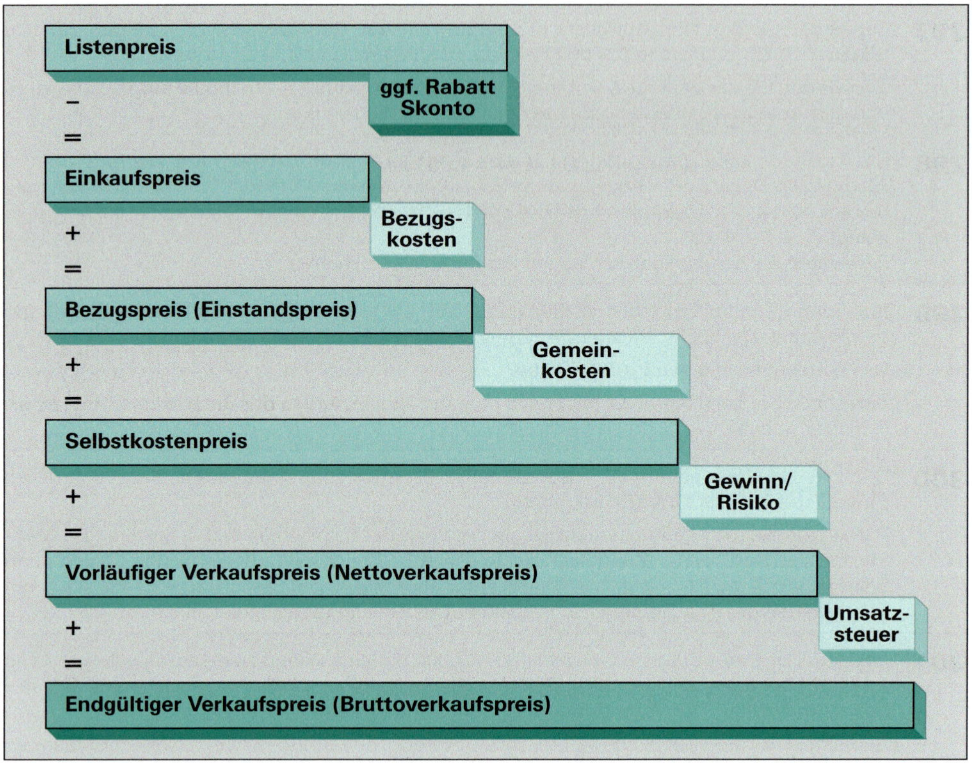

Die Gemeinkosten werden für den Betrieb als Ganzes erfasst und dem Bezugspreis prozentual zugeschlagen. So entsteht der Selbstkostenpreis.

Der Gewinn wird ebenfalls prozentual vom Selbstkostenpreis errechnet und diesem zugeschlagen. Das ergibt den vorläufigen Verkaufspreis oder Nettoverkaufspreis.

Durch Zuschlag der Umsatzsteuer erhalten wir dann den endgültigen Verkaufspreis oder Bruttoverkaufspreis.

Beispiel: Ein Fleischermeister kauft 12 Dutzend Dosen (= ein Gebinde) Formosa-Champignons zum Stückpreis von 0,51 EUR (netto) ein. Er erhält einen Rabatt von 5 %, die Zustellkosten betragen 1,37 EUR. Bei der Kalkulation des Verkaufspreises muss von einem Gemeinkostensatz von 80 %, einem kalkulatorischen Gewinn von 10,5 % und der Umsatzsteuer von 7 % ausgegangen werden.

Zu welchem Bruttoverkaufspreis kann die einzelne Dose angeboten werden?

Lösung:			
		144 Dosen · 0,51 EUR	= 73,440 EUR
	–	5 % Rabatt	– 3,672 EUR
	=	Einkaufspreis	= 69,768 EUR
	+	Bezugskosten	+ 1,370 EUR
	=	Bezugspreis	= 71,138 EUR
	+	80 % Gemeinkosten	+ 56,910 EUR
	=	Selbstkostenpreis	= 128,048 EUR
	+	10,5 % kalk. Gewinn	+ 13,445 EUR
	=	Vorläufiger (Netto-)VP	= 141,493 EUR
	+	7 % Umsatzsteuer	+ 9,905 EUR
	=	Endgültiger Verkaufspreis	= 151,398 EUR

1 Dose kostet dann: 151,398 : 144 = 1,051 EUR = rd. 1,05 EUR.

Die einzelne Dose kann also zu einem Preis von 1,05 EUR angeboten werden.

Der so kalkulierte Preis kann aber nicht immer als tatsächlicher Verkaufspreis festgelegt werden. Oft zwingen Veränderungen in Angebot und Nachfrage oder Konkurrenzdruck, die Ware zu einem Marktpreis zu verkaufen. Liegt der dabei erzielte Preis über dem kalkulierten Verkaufspreis, erhöht sich der Gewinn des Fleischers. Umgekehrt kann es auch vorkommen, dass eine Gewinnminderung eintritt, ggf. sogar ein Verlust, wenn der Preis unter dem kalkulierten Preis liegt. In solchen Fällen muss geprüft werden, ob günstigere Bezugsquellen zu finden sind oder ob die Bezugskosten verringert werden können.

9.11.2 Aufschnittfleischwaren und Geflügel

Die Einkaufspreise in den folgenden Aufgaben sind Nettopreise ohne Umsatzsteuer, da die Kalkulation ja umsatzsteuerneutral durchgeführt werden muss. Erst am Ende wird die Umsatzsteuer berücksichtigt.

302 Die verstärkte Nachfrage nach Hahnenkeulen veranlasst den Meister, 12 Kartons mit je 5 000 kg zum Preise von 2,90 EUR je kg beim Fleischergroßeinkauf zu bestellen.

a) Für wie viel EUR kann er 1 000 g anbieten bei 25 % Gemeinkosten, 11 % kalkulatorischem Gewinn und der gesetzlichen Umsatzsteuer?

b) Wie teuer kommen 1 000 g, ohne den Gesamtgewinn zu verringern, wenn 6 % der Sendung durch unsachgemäße Lagerung Gefrierbrand zeigten und deshalb zum Einkaufspreis an das Personal abgegeben wurden?

303 Zu Weihnachten bezieht Fleischermeister Hans G. 35 Babyputen, je 1 600 g, zum Kilopreis von 2,81 EUR.

Für welchen Betrag kann eine Babypute bei 34 % Gemeinkosten, 9 % Gewinn und der gesetzlichen Umsatzsteuer angeboten werden?

304 Ein Meister möchte in seinem Laden „Ungarische Salami" für 21,50 EUR je kg verkaufen. Er kalkuliert Waren dieser Art mit 45 % Gemeinkostenzuschlag, rechnet mit 12 % Gewinn und der gesetzlichen Umsatzsteuer.

Wie viel EUR darf der Einstandspreis je kg Salami betragen?

305 Der Meister stellt „Westfälische Mettwurst" her. Die Gemeinkosten betragen je kg 1,33 EUR; der Gewinn wird mit 1,07 EUR je kg eingesetzt. 1 kg Mettwurst soll für 9,82 EUR verkauft werden.

Berechnen Sie:

a) den Gewinn in Prozent, vom Selbstkostenpreis,

b) die Gemeinkosten in Prozent, vom Materialwert,

c) die Materialkosten in EUR sowie

d) den Bruttoaufschlag in EUR und Prozent.

306 Von einer Rohwurstsendung wurden 20 % beanstandet. Der Meister hat deshalb den Rechnungsbetrag um 245,00 EUR gekürzt. 1 kg Rohwurst wurde mit 7,57 EUR in Rechnung gestellt.

Wie viel kg Rohwurst wurden insgesamt geliefert?

307 Ein Fleischer bezieht Schinkenplockwurst direkt ab Fabrik per Bahn, 83,500 kg, zum Preis von 8,16 EUR/kg netto. 5 % Rabatt werden bei dieser Menge eingeräumt.

Das Rollgeld des Spediteurs beträgt 16,07 EUR (ohne Umsatzsteuer).

Die noch reichlich frische Ware muss noch weitere 8–10 Tage abhängen, wobei mit einem Abhängeverlust von rd. 6,5 % zu rechnen ist.

Allgemein kann von einem Aufschneide- und Einwiegeverlust von 3,5 % vom Abhängegewicht ausgegangen werden.

Zur Preisermittlung sind zu kalkulieren:

52,5 % Gemeinkosten,

14,5 % kalkulatorischer Gewinn vom Selbstkostenpreis
und die gesetzliche Umsatzsteuer.

Berechnen Sie den Ladenverkaufspreis für 100 g der Wurst.

308 „Original Brüsseler Paté" kauft Fleischer Bachmann beim Großhändler ein. Es handelt sich um Keramikschalen mit rd. 2,500 kg Inhalt, je kg zu 10,12 EUR (netto). Die Ware wird in kleinen Mengen aus der Schale verkauft.

Berechnen Sie den Preis für 100 g im Ladenverkauf, wenn die Kalkulation von einem Nettoaufschlag von 68 %, der gesetzlichen Umsatzsteuer und einem Verkaufs- und Einwiegeverlust von 5 % ausgehen muss.

309 Echte „Parmaschinken", einzeln in grobe Leinensäckchen verpackt, können ab Grenze Italien zum Preis von 8,26 EUR/kg (ohne Umsatzsteuer), brutto für netto bezogen werden. Ein Fernfracht-Spezialcontainer fasst 134,200 kg. Der Verpackungsanteil kann erfahrungsgemäß mit 2,4 % angenommen werden.

Die Frachtkosten betragen 151,73 EUR (netto).

Großhändler Schuster bietet diese Schinken je kg, ohne Verpackung, für 12,25 EUR (netto) an.

Mit welchem Nettoaufschlagsatz hat er kalkuliert?

310 Der Meister kauft 24,300 kg französische Pfeffersalami zum Preis von 9,97 EUR je kg ein. Die Transport- und Verpackungskosten betragen 2,5 % des Kilopreises. Bevor die Wurst zum Verkauf gelangt, hat sie noch einen durchschnittlichen Trockenverlust von 4,5 %. Der Aufschneideverlust wird mit 3,8 % angenommen.

Zu welchem Kilopreis kann der Meister die Wurst anbieten bei 55 % Gemeinkosten, 15 % Gewinn zuzüglich der gesetzlichen Umsatzsteuer?

311 Putenoberschenkel kosten im Einkauf 3,91 EUR je kg. Der Meister bezieht 10 Päckchen, je 1 700 g. Gemeinkosten 21 %, Gewinn 7 %, Umsatzsteuer in gesetzlicher Höhe.

Für welchen Betrag muss er ein Päckchen verkaufen?

312 Polnische Hafermastgänse, Spitzenware, gefroren, kosten ab Hafen Hamburg in einem Gefriercontainer mit 60 Stück, 2,78 EUR/kg netto. Das Gewicht beträgt 291,000 kg. Fleischer Müller bezieht einen solchen Container und zahlt an Frachtkosten 65,47 EUR (netto). Die Containermiete beträgt 32,70 EUR (netto). Aufzuschlagen sind 22 % Gemeinkosten, 12 % kalkulatorischer Gewinn und die gesetzliche Umsatzsteuer.

a) Zu welchem Preis kann nach dieser Kalkulation 1 kg der Gänse angeboten werden?

b) Berechnen Sie den Bruttoaufschlagsatz auf den Bezugspreis.

313 Original „Westfälischer Knochenschinken" kostet im Einkauf 10,69 EUR je kg (netto). Für wertlose Schwarten, Knochen und Abschnitte rechnet der Meister mit einem Verlust von 12 %. Der Austrocknungsverlust beträgt erfahrungsgemäß 5 % des verbleibenden Gewichtes.

Für welchen Betrag muss er 100 g auszeichnen bei 65 % Gemeinkosten, 18 % Gewinn sowie der gesetzlichen Umsatzsteuer?

314 Der Meister bezieht aus einer Wurstfabrik 30,000 kg Salami zum Preis von 9,51 EUR je kg. Ehe die Wurst zum Verkauf gelangt, hat sie durch Austrocknen 2,5 % verloren.

Für wie viel EUR muss er 100 g auszeichnen, wenn folgende Faktoren berücksichtigt werden müssen:

Aufschneide- und Einwiegeverlust ..	2 %	Gewinn und Risiko	15 %
Gemeinkosten	45 %	gesetzliche Umsatzsteuer ...	?

9.11.3 Dosen, Tuben, Gläser, Fertigpackungen

315 Wir kaufen einen Karton Spinat, gefroren, je Packung 400 g. Kartoninhalt 120 Stück, je 0,96 EUR. 5 % Rabatt werden eingeräumt. Aufzuschlagen sind 32 % Gemeinkosten, 15 % kalkulatorischer Gewinn und die Umsatzsteuer.

Berechnen Sie den Verkaufspreis für eine Packung.

316 36 Glas Senf im Karton kosten im Einkauf je Stück 45,9 Cents netto. 3 % Rabatt werden mitgenommen. Der Verkaufspreis je Glas beträgt 0,84 EUR.

a) Berechnen Sie den Nettoaufschlag in EUR pro Glas und Prozent, indem Sie zuerst die Umsatzsteuer aus dem Bruttoverkaufspreis herausrechnen.

b) Wie viel Prozent Nettoaufschlag verbleiben dem Betrieb, wenn das Glas im Sonderangebot zu einem Preis von 0,76 EUR angeboten wird?

317 12 Dutzend Gläser Remoulade enthält eine Großabnehmerpackung. Der Stückpreis bei dieser Abnahme beträgt pro Glas netto 0,685 EUR. Bei Abnahme eines kleineren Gebindes von insgesamt 48 Stück erhöht sich der Preis um 4,6 Cents/Stück. Durchschnittlich können je Woche etwa 10 Gläser abgesetzt werden. Deshalb müssten beim Kauf der größeren Packung für die Hälfte des Einkaufswertes Kapitalzinsen von 12 % für eine Durchschnittszeit von 7 Wochen berechnet werden.

a) Berechnen Sie den Verkaufspreis in EUR für ein Glas Remoulade beim Einkauf des Kleingebindes, wenn folgende Aufschläge berücksichtigt werden sollen: 35 % Gemeinkosten, 16 % kalkulatorischer Gewinn und die gesetzliche Umsatzsteuer.

b) Zu welchem Preis kann dagegen ein Glas Remoulade angeboten werden, wenn die gleichen Aufschläge wie unter a) berücksichtigt werden, zuvor aber, wie beschrieben, das „tote Kapital" verzinst worden ist?

318 Im Karton sind 48 Beutel Majonäse; der Kartonpreis beträgt netto im Einkauf 27,02 EUR. Zu berücksichtigen sind: 28 % Gemeinkosten, 18 % kalkulatorischer Gewinn und die gesetzliche Umsatzsteuer.

Zu welchem Preis kann ein Beutel Majonäse im Verkauf angeboten werden?

---

319 Pro Woche werden bei Fleischer Zollmann im Durchschnitt 600 Eier, Güteklasse A, Gewichtsklasse 2, abgesetzt, die je 100 Stück zu 11,12 EUR vom Produzenten unverpackt bezogen werden. Im Durchschnitt gehen beim Verpacken 10 Stück zu Bruch, die nicht mehr abgesetzt werden können. Zur Verpackung von je 10 Stück müssen 4,3 Cents aufgewendet werden. Die Eier werden mit 1,36 EUR/10 Stück verkauft.

a) Berechnen Sie den Bruttoaufschlag in EUR und Prozent, bezogen auf eine Packung.

b) Wie viel Cents Gewinn verbleiben Fleischer Zollmann pro verkauftem Ei, wenn neben der gesetzlichen Umsatzsteuer noch 15 % Kosten berechnet wurden, die Verpackungskosten aber zuvor aufgeschlagen worden sind?

---

320 Gurken im 870-ml-Glas kosten im Karton mit 12 Stück 11,52 EUR netto. Geliefert werden 8 Kartons. 5 % Rabatt werden berücksichtigt. Aufgeschlagen werden 30 % Gemeinkosten, 14 % kalkulatorischer Gewinn und die Umsatzsteuer.

a) Berechnen Sie den Verkaufspreis für ein Glas in EUR.

b) Auf welchen Prozentsatz erhöht sich der kalkulatorische Gewinn, wenn im Sonderangebot das Glas mit 1,51 EUR angeboten wird, Gemeinkosten und Umsatzsteuer aber im Prozentsatz unverändert bleiben?

---

321 Kalifornische Pfirsiche kosten bei Abnahme von 5 Kartons je 30 Dosen im Sonderangebot des Großhändlers 162,60 EUR netto. Der Fleischer bietet sie im „Stolperkorb" zum Sonderangebotspreis von 1,41 EUR brutto an.

a) Berechnen Sie den Nettoaufschlag in EUR je Dose und Prozent.

b) Wie viel Prozent vom Selbstkostenpreis verbleiben dem Fleischer als Gewinn, wenn der Gemeinkostensatz mit 18 % festliegt?

---

322 Feinkostsaucen, verschiedene Sorten, Inhalt je ¼ l, kosten im Einkauf 0,75 EUR je Stück. Bei Bezug von 60 Stück wird eine Naturdraufgabe von 5 %, beim Bezug von 90 und mehr Stück wird eine Naturalzugabe von 10 % eingeräumt.

Wir beziehen 5 · 2 Kartons, sortiert, je Karton mit 12 Stück. Die Kalkulation baut auf folgenden Sätzen auf: 27,5 % Gemeinkosten, 12 % kalkulatorischer Gewinn und die gesetzliche Umsatzsteuer für Lebensmittel.

Berechnen Sie den Bruttoverkaufspreis für eine Saucenflasche.

---

323 Formosa-Champignons in 315-ml-Dosen kosten pro Stück ab Hamburg netto 0,6736 EUR. Bei Bezug eines Kleincontainers mit 3 Gros Inhalt werden die Bahnversandkosten übernommen und 8 % Rabatt gewährt. Das Rollgeld des Spediteurs beträgt 43,04 EUR (netto). Der Betrieb arbeitet mit 37,5 % Nettoaufschlag auf den Gestehungspreis zuzüglich der gesetzlichen Umsatzsteuer.

a) Berechnen Sie den Mindestangebotspreis pro Dose in EUR.

b) Auf welchen Prozentsatz reduziert sich der Nettoaufschlag, wenn 3 Dosen zusammen im Sonderangebot zu 3,06 EUR angeboten werden?

---

324 Möhren in der 420-ml-Dose kosten in einer Sonderaktion des Herstellers je 100 Stück 50,70 EUR netto. Wir beziehen 240 Stück, die in einer 6er-Packung als Sonderangebot für 4,09 EUR angeboten werden. An Verpackungsmaterialkosten wurden 1,46 EUR aufgewendet. Die Ware wird in 10 Tagen abgesetzt.

Wie viel Prozent verbleiben dem Fleischer als Nettoaufschlag, wenn die Umsatzsteuer in der gesetzlichen Höhe zunächst aus dem Sonderangebotspreis herausgerechnet werden muss?

5808194

325 Die 850-ml-Dose Schnittbohnen wird ab Fabrik mit 0,76 EUR/Stück angeboten. Bei Abnahme von mindestens 100 Stück werden 8 % Rabatt eingeräumt. Meister Schneider bezieht 125 Dosen, schlägt 18,5 % Gemeinkosten, 9,5 % kalkulatorischer Gewinn und die gesetzliche Umsatzsteuer auf.

Zu welchem Preis kann er eine Dose anbieten?

---

326 Langkornreis, Spitzenqualität, kostete bisher je Packung 1,17 EUR im Kundenverkauf. Als Wochenangebot wird der Preis auf 1,02 EUR je Packung gesenkt. Der Bezugspreis (netto) betrug 0,80 EUR/Packung.

Berechnen Sie den Netto- wie den Bruttoaufschlag, wie er sich aus beiden Kundenpreisen ergibt.

---

327 Brathähnchen, 900 g/Stück, bratfertig, tiefgefroren, kosten bei Meister Peters 2,04 EUR/Stück. Die Kalkulation weist neben der gesetzlichen Umsatzsteuer einen Nettoaufschlag von 35 % aus.

Zu welchem Höchstpreis je Stück kann Meister Peters dieses Geflügel einkaufen, wenn die Kalkulationsfaktoren und der Kundenpreis eingehalten werden sollen?

---

328 Tubensenf wird zu einem Preis von 0,68 EUR/Tube (netto) bezogen. Der Kundenpreis wird auf 1,02 EUR/Tube festgesetzt.

Berechnen Sie den kalkulierten Nettoaufschlag.

---

329 In der Spezialitätenecke wird die Flasche Wein, „Binger Rochuskapelle", Kerner Spätlese, für 3,55 EUR/Flasche angeboten. Meister Kohl hatte 240 Flaschen dieses Weines für Pauschal 537,60 EUR (netto) beim Winzer erworben. Berechnen Sie den Bruttoaufschlag, der bei dieser Preiskalkulation Anwendung gefunden hat.

---

330 Junger Gouda kostet im Großhandel per ganze Stücke je kg 4,16 EUR (netto). Zu kalkulieren ist mit einem Schwund und Einwiegeverlust von 12 %, einem Nettoaufschlag von 45 % und der gesetzl. Umsatzsteuer.

Berechnen Sie den Verkaufspreis für 100 g.

---

331 Regenbogenforellen, 2 Stück in einer Packung, stehen im Angebot zu 3,83 EUR je Packung. Der Bezugspreis lag bei 3,13 EUR (netto).

Berechnen Sie den Nettoaufschlag bei dieser Preisgestaltung.

---

332 Ein Glas „Rote Bete" kostet bei Abnahme eines 240-Stück-Containers 0,606 EUR netto. Der Nettoaufschlag beträgt 55 %.

Berechnen Sie:

a) den Einzelverkaufspreis je Glas unter Berücksichtigung der gesetzlichen Umsatzsteuer;

b) den Gesamteinkaufspreis für das ganze Gebinde ohne Umsatzsteuer, wenn 5 % Rabatt auf das ganze Gebinde gewährt wurden.

---

333 Champignons, I. Wahl, 370-ml-Glas, wird im Großhandel angeboten zu 0,6890 EUR/Glas, netto, bis zu einer Abnahme von 6 x 12 Stück.

Bei höherer Stückzahl werden weitere 5 % Rabatt gewährt.

Fleischer Schneider bezieht 50 Pakete à 12 Stück.

Berechnen Sie den Einkaufspreis für die gesamte Charge einschließlich der Umsatzsteuer und den Kundenabgabepreis je Glas bei einem Bruttoaufschlag von 65 %.

Anhang: Leitsätze für Fleisch und Fleischerzeugnisse

Veröffentlicht vom BGM am 25. Juli 1975. Sie lösen die bisher geltenden „Richtlinien für Fleisch und Fleischerzeugnisse" vom 3. April 1967 ab, soweit das für den Bereich der Roh- und Brühwürste gilt.

I. Allgemeine Begriffsbestimmungen und Beurteilungsmerkmale

1. Fleisch

„Fleisch" sind alle Teile von geschlachteten und erlegten warmblütigen Tieren, die zum Genuss für Menschen bestimmt sind.

1.1 Bei der *gewerbsmäßigen Herstellung von Fleischerzeugnissen* wird unter „Fleisch" nur Skelettmuskulatur mit anhaftendem oder eingelagertem Fett- und Bindegewebe sowie eingelagerten Lymphknoten, Nerven, Gefäßen und Schweinespeicheldrüsen verstanden.

Bei Fleischerzeugnissen, die auch im Verbraucherhaushalt zubereitet werden (z. B. Kotelett) und bei *Fleischerzeugnissen im Stück* (z. B. Knochenschinken) schließt die Bezeichnung *„Fleisch"* teilweise auch einen angemessenen Anteil an eingewachsenen Knochen und Knorpeln ein, „Schweinefleisch", auch Schwarte, im Allgemeinen jedoch nur bei Teilen aus dem Bereich von Schlegel (Keule), Schulter, Brust und Bauch sowie beim Rückenspeck.

Für die Herstellung der verschiedenen Fleischerzeugnisse wird im Allgemeinen Fleisch mit unterschiedlichen *Bindegewebe- und Fettgewebeanteilen* verwendet. Bei Erzeugnissen, die im Einzelfall aus bindegewebe- oder fettgewebeärmerem Fleisch hergestellt werden, als dies nach den besonderen Beurteilungsmerkmalen üblich ist, kann mit Sehnen oder Fettgewebe ausgeglichen werden. Die fertig hergestellten Erzeugnisse entsprechen jedoch den in den besonderen Beurteilungsmerkmalen festgelegten Kriterien für einen ausreichend hohen Fleischanteil; sie weisen außerdem keinen über das herkömmliche Maß hinausgehenden Fett- und Wassergehalt auf.

Gleiches gilt auch für die Anteile an den in den besonderen Beurteilungsmerkmalen vorgesehenen Fleischsorten und hinsichtlich der Zusätze an Fettgewebe, Bindegewebe, Innereien, Blutplasma, Blutserum, Trinkwasser, Brühe oder dgl.

1.11 Bei der *Verarbeitung von Rindfleisch* (einschließlich Kalbfleisch) werden unterschieden:

1.111 *„Sehnen- und fettgewebsarmes Rindfleisch":* Skelettmuskulatur des Rindes, die von Natur aus nur sehr wenig Bindegewebe und Fettgewebe enthält (z. B. Oberschale) oder deren Gehalt an diesen Geweben durch Ausschneiden („Entsehnen") entsprechend verringert worden ist (z. B. entsehntes Bugstück).

1.112 *„Grob entsehntes Rindfleisch":* Rindfleisch mit Bindegewebe- und Fettgewebegehalten, wie sie bei Verarbeitung von nicht übermäßig muskelarmen Rinderhälften ohne Filet, Lende und Oberschale nach Entfernung der groben Sehnen und größeren Fettgewebeansammlungen zu erwarten sind. Fleisch mit höheren Bindegewebe- und Fettgewebegehalten wird entsprechend ausgeschnitten.

1.113 *„Sehnenreiches Rindfleisch":* Rindfleisch mit einem Bindegewebegehalt, der höher ist als bei „grob entsehntem Rindfleisch", jedoch niedriger als bei ausschließlicher Verwendung von Beinfleisch, Fleisch, das von grob ausgelösten Knochen abgetrennt wird („Knochenputz"), und Kopffleisch.

Fleisch der Schnittstellen zwischen Kopf Hals sowie der Stichstelle („Stichfleisch") wird als sehnenreiches Rindfleisch gewertet und nur für Koch- und Brühwürste verwendet.

1.12 Bei der *Verarbeitung von Schweinefleisch* werden unterschieden:

1.121 *„Fettgewebs- und sehnenarmes Schweinefleisch":* Skelettmuskulatur des Schweines, die von Natur aus nur wenig Fettgewebe und Sehnen enthält oder deren Gehalt an Fettgewebe und Sehnen durch Ausschneiden entsprechend verringert worden ist.

1.122 *„Grob entfettetes Schweinefleisch":* Schweinefleisch mit einem Fettgewebeanteil, wie er bei nicht übermäßig fetten Schweinehälften nach grober Entfernung von Backen-, Kamm-, Rücken- und Bauchspeck sowie Flomen zu erwarten ist.

1.123 *„Fettgewebereiches Schweinefleisch":* Schweinefleisch mit einem Fettgewebeanteil, wie er bei nicht übermäßig fettem Bauchspeck zu erwarten ist.

1.21 *„Fettgewebe"* ist überwiegend fettenthaltendes Gewebe, das vom Fleisch abgetrennt worden ist oder aus dem Bereich der Körperhöhlen, jedoch nicht vom Darm oder Gekröse stammt.

1.211 *„Flomen"* ist das beim Schwein zwischen Bauchfell und innerer Bauchmuskulatur liegende Fettgewebe.

1.212 *„Speck"* ist das unter der Haut des Schweines liegende Fettgewebe ohne Schwarte, auch mit Resten von Skelettmuskulatur. „Backenspeck" schließt eingelagerte Speicheldrüsen, „Bauchspeck" die Brust- und Bauchmuskulatur sowie nicht laktierende Milchdrüsen ein.

An „Speck", der frisch oder behandelt im Stück an den Verbraucher abgegeben wird, haftet zumeist Schwarte.

1.213 *„Rinderfleischfett"* ist Fettgewebe des Rindes, mit Ausnahme der Fettgewebeansammlungen in den Körperhöhlen.

1.22 *„Fett"* ist der von Wasser und Eiweiß befreite, durch Erhitzen, Abpressen oder Zentrifugieren gewonnene Anteil des Fettgewebes von Schwein („Schweinefett", „Schweineschmalz") oder Rind („Rinderfett", „Talg"). Schweinefett ist bei Kochstreichwurst dem Fettgewebe gleichgestellt.

„Kesselfett" ist das beim Kochen von fettgewebehaltigen Tierkörperteilen austretende, gesondert erfasste Fett. Kesselfett von schlachtfrischen Teilen des Schweines ist bei Kochstreichwurst dem Fettgewebe gleichgestellt.

„Knochenfett" ist das in Fleisch verarbeitenden Betrieben von Tieren aus eigenen Schlachtungen durch Behandlung von frischen und unverdorbenen Knochen im Vakuum bei Temperaturen unter 100 °C und nachfolgendes Abklären gewonnene Fett. Es ist bei Kochstreichwurst dem Fettgewebe gleichgestellt.

1.31 *„Bindegewebe"* ist Gewebe, dessen Eiweißanteil überwiegend aus Bindegewebseiweiß (Kollagen, Elastin) besteht; es umschließt straffes und lockeres Bindegewebe, ausgenommen Fettgewebe.

1.311 *„Sehnen"* sind straffe Bindegewebe (Sehnen einschließlich Sehnenscheiden, Sehnenplatten, Bindegewebehäute und Bänder mit Ausnahme des Nackenbandes des Rindes). Ansammlungen von lockerem sowie elastischem Bindegewebe, die beim Ausschneiden von Fleisch anfallen, sind den Sehnen gleichgestellt.

1.312 *„Schwarten"* sind Teile der gebrühten und enthaarten Haut des Schweines. Gebrühte und enthaarte Fuß- und Kopfhaut vom Kalb, gebrühte und enthaarte Fußhaut sowie Flotzmaul („Ochsenmaul") des Rindes sind der Schwarte gleichgestellt.

1.313 *„Schwartenzug"* ist bindegewebereicher Speck unter der Schwarte.

1.314 *„Grieben"* sind die beim „Auslassen" (Erhitzen) von Fettgewebe zurückbleibenden Bindegewebeanteile.

1.32 *„Eisbeine"* (Schweinshaxen) sind die Teile der Extremitäten des Schweines zwischen Knie bzw. Ellbogengelenk und den Fußwurzelgelenken. Ihr knochenfreier Teil wird für die Verarbeitung i. d. R. entschwartet. Ausgenommen sind Erzeugnisse, bei denen die Verarbeitung von Schwarten üblich ist oder bei denen die Verwendung von nicht entschwartetem Eisbein ausdrücklich vorgesehen ist.

1.33 *„Schweinemasken"* sind Kopfschwarten des Schweines mit anhaftendem Fett-, Binde- und Muskelgewebe.

1.41 *„Blut"* ist die beim Schlachten von Rindern (ausgenommen Kälber) und Schweinen aus den Blutgefäßen gewonnene, zellige Bestandteile enthaltende Flüssigkeit, sowohl nach Zusatz von gerinnungshemmenden Stoffen als auch nach Entfernung des Fibrins.

1.42 *„Blutplasma"* ist die Flüssigkeit, die nach Zusatz von gerinnungshemmenden Stoffen und Entfernen der zelligen Bestandteile aus dem Blut von Rindern (ausgenommen Kälber) und Schweinen gewonnen wird. Die abgesonderten zelligen Elemente werden als „Dickblut" bezeichnet. Als Blutplasma gilt auch getrocknetes Blutplasma, das im Verhältnis 1 : 10 in Trinkwasser aufgelöst ist.

1.43 *„Blutserum"* ist die Flüssigkeit, die nach dem Entfernen des Fibrins und der zelligen Bestandteile aus dem nicht mit gerinnungshemmenden Stoffen versetzten Blut gewonnen wird.

1.5 *„Innereien" für die Verarbeitung* sind Leber, Niere, Herz, Zunge ohne Schleimhaut, Lunge, Speiseröhre ohne Schleimhaut, Magen und Vormägen ohne Schleimhaut, bei Kälbern unter 100 kg Lebendgewicht Labmagen auch mit Schleimhaut, „Gekröse" von Kälbern unter 100 kg Lebendgewicht, Schweinemicker, Euter einschließlich ausgebildetem Schweinegesäuge, Milz, aus dem Fleisch entfernte Lymphknoten, Hirn, Rückenmark, Bauchspeicheldrüsen und Bries; ferner große Gefäße von Kälbern, Schweinen und Schafen, von Kopffleisch abzutrennende Speicheldrüsen des Rindes (ausgenommen Kälber).

Innereien werden grundsätzlich nur zu Fleischerzeugnissen verarbeitet, die hitzebehandelt in den Verkehr gelangen. Bei Brüh- und Kochwürsten sind Zungen ohne Schleimhaut dem Fleisch gleichgestellt, der muskulöse Teil der Speiseröhre des Rindes und das Herz nur dem sehnenreichen Rindfleisch.

1.61 *Tierkörperteile,* die außer den in § 35 Satz 1 AB.A zum FG genannten *nicht in Fleischerzeugnissen verarbeitet werden,* sind: Haut von Wiederkäuern (ausgenommen Fußhäute und Flotzmaul von Rindern sowie Kopfhäute von Kälbern); Nackenband und große Gefäßstämme von Rindern; Knochen, sofern sie nicht üblicherweise Bestandteile des Erzeugnisses sind, z. B. Knochenschinken; Knorpel einschließlich Luftröhre, große Luftröhrenäste und Kehlkopf (ausgenommen Ohren von Schwein und Kalb sowie technisch nicht vermeidbare Knorpelreste); Darm (ausgenommen „Gekröse" von Kälbern unter 100 kg Lebendgewicht); Schleimhaut von Mundhöhle, Nasenhöhle, Zunge, Speiseröhre und Magen (ausgenommen Labmagenschleimhaut von Kälbern unter 100 kg Lebendgewicht); Harnblase einschließlich Harnröhre, Gekröse von Rindern (ausgenommen Kälber); Fibrin, das vom Blut abgetrennt worden ist; Dickblut, das bei der Blutplasmaherstellung anfällt; Kesselfett und Knochenfett, das nicht nach 1.22 dem Fettgewebe gleichgestellt ist.

1.62 *Als Hüllen für Fleischerzeugnisse* werden neben künstlichen Hüllen und unbeschränkt verarbeitungsfähigen Tierkörperteilen folgende, im Übrigen nicht (1.6) oder nur beschränkt (1.5) verarbeitungsfähige Tierkörperteile verwendet:

vom Rind: Speiseröhre (ohne Muskulatur, gewendet);

Pansenwand (ohne Schleimhaut, gewendet) für „Saure Rolle" usw.;

Dünndarm (ohne Schleimhaut, gewendet) als „Kranzdarm"; Blinddarm und der Übergang zum Grimmdarm (ohne Schleimhaut, gewendet) als „Butte";

Serosa des Blinddarmes als „Goldschlägerhäutchen";

Grimmdarm (ohne Schleimhaut, gewendet) als „Mitteldarm";

Mastdarm (ohne Schleimhaut, gewendet); Harnblase (mit Schleimhaut, gewendet);

vom Kalb: Blinddarm (ohne Schleimhaut, gewendet) als „Kalbsbutte";

Dünndarm (ohne Schleimhaut, gewendet) von älteren Kälbern;

Harnblase (mit Schleimhaut, gewendet);

vom Schwein: Magen (mit Schleimhaut, gewendet);

Dünndarm

a) ohne Schleimhaut, ohne Muskelschicht, nicht gewendet als „Schweinedünndarm" oder „Schweinesaitling";
b) mit Schleimhaut, gewendet für Leberwürstchen;
c) ohne Schleimhaut, ohne Submucosa (nur Muskelschicht und Serosa) als „Bändel" für bestimmte Bratwürste;

Blinddarm (mit Schleimhaut, gewendet) als „Säckchen" oder „Schweinekappe"; Grimmdarm (mit Schleimhaut, gewendet) als „Krausdarm", Übergang zum Mastdarm als sog. „Nachende";

Mastdarm (mit Schleimhaut, gewendet) als „Fettende" oder „Schlacke";

Harnblase (mit Schleimhaut, gewendet);

vom Schaf: Dünndarm (ohne Schleimhaut, ohne Muskelschicht, ohne Serosa, nicht gewendet) als „Schafsaitling";

Blinddarm (ohne Schleimhaut, gewendet) als „Hammelkappe";

vom Pferd: Dünndarm (ohne Schleimhaut, gewendet), Harnblase (mit Schleimhaut, gewendet) als „P-Darm".

1.7 Als *„Gesamteiweiß"* gilt die Summe der Stickstoffverbindungen. Sie ergibt sich am sichersten aus dem Vergleich des Gehaltes an Rohprotein (Stickstoffgehalt · 6,25) mit dem Gehalt an organischem Nichtfett (= Differenz zwischen 100 und der Summe aus den Prozenten an Wasser, Fett und Asche). Sofern sich die Gehalte an Rohprotein und organischem Nichtfett decken, ist dieser Wert für den Gehalt an Gesamteiweiß repräsentativ. Wenn sich die Werte nicht decken, gilt der niedrigere Wert als Gesamteiweiß. Gleiches gilt auch dann, wenn der Wert von organischem Nichtfett abzüglich etwa vorhandener Kohlenhydrate und anderer nicht stickstoffhaltiger organischer Substanzen niedriger liegt als der Rohproteingehalt.

1.71 Als *„Fleischeiweiß"* gelten die von geschlachteten warmblütigen Tieren (1.) stammenden Stickstoffverbindungen. Sie ergeben sich aus der Differenz zwischen Gesamteiweiß und der Summe aus Fremdeiweiß und fremden Nichteiweißstickstoffverbindungen.

1.7.2 Als **„bindegewebseiweißfreies Fleischeiweiß"** (BEFFE) gilt die Differenz zwischen Gesamteiweiß und der Summe aus Fremdeiweiß, fremden Nichteiweißstickstoffverbindungen und Bindegewebseiweiß. Eine Differenzierung der Stickstoffverbindungen erübrigt sich, wenn ein gefordertes Minimum an bindegewebseiweißfreiem Fleischeiweiß schon vom undifferenzierten Anteil nicht erreicht wird.

1.73 *„Bindegewebseiweiß"* sind die aus Bindegewebe stammenden Eiweißstoffe (vor allem Kollagen, Elastin).

1.74 *„Fremdeiweiß"* ist Eiweiß, das nicht von Schlachttierteilen (1.) stammt (z. B. Eiklar, Milcheiweiß, Sojaeiweiß, Weizeneiweiß).

1.75 *„Fremde Nichteiweißstickstoffverbindungen"* stammen nicht von Schlachttierteilen. Sie werden bevorzugt durch Eiweißhydrolyse gewonnen und haben teilweise höhere Stickstoffgehalte als Eiweiß.

1.8 *Zusätze:* Die Verwendung von Zusätzen bei Fleischerzeugnissen muss geschmacklich und/ oder technologisch begründet sein; sie richtet sich, soweit in Rechtsvorschriften keine Regelungen enthalten sind, nach der allgemeinen Verkehrsauffassung. So beschränkt sich z. B. die Verwendung von Zuckern, auch wenn diese geschmacksneutral sind – soweit in den Leitsätzen nicht ausdrücklich etwas anderes vermerkt ist – auf insgesamt 1 %.

1.9 *Behandlungsverfahren:* (wird später ergänzt)

2. „Fleischerzeugnisse" sind Erzeugnisse, die ausschließlich oder überwiegend aus Fleisch (1.) bestehen.

Bei Erzeugnissen mit einem Zusatz an Fleisch oder Fleischerzeugnissen beziehen sich die Leitsätze auf den Anteil an Fleisch oder Fleischerzeugnissen.

Erzeugnisse mit einem Zusatz von Fleisch oder Fleischerzeugnissen sowie fleischlose Erzeugnisse unterscheiden sich in Bezeichnung und Aufmachung eindeutig von Fleischerzeugnissen.

2.1 *Allgemeines über die Bezeichnung von Fleischerzeugnissen*

2.11 Fleischerzeugnisse und Erzeugnisse mit einem Zusatz von Fleisch oder Fleischerzeugnissen, in deren Bezeichnung nicht auf eine besondere *Tierart* hingewiesen wird, werden aus Teilen von Rindern und/oder Schweinen hergestellt. Rindfleisch und Schweinefleisch sind gegeneinander austauschbar, soweit sich aus den Leitsätzen nichts Gegenteiliges ergibt. Eine örtlich abweichende Verkehrsauffassung bleibt zu beachten.

Die ausschließliche oder teilweise Verwendung von Teilen anderer Tiere als vom Rind (einschließlich Kalb) und Schwein wird in der Bezeichnung angegeben (z. B. Geflügelfleischwurst); Schaffleischabschnitte sind, soweit sie bei der Herrichtung von Fleisch für den Frischfleischverkauf anfallen, ohne besondere Kennzeichnung bis zu 5 % gegen Rindfleisch austauschbar.

Fleischerzeugnisse, in deren Bezeichnung eine Tierart genannt ist, enthalten – sofern sich aus den Leitsätzen nichts Gegenteiliges ergibt – charakterbestimmende Mengen an Teilen der betreffenden Tierart, die den Charakter des Erzeugnisses bestimmen (z. B. 40 % Hirschfleisch in einer „Hirschsalami" oder 2 % Sardellen in einer „Sardellenleberwurst"). Bei Fleischerzeugnissen, die Teile einer sonst nicht üblichen Tierart in geringeren Mengen enthalten, wird diese nicht im Zusammenhang mit der Sortenbezeichnung angegeben, sondern lediglich vermerkt, dass eine bestimmte Menge von Teilen dieser sonst nicht üblichen Tierart beigefügt ist (z. B. „Salami mit 5 % Hirschfleisch" oder „Fleischwurst mit 5 % Geflügelfleisch").

2.12 Fleischerzeugnisse mit *hervorhebenden Hinweisen* wie Delikatess-, Feinkost-, Gold-, prima, extra, spezial, fein, I a, ff oder dgl. oder in besonders hervorhebender Aufmachung (z. B. goldfarbene Hülle) unterscheiden sich von den unter der betreffenden Bezeichnung sonst üblichen Fleischerzeugnissen durch besondere Auswahl des Ausgangsmaterials, insbesondere höhere Anteile an Skelettmuskulatur. Hervorhebende Hinweise sind auch die Bezeichnungen „Pastete", „Roulade" und „Galantine".

Sofern in den Leitsätzen keine besonderen Feststellungen getroffen sind, liegt der Anteil an bindegewebseiweißfreiem Fleischeiweiß in diesen Fällen (2.12) absolut um ein Zehntel (z. B. 11 statt 10 %), bezogen auf Fleischeiweiß, histometrisch um 10 % (z. B. 80 statt 70 Vol.-%), chemisch um 5 % (z. B. 75 statt 70 %) höher.

Bei Erzeugnissen, bei deren Herstellung gemäß der Bezeichnung üblicherweise schon bestes Ausgangsmaterial verwendet wird, stellen hervorhebende Zusatzbezeichnungen einen verstärkten Hinweis darauf dar, dass diese Erzeugnisse aus bestem Ausgangsmaterial hergestellt sind.

2.13 Bei Fleischerzeugnissen, die üblicherweise sowohl grob als auch *fein zerkleinert* in den Verkehr kommen, z. B. bei streichfähiger Mettwurst oder Leberwurst, wird der Zerkleinerungsgrad notwendigenfalls nur bei grober Zerkleinerung mit „grob", „grob zerkleinert" oder dgl. deklariert. Sofern eine Kennzeichnung der feinen Zerkleinerung notwendig ist, erfolgt diese mit Wortverbindungen wie „fein zerkleinert", „fein gekörnt" oder „fein gehackt".

2.14 Bei Fleischerzeugnissen ist die Zusatz bezeichnung „einfach" nur für bestimmte, in den Leitsätzen ausdrücklich genannte Sorten üblich und in diesen Fällen zur Vermeidung von Irreführungen auch notwendig. Sie stellt im Übrigen keine ausreichende Kenntlichmachung von verfälschenden Zusätzen dar.

2.15 Geografische Bezeichnungen sind i. d. R. echte Herkunftsangaben. In manchen Fällen können sie, auch soweit sie in den Leitsätzen ausdrücklich genannt werden, aber auch nur Hinweise auf eine bestimmte Zusammensetzung und Herstellungsweise sein. In Verbindung mit den Worten „Original" oder „Echt" weisen geografische Bezeichnungen in jedem Fall auf die Herkunft hin. Fleischerzeugnisse mit geografischen Bezeichnungen, die in den Leitsätzen nicht gesondert genannt sind, liegen i. d. R. über, in keinem Fall unter den Anforderungen, die in diesen Leitsätzen für entsprechende Erzeugnisse ohne geografische Bezeichnungen festgestellt sind; andernfalls wird gemäß § 17 Abs. 1 Nr. 2 des Lebensmittel- und Bedarfsgegenständegesetzes auf die Abweichung hingewiesen. Dies gilt auch für eingeführte Erzeugnisse.

2.16 Fleischerzeugnisse mit Hinweisen auf eine *bestimmte Herstellung* (z. B. Hausmacher-, Bauern-, Guts-, altes Familienrezept) oder *bestimmte Personengruppen* (z. B. Gutsherren, Schlemmer), die in den Leitsätzen nicht genannt sind, liegen in der Qualität i. d. R. über, auf keinen Fall unter den Anforderungen, die in den Leitsätzen für entsprechende Erzeugnisse ohne solche Hinweise festgestellt sind; andernfalls wird gemäß § 17 Abs. 1 Nr. 2 des Lebensmittel- und Bedarfsgegenständegesetzes auf die Abweichung hingewiesen.

2.17 Bei Fleischerzeugnissen mit *Phantasiebezeichnungen* (einschließlich isoliert gebrauchter geografischer Begriffe), die in den Leitsätzen nicht genannt und nicht durch entsprechende Aufmachung ausreichend charakterisiert sind, wird deutlich darauf hingewiesen, welchem in den Leitsätzen genannten Erzeugnis die Ware in der Zusammensetzung entspricht, oder der Charakter der Ware auf andere Weise beschrieben.

2.18 Fleischerzeugnisse werden nur dann zu anderen Fleischerzeugnissen oder Erzeugnissen mit einem Zusatz von Fleisch oder Fleischerzeugnissen *umgearbeitet,* wenn Sie

- nicht wertgemindert und
- in der Herstellungsstätte verblieben sind,
- für das Enderzeugnis auch keine substanzielle Wertminderung darstellen und
- von Hüllen befreit worden sind.

Würstchen in Schaf-Saitlingen werden mit Hüllen nur zu solchen Erzeugnissen verarbeitet, die dem Verbraucher als geringwertig bekannt zu sein pflegen, und nur in Mengen bis zu 2 %.

2.2 *„Wurstwaren"* (Würste und wurstartige Erzeugnisse) sind bestimmte, unter Verwendung von geschmackgebenden und technologisch begründeten Zutaten zubereitete schnittfeste oder streichfähige Gemenge aus zerkleinertem Fleisch (1.1), Fettgewebe (1.21) sowie sortenbezogen teilweise auch anderen zum menschlichen Genuss bestimmten Tierkörperteilen (1.5).

Wurstwaren gelangen geräuchert oder ungeräuchert, in Hüllen oder Behältnissen oder auch ohne Hüllen in den Verkehr. Fleischerzeugnisse, die als „Pasteten", „Rouladen" oder „Galantinen" bezeichnet sind, sind nur dann Wurstwaren im Sinne dieser Leitsätze, wenn sie die Merkmale von Brühwürsten (2.22) oder Kochwürsten (2.23) aufweisen. Küchenfertig vorbereitete oder tafelfertig zubereitete Fleischerzeugnisse wie Fleischklopse, Küchenpasteten gelten nicht als Wurstwaren.

2.21 *„Rohwürste"* sind umgerötete, ungekühlt (über + 10 °C) lagerfähige, i. d. R. roh zum Verzehr gelangende Wurstwaren, die streichfähig oder nach einer mit Austrocknung verbundenen Reifung schnittfest geworden sind. Zucker werden in einer Menge von nicht mehr als 2 % zugesetzt.

2.22 *„Brühwürste"* sind durch Brühen, Backen, Braten oder auf andere Weise hitzebehandelte Wurstwaren, bei denen zerkleinertes rohes Fleisch mit Kochsalz (auch in Form von Nitritpökelsalz) und ggf. anderen Kuttersalzen meist unter Zusatz von Trinkwasser (oder Eis) ganz oder teilweise aufgeschlossen wurde und deren Muskeleiweiß bei der Hitzebehandlung mehr oder weniger zusammenhängend koaguliert ist, sodass die Erzeugnisse bei etwaigem Erhitzen schnittfest bleiben. Die Menge des verwendeten Trinkwassers ist bei den einzelnen Wurstsorten verschieden. Bezogen auf Fleisch und Fett wird anstelle von Trinkwasser teilweise bis zu 10 % Blutplasma oder Blutserum zugesetzt; der Ersatz von Trinkwasser durch 5 % Milch ist auf zum Braten bestimmte Würste, deren Brät fein zerkleinert ist, beschränkt worden.

„Brät" ist

- das unter Zusatz von Trinkwasser und Salzen zerkleinerte rohe Fleisch.
- die für die Brühwurstherstellung zum Abfüllen fertiggestellte Rohmasse.

Würste, die roh in den Verkehr kommen, aber dazu bestimmt sind, vor dem Verzehr durch Brühen, Backen, Braten oder auf andere Weise hitzebehandelt zu werden und dabei schnittfest werden (z. B. rohe Bratwürste und rohe Schweinswürstel zum Selbstbraten, rohe Weißwürste zum Selbstbrühen und roher Leberkäse zum Selbstbacken), sind Brühwursthalbfabrikate.

2.23 *„Kochwürste"* sind hitzebehandelte Wurstwaren, die vorwiegend aus gekochtem Ausgangsmaterial hergestellt werden. Nur beim Überwiegen von Blut, Leber und Fettgewebe kann der Anteil an rohem Ausgangsmaterial vorherrschen. Kochwürste sind i. d. R. nur im erkalteten Zustand schnittfähig.

2.231 *„Kochstreichwürste"* sind Kochwürste, deren Konsistenz im erkalteten Zustand von erstarrtem Fett oder zusammenhängend koaguliertem Lebereiweiß bestimmt ist.

Sofern Kochstreichwürste über 10 % Leber enthalten, handelt es sich um „Leberwürste".

2.232 *„Blutwürste"* sind Kochwürste, deren Schnittfähigkeit im erkalteten Zustand durch mit Blut versetzte, erstarrte Gallertmasse („Schwartenbrei") oder auf zusammenhängender Koagulation von Bluteiweiß beruht.

2.233 *„Sülzwürste"* sind Kochwürste, deren Schnittfähigkeit im erkalteten Zustand durch erstarrte Gallertmasse (Aspik oder „Schwartenbrei") zustande kommt.

2.30 „Gekochtes Pökelfleisch" („Kochpökelwaren", „Gekochte Pökelfleischwaren") sind umgerötete und gegarte, meist geräucherte Fleischerzeugnisse, denen kein Brät (2.22, Abs. 2) zugesetzt ist, soweit dieses nicht zur Bindung großer Fleischteile dient (z. B. bei „Kaiserfleisch", 2.342.4.)

2.31 Bei Bezeichnungen ohne Hinweis auf die Tierart (*Schinken, Gekochtes Rauchfleisch, Geräuchertes, gegart, Geselchtes, gegart, Schwarzgeräuchertes, Pökelfleisch, gegart, Gekochtes Surfleisch, Pökelbraten, Zigeunerbraten* usw.) handelt es sich – soweit in den Leitsätzen nichts Gegenteiliges angegeben ist – um Teile von Schweinen; im Übrigen wird auf die Tierart hingewiesen (*Gekochter Rinderschinken, Gekochtes Rinderpökelfleisch, Gegartes Rinderrauchfleisch, Gekochter Kalbsschinken, Gekochte Kalbkarbonade usw.)*

2.321 Von Knochen, Schwarte (1.312) und etwaiger Gallerte sowie sichtbarem Fettgewebe (1.21) befreite Kochpökelwaren von Schweinen enthalten im fettfreien Anteil mindestens 19,0 % Fleischeiweiß (1,71), Kochpökelwaren von Rindern und Kälbern im fettfreien Anteil mindestens 18,5 % Fleischeiweiß.

2.322 Rohes gepökeltes Fleisch, das für **ein Einfüllen in Behältnisse** vorgesehen **oder** erkennbar **für ein Erhitzen im Haushalt** bestimmt ist, also Halbfabrikat einer Kochpökelware ist (z. B. *Rohkasseler zum Selbstkochen* oder *Surfleisch*), enthält nach Präparation gem. 2.321 im fettfreien Anteil mindestens 17 % Fleischeiweiß.

2.33 Bei Kochpökelwaren am Stück oder in Scheiben, die in Gallerte in den Verkehr kommen, ist die Bezeichnung entsprechend ergänzt (z. B. *Eisbein in Gelee, Schinken in Aspik, Sülzkotelett*).

Die Zugehörigkeit zur Gruppe der Sülzen wird durch Bezeichnungen wie ... -Sülze oder mit Hinweisen auf den Zerkleinerungsgrad (z. B. *Schweinskopf gewürfelt in Aspik, Eisbein gewürfelt in Aspik, Schinken gewürfelt in Aspik, Putenfleisch gewürfelt in Aspik*) ausgewiesen.

Sofern Geleeanteile im Gewicht eingeschlossen sind, liegt der Fleischanteil im Fertigerzeugnis nicht unter 50 %.

2.341 Die Bezeichnung *Schinken* wird auch in Wortverbindungen nur für Kochpökelwaren von gehobener Qualität verwendet. Schinken, der nicht zerlegt worden ist, enthält in den von Schwarten und sichtbaren Fettgeweben befreiten Anteilen mindestens 85 % BEFFE (1.72) im Fleischeiweiß.

2.341.1 Bei Bezeichnungen ohne Hinweis auf einen Tierkörperteil handelt es sich – soweit in den Leitsätzen nichts Gegenteiliges angegeben ist – um Teile der Hinterextremität (*Hinterschinken, Schlegel, Keule*).

2.341.2 Schinken aus der Vorderextremität wird als *Vorderschinken* (*Schulterschinken*) bezeichnet.

2.341.3 *Schäufele* am Stück ist das Schulterblatt einschließlich der entsprechenden Hälfte der Schulter mit bis zu 1–2 cm dicker Speckauflage ohne Schwarte und einem Knochenanteil unter 40 %. Auf etwaige Schwartenanteile wird in der Bezeichnung hingewiesen.

2.341.4 Bei Kochpökelwaren, die in der Bezeichnung das Wort Schinken enthalten, wird auf das Vorliegen von Knochen hingewiesen (z. B. *Beinschinken, Prager Schinken mit Knochen*). *Nussschinken, gegart* am Stück schließt die Kniescheibe ein.

2.341.5 Sind etwaige Speck- und Schwartenanteile (1.212, 1.312) nicht sichtbar, z. B. bei Dosenschinken, so betragen diese zusammen weniger als 20 % des Gesamtgewichts.

2.341.6 Muskeln und Muskelgruppen, die aus dem Zusammenhang gelöst worden sind und auch isoliert als *Schinken* verkehrsfähig wären, können ohne besonderen Hinweis zu größeren *Schinken* zusammengefügt sein.

Erzeugnisse, die ganz oder teilweise aus kleineren als den in Absatz 1 genannten Muskelstücken hergestellt sind (2.19), werden in Verbindung mit der Verkehrsbezeichnung ausreichend kenntlich gemacht (z. B. *Formschinken, aus Schinkenteilen zusammengefügt*).

Die in Absatz 1 und Absatz 2 beschriebenen Erzeugnisse enthalten mindestens 90 % BEFFE (1.72) im Fleischeiweiß.

2.342.1 *Gekochter Pökelkamm (Nacken-Kasseler, Kasseler, Kamm)* wird aus Schweinenacken mit oder ohne Knochen hergestellt.

2.342.2 Die Bezeichnung *Kasseler (Kassler)* wird bei Kochpökelwaren des Schweines, soweit nicht der Kotelettstrang ohne Kamm (Karree, Karbonadenstück) zugrunde liegt, nur in Verbindung mit der entsprechenden Teilstückbezeichnung verwendet (z. B. *Nackenkasseler, Kasseler Kamm, Kasseler Bauch*). Entsprechend behandelte Teilstücke anderer Tierarten werden ... *nach Kasseler Art* bezeichnet.

Kasseler (*Kasseler Rippenspeer, Kasseler Rippchen, Pökelrippchen, Gekochtes Ripperl, Gekochte Pökelkarbonade* usw.) wird aus dem Kotelettstrang hergestellt (2.504); zu *Kasseler Bauch* siehe 2.364.

Filet Kasseler (Lummer-Kasseler) ist *Kasseler* aus dem Lendenteil des Kotelettstranges einschließlich Filet (2.504).

2.342.3 *Gekochter Lachsschinken wird aus* dem entsehnten „Auge" von Kotelettsträngen hergestellt.

2.342.4 *Kaiserfleisch* besteht aus einem oder mehreren zusammengefügten knochenfreien, weitgehend von Fettgewebe befreiten Kotelettsträngen.

2.363 *Gepökelte Schälrippchen* sind gepökelte Rippen sowie Brust- und Wirbelsäulenknochen mit zwischengelagerter Muskulatur (2.510.12). Das Gleiche gilt für *Gepökeltes Kleinfleisch*, das auch Schweineschwänzchen einschließt. *Gepökelte Fleischrippchen* sind Schälrippchen mit mindestens 1 cm Fleischabdeckung; *Gepökelte Brustspitze (Gepökelte dicke Rippen)* hat eine dickere Abdeckung.

2.364 *Gekochter Bauchspeck* (*Gekochter Frühstücksspeck, Kasseler Bauch, Gegarter Pökelbauch, Gekochtes Pökelwammerl* usw.) wird aus von Rippen und Brustknochen befreiter, meist noch Knorpel und Schwarten enthaltender Schweinsbrust einschließlich magerer Bauchanteile hergestellt (1.212). *Pariser Rolle, gegart* ist gerollter Bauchspeck ohne Knochen, Knorpel und Schwarte.

2.365 *Eisbein, gepökelt (Schweinshaxe, Gekochte Pökelhaxe, Surhaxe, Gekochte Räucherhaxe)* wird aus schwarten- und knochenhaltigem Unterschenkel oder Unterarm des Schweines hergestellt (1,32), von dem das *Spitzbein (Schweinepfote)* einschließlich des Gelenks abgesetzt ist. Bei *Eisbein in Gelee* (oder ... *in Aspik*) in Behältnissen wird auf einen etwaigen Knochenanteil hingewiesen.

2.366 Gekochtes Hamburger Rauchfleisch wird wie **Gekochter Rinderschinken** aus sehnenarmem Rindfleisch (1.111) hergestellt.

2.367 *Pökelbrust (Gepökelte Rindsbrust)* wird aus Brustmuskel von Rindern mit anhaftendem Fettgewebe hergestellt.

Gerollte Kalbsbrust, gepökelt (Gepökelte Kalbsbrust, gerollt) wird aus Brust- sowie Bauchmuskeln von Kälbern ohne gelbe Bauchhaut hergestellt.

2.368 *Pökelzunge (Gepökelte Rinderzunge, Gekochte Pökelzunge, Pariser Zunge)* wird aus Rinderzunge hergestellt, die vor dem Kehldeckel abgesetzt und – abgesehen von technisch nicht immer vermeidbaren Resten – von Schleimhaut (1.5 und 1.61), Speicheldrüsen

(1.61) und Zungenbein- sowie Kehlgangsmuskulatur befreit ist. Pökelzungen von anderen Tieren werden nach der Tierartgekennzeichnet.

2.5 Spezielle Fleischteilstücke und spezielle Fleischgerichte

2.501 *„Filet"* (Lende, Lungenbraten, Schlachtbraten, beim Schwein auch Lummel, Lummer) ist bei warmblütigen Tieren mit Ausnahme des Geflügels die von Lendenwirbeln und Beckenknochen abgetrennte und von größeren Fettgewebsauflagerungen befreite innere Lendenmuskulatur (innere Hüftmuskulatur, Psoasmuskulatur, Rückenbeugemuskulatur; M. iliopsoas und M. psoas minor). – Beim Geflügel ist „-Filet" von Haut befreite („filetierte") Brustmuskulatur (z. B. „Truthahnfilet").

Sofern die Tierart nicht angegeben ist, handelt es sich um Filet eines Rindes. Filet vom Kalb sowie von anderen Tierarten wird entsprechend gekennzeichnet (z. B. *„Kalbsfilet", „Schweinefilet", [„Schweinsfilet"], „Hirschfilet", „Putenfilet"*).

„Filetkopf" ist der beckenseitige, stumpfe Teil eines Filets.

"Filetspitze" ist der brustseitige, spitze Teil eines Filets. *„Filet mignons"* sind Scheiben aus der Filetspitze.

„Filets medaillons" sind Scheiben Kalbsfilet.

„Chateaubriand" („Doppeltes Filetstück", „Doppeltes Lendenstück") ist eine etwa 5 cm dicke Scheibe aus dem Kopf oder dem Mittelstück eines Rinderfilets.

„Filetsteak" („Tournedo", „Tenderloin-Steak") ist eine Scheibe Filet (s. auch 2.506).

„Filet Stroganoff" besteht ebenso wie „Filetgoulasch Stroganoff" aus Rinderfiletstücken. Für *„Bœuf Stroganoff"* wird zartes, sehnenarmes Rindfleisch verwendet.

„Falsches Filet" (Bugfilet, Schulterfilet) ist der kopfwärts auf der äußeren Seite des Schulterplattes befindlich Muskel (M. supra spinam) des Rindes.

2.502 *„Roastbeef"* (flaches Roastbeef, Lende, Rostbraten, Contre-Filet) ist die von den Lendenwirbeln und den letzten vier Brustwirbeln gelöste äußere Lendenmuskulatur (hintere Rückenseitige Rückenstreckmuskulatur, in erster Linie M. longissimus dorsi) des Rindes.

„Rundes Roastbeef" ist beim Rind der im Bereich der Hochrippe liegende, freipräparierte Teil des langen Rückenstreckers (M. longissimus dorsi), das „Auge" einer Hochrippe. — *„Rib-Eye" („Hochrippen-Medaillon", „Rib-Eye-Steak", „Delmonico- Steak")* ist eine Scheibe rundes Roastbeef (s. auch 2.506).

„Lendenschnitte" („Lendensteak") ist eine Scheibe flaches oder rundes Roastbeef oder Rinderfilet (Rindsfilet) (s. auch 2.506).

„Entrecote" ist eine dicke Scheibe flaches oder rundes Roastbeef.

„Rumpsteak" („Sirloin-Steak") ist eine Scheibe aus einem Roastbeef oder dem unmittelbar anschließendem Teil einer Hüfte (s. auch 2.506).

„Club-Steak" ist eine Scheibe aus dem vorderen Teil eines Roastbeefs oder dem hinteren Teil einer „Hochrippe" (s. auch 2.506).

2.503 *„Große Lende"* (Schoß, Nierenstück) ist die gesamte Lende (innere und äußere Lendenmuskulatur des Rindes – Filet und Roastbeef – mit Knochen).

„T-Bone-Steak" und *„Porterhouse-Steak"* sind knochenhaltige Scheiben einer „Großen Lende" (stets Filet einschließend) (s. auch 2.506).

2.504 *„Kotelet"* ist eine knochenhaltige Scheibe aus der rückenseitigen Stamm-Muskulatur, dem *„Kotelettstrang"* (beim Rind aus dem hinteren Brustwirbelbereich, der *„Hochrippe"* (6.–10. Rippe), bei Kalb, Schaf und Schwein aus dem Lenden- und dem Brustwirbelbereich, beim Schwein auch aus dem Halsbereich). Bei nur als „Kotelett" bezeichnetem Fleisch herrscht der lange Rückenstrecker (M. longissimus dorsi), das „Auge" des Koteletts vor; Scheiben, in denen mehrere Muskeln das Bild beherrschen, werden beim Schwein (Hals- und vorderer Brustwirbelbereich bis zur 3. Rippe) als *„Kammkotelett" („Nackenkotelett", „Hals-[grat]kotelett"),* bei Kalb und Schaf (vorderer Brustwirbelbereich) unter gleichzeitiger Angabe der Tierart als *„Halskotelett"* bezeichnet. – Als *„Herz-", „Rippen-" „Mittel-"* und *„Stielkotelett"* werden Scheiben aus dem Kotelettstrang des Brustbereiches ab 3. Rippe *(„Karree", „Karbonade")* bezeichnet, als *„Filet-", „Lummer-"* oder *„Lendenkotelett"* – soweit Filet eingeschlossen ist – Scheiben aus dem Lendenbereich des Kotelettstrangs.

Zum „Kotelett" zählen beim Schwein nicht Fettgewebsauflagerungen über 1,0 cm und Schwarten sowie Rippen und Fleisch sowie Fettgewebsanteile, die das Kotelett-„Auge" um mehr als 5 cm überragen.

Sofern die Tierart nicht angegeben ist, handelt es sich um Schweinekotelett (Schweinskotelett). Koteletts von anderen Tieren werden entsprechend gekennzeichnet, z. B. *„Kalbskotelett", „Rinderkotelett" (Rindskotelett", „Tib Steak"), „Lammkotelett", „Halskotelett von Hammel", „Hirschkotelett"* (s. auch 2.506).

„Cote de bœuf" (Rib of Beef") am Stück ist die „Hochrippe" mit Rippen, jedoch ohne Wirbelkörper und Dornfortsätze.

„Lamb Chops" sind Lammkoteletts oder andere sehenarme Lammfleischscheiben (z. B. Keule).

„Falsches Kotelett" ist eine Scheibe Schweinebauch.

2.505 *„Hüfte"* (Huft, Spitze, kurzes Schweifstück, Rosenspitz, Mürbschoß, Mürbbraten) ist die bei Rindern an das Roastbeef anschließende, an der Außenfläche des Beckenknochens liegende und zum Kreuzbein reichende äußere Hüftmuskulatur. Die Spitze der in die Hüfte reichenden Unterschale (proximater Teil des M. glutaeobiceps) wird als Tafelspitz bezeichnet.

„Huftsteak" („Huftsteak", „Point-Steak") ist eine Scheibe aus einer Hüfte (s. auch 2.506).

„Kluftsteak" ist eine Scheibe aus sehnenarmer, zum Kurzbraten geeigneter Muskulatur der Keule (s. auch 2.506).

2.506 *„Steak"* ist eine zum Kurzbraten oder Grillen geeignete (mürbe), nicht zu dünne, i. d. R. quer zu den Fasern geschnittene Scheibe aus in natürlichem Zusammenhang belassenem, sehnenarmem Fleisch, meist mit anhaftendem Fettgewebe, ohne Knochen, ausgenommen „Porterhouse-Steak" und „T-Bone-Steak", z.T. auch „Rib-Eye-Steak": „Club-Steak" und „Sirloin-Steak".

Sofern die Tierart nicht angegeben ist, handelt es sich wie bei „Beefsteak": „Rinderstück" („Rindsstück") und „Rindersteak" („Rindssteak") um Steaks eines Rindes. Steaks von anderen Tieren werden in jedem Fall entsprechend gekennzeichnet (z. B. „Hirschsteak" „Kalbssteak" „Schweinesteak" („Schweinssteak"), „Hammelsteak" „Putensteak"). Dies gilt auch bei Hinweisen auf Zubereitung und Würzung sowie bei Phantasiebezeichnungen (z. B. „Paprikasteak [Kalb]", „Jägersteak [Schwein]").

Bezeichnung wie „Filetsteak" (2.501), „Rumpsteak" (2.502), „Lendensteak" (2.502), „Rückensteak", „Rib-Eye-Steak" (2.502), „Hüftsteak" (2.505) und „Kluftsteak" (2.505) weisen auf die Verwendung bestimmter Fleischteile hin.

„Schweinenackensteak" (Schweinsnackensteak") ist eine Scheibe aus dem Schweinenacken.

5808204